Die Auslegung der beiden kleinen Propheten entstand in einer Kampfespause der Reformation, um Freunde und Feinde verschiedener Art über Konfessionsprogramme und -propaganda hinweg an der prophetischen Gottesbotschaft zu orientieren. Es sind klassische Beispiele Lutherscher Bibelerklärung, die nach dem Tode des Reformators nur einmal im Einzeldruck erschienen: Die Habakuk-Auslegung bezeichnenderweise 1850 unter dem Titel »Das Hausbuch der Politik«, denn sie behandelt die realen und doch oft sehr unbekannten Zusammenhänge zwischen Weltpolitik und Gottesglauben; die Jona-Auslegung erschien – ebenso typisch – 1938, denn in ihr ist der rote Faden die Erörterung der Angst, ihrer Ursachen und ihrer Überwindung. Luthers bildreiche Sprache, die mitreißt und doch zur Besinnung ruft, hat beide Bände zu anerkannt schriftstellerischen Meisterwerken gemacht.

Luthers meisterhaft anschauliche Auslegung des Jona zielt nicht auf historische Wahrheit, sondern auf Gottes Wirksamkeit im Umgang mit Menschen und Völkern. Sie regte viele moderne Bearbeitungen des Jona-Stoffes an: Bücher, Gedichte, Filme und Hörspiele, übertrifft sie aber alle mit ihrer ebenso köstlichen wie packenden Schilderung ineinandergreifender Lebens- und Gotteserfahrung.

insel taschenbuch 688
Luther
Jona und Habakuk

MARTIN LUTHER
DIE AUSLEGUNGEN VON JONA UND HABAKUK

Für die Gegenwart hergerichtet und herausgegeben von Gerhard Krause

Insel Verlag

insel taschenbuch 688
Erste Auflage 1983

Vertrieb durch den Suhrkamp Taschenbuch Verlag
Umschlag nach Entwürfen von Willy Fleckhaus
Satz: Fotosatz Otto Gutfreund, Darmstadt
Druck: Nomos Verlagsgesellschaft, Baden-Baden
Printed in Germany

1 2 3 4 5 6 – 88 87 86 85 84 83

Inhalt

Vorwort

In Zeiten geistiger und politischer Veränderungen treten häufig »Propheten« als Schicksalsdeuter verschiedenster Art auf. Sie finden Zulauf unter Leichtgläubigen und schlagen Kapital aus der allgemeinen Unsicherheit. Dann stehen, wie in der Bibel und auch heute, wahre und falsche Propheten schwer unterscheidbar nebeneinander.

Prophezeiungen vom Untergang und Neuwerden der Kirche und des Reiches liefen schon vor der Reformation durchs Land. Wanderprediger sammelten mit Berufung auf prophetische Erleuchtungen heimliche Gemeinden um neue Glaubenslehren und weckten die schönsten Hoffnungen auf Reformen. Wirtschaftlich und sozial in Not geratene Bauern sahen bald nach 1522 in dem Prediger zu Allsted Thomas Müntzer einen Propheten kirchlicher und sozialer Reformen, die dann seit 1524 »mit der Faust« durchgesetzt werden sollten. In Zürich hielten 1525 Wiedertäufer eine Prophetenprozession und Zwingli eröffnete hier im gleichen Jahr die »Prophezey«, eine Art Bibelschule für Laien und Prediger. Luther galt vielen als Prophet des Evangeliums, den Altgläubigen aber als falscher und verführerischer Prophet. Er übersetzte in diesen Jahren die Propheten des Alten Testaments für die deutsche Bibel, hielt seit 1524 für die Wittenberger Studenten Vorlesungen über die Zwölf kleinen Propheten und informierte 1525 die Öffentlichkeit in der Schrift »Wider die himmlischen Propheten« über den anfangs evangelischen, dann aber mit den religiösen Schwärmern sympathisierenden Wittenberger Professor Karlstadt. Das alles zeigt: Das Thema »Propheten« lag damals in der Luft, es bewegte einfache und gelehrte Leute und war doch vielsinnig und umstritten, so daß sich die Geister an ihm schieden. In Mitteleuropa erschienen zwischen 1524 und 1534 etwa 40

Kommentare zu den Prophetenbüchern der Bibel; so viele hat kein Jahrzehnt der Kirchengeschichte vor- oder nachher hervorgebracht.

»Propheten« in dem weiteren Sinne von Kündern eigenmächtiger Zukunftsprogramme religiösen und sozialpolitischen Inhalts standen in der Reformationszeit vor aller Augen. Sie zählten teilweise zu den geistigen und geistlichen Anführern der Bauernaufstände, die 1524/25 zum Bauernkrieg geführt hatten. Diese Wirkung von Propheten auf das Zeitgeschehen gehört mit zu den Anlässen dafür, daß Luther 1526 Erklärungen zu den Propheten Jona, Habakuk und Sacharja für einen breiten Leserkreis veröffentlichte. Sie sollten die im biblischen und christlichen Sinne wahren Propheten bekannt machen als Prediger und Ermutiger einer Reformation der Kirche aus der Macht des Gotteswortes. Tatsächlich wurden diese Propheten-Auslegungen klassische Erbauungsschriften der Reformation. Das haben die damaligen Buchverleger schnell begriffen, denn sie brachten noch 1526 zwölf Nachdrucke des Jona- und des Habakuk-Büchleins heraus. Später erschienen noch Übersetzungen ins Lateinische und eine ins Niederländische.

Man könnte nun erwarten, daß Luther bestimmte Personen, die er für falsche Propheten hielt, nach dem Wort der Bergpredigt behandeln werde: »Seht euch vor vor den falschen Propheten, die in Schafskleidern zu euch kommen, inwendig aber sind sie reißende Wölfe.« Aber Luther geht ganz anders vor. Falsche Propheten erwähnt er nur selten und beiläufig als Zeitgenossen der biblischen Propheten. Seine Propheten-Auslegungen polemisieren nicht gegen irreführende Prediger seiner Zeit, sondern wollen als das bleibend Bedeutsame der alten Propheten deren Gottesbotschaft herausstellen. Wie sie in ihrer Zeit für den Glauben an Gott eintraten und ihn von menschlichen Vorurteilen reinigten, das erfaßt und entfaltet Luther in einer auch für andere und für unsere Zeiten geltenden Weise; denn sie stärkten den Gottesglauben, indem sie ihn auf Gottes eigenes Wort gründeten, ihn dadurch gewiß und urteilsfähig machten, damit er bei drohender Verführung und Anfeindung nicht den ruchlosen Optimisten oder den Angstmachern folge. Da nun Gott dem Volk Israel den Messias und Weltheiland verheißen hat, müssen die Propheten als seine Boten insbesondere darum bemüht sein, daß diese Verheißung trotz jahrhundertelangem Warten und widersprechenden Geschichtserfahrungen unbeirrt geglaubt wird. Dafür ist Habakuk beispielhaft, wenn er wie ein Wächter vom Turme ausschaut, ob seine von Krieg und Zerstörung erschütterten Volksgenossen den Glauben an diese Gottesverheißung festhalten.

Aber man soll die biblischen Propheten nicht zu Idealgestalten machen. Von Natur sind sie keine Glaubenshelden. Jona ist Gott ungehorsam; er flieht, um nicht in der heidnischen Hauptstadt Ninive predigen zu müssen – eine unentschuldbar »schwere Sünde«. Und als Habakuk im Volk für einen Lügner gehalten wird, da »kracht« auch sein persönlicher Glaube. Insofern sind die Propheten Menschen wie wir. Gerade deshalb aber kann der Leser nachempfinden, was sie »fühlen im Gewissen«, ihnen »ins Herz sehen« und verstehen, »was für Gedanken dem kämpfenden Glauben einfallen«. Dabei wird er gewahr, daß der Glaube der Propheten keine seelische Höchstleistung ist, sondern ein von Fragen und Anfechtungen begleitetes Hören auf Gott wie bei allen Menschen, das nur dann zu Klarheit und Gewißheit führt, wenn der Geist Gottes hilft. Zum Propheten aber wird ein Mensch allein durch die ihm aufgetragene Gottesbotschaft. Sie darf er nicht abschwächen aus Menschenfurcht, nicht beschönigen um des Beifalls der Menge willen, nicht zurechtbiegen für Königs-, Priester- und Parteizwecke. Sagt er sie aber unverfälscht, dann trägt sie ihn auch durch Spott, Ablehnung und Feindschaft, auf die er fast immer stößt. Prophetsein ist nicht attraktiv, sondern ein Müssen und Leiden um Gottes willen.

Fragt man, weshalb Luther die beiden Propheten Jona und Habakuk nicht ausdrücklich als »wahre Propheten« bezeichnet, dann wäre zu antworten: Dies Urteil soll und kann der Leser selber fällen. Denn der wahre Prophet ist als solcher nicht etwa daran erkennbar, daß er irgendwie von Gott und seinem Willen redet. Das Kennzeichen der wahren Propheten besteht nach Luther vielmehr darin, daß sie den Glauben und das Leben der Juden, Heiden und Christen unter die alle anderen Fragen relativierende Frage rücken, wer oder was in ihnen denn »Gott« genannt werde. Es geht ihnen um das unvergleichliche Gottsein Gottes, wie sie es aus dem ersten der Zehn Gebote kennen, daß man Gott »über alle Dinge« fürchten, lieben und vertrauen solle. Anders gesagt: Gott unterliegt nicht menschlichen Wünschen und Begriffen, die Güte seines schöpferischen Handelns an Menschen und Völkern folgt eigenen Maßstäben, nicht den unsrigen, ihre überlegene Weisheit bleibt lange verborgen und zeigt sich erst hinterher. Der Leser ahnt, daß diese Art des Fragens nach Gott auch den neuzeitlichen Atheismus angeht. Indem Luther dem Leser nicht undiskutable Behauptungen vorsetzt, sondern ihn selber beurteilen läßt, welche Folgen der von den falschen Propheten gepredigte Gott nach Menschenmaß für das Leben hat, erweisen sich seine Propheten-Auslegungen als ausgesprochen seelsorgerliche Schriften.

Zu den hervorragendsten Partien der hier abgedruckten Propheten-Auslegungen gehören Luthers Schilderungen der Angst (Jona 1 u. 2) und der Wechselhaftigkeit von Glück und Unglück (Habakuk 2). Luther gestaltet beide, wie man meint, bekannten Erfahrungen zu Musterbeispielen für die Unterscheidung des Gottes der falschen und der wahren Propheten. Denn wer in Glück, Unglück oder Angst der vermessenen Stimme der Vernunft folgt, die »immer Gott Maß, Zeit und Weise bestimmen will«, der verkehrt Gott zu einem Abgott, der nicht helfen kann, und verliert mit dem lebendigen Gott auch das Maß und die Gewißheit für Lebenssinn und Lebensmut. Aber Gott wäre nicht Gott, wenn er nicht der Herr des Lebens und der Geschichte derer bliebe, die ihn verachten oder verwerfen. Er will sich nur finden und ergreifen lassen im Wort seiner Verheißung und »will uns auf kein Ding trotzen und trauen lassen als allein auf seine Gnade und Barmherzigkeit«.

In ganz anderer Weise illustriert Luther in beiden Propheten-Auslegungen den Zusammenhang des Gottesglaubens mit der Lebens- und Völkergeschichte an der »Tyrannei« der »tollen Fürsten und Bischöfe« seiner Zeit, die nichts gelernt hätten im jüngsten Aufruhr der Bauern. In einigen Nachdrucken der Jona- und Habakuk-Erklärungen von 1526 fehlen die schärfsten reformationspolitischen Aktualisierungen aus Furcht vor der Zensur. Späteren Zeiten wurden gerade diese Abschnitte über die Leiden und Aufgaben des Volkes Gottes im Weltgeschehen, über die Grenzen der Macht und die Macht der Angst in der Politik wichtig. So wurde Luthers *Habakuk* zwei Jahre nach der Revolution von 1848 nachgedruckt unter dem Titel *Das Hausbuch der Politik* (Leipzig 1850) und sein *Jona*, als der zweite Weltkrieg drohend vor der Tür stand (München 1938).

Inhaltlich wirft Luther den »Tyrannen« vor, daß sie nicht auf die wahren Propheten des Evangeliums hören, sondern »nur im Sinn haben, Gott und seinen Gesalbten zu vertreiben und sein Wort zu vertilgen... und noch mehr unschuldiges Blut zu vergießen, als sie schon vergossen haben«. Gemeint sind also nicht nur die altgläubigen Fürsten und Landesherren, sondern auch die Sieger im Bauernkrieg. Es klingt zunächst recht allgemein, wenn die Christen aufgefordert werden, an Jonas Bekehrung einer Weltmacht und ihrer Bewahrung vor Untergang zu lernen, »gegen alle Teufel, Welt und alle rasenden Tyrannen hochmütig zu trotzen und stolz zu sein auf Gottes Güte«. Gezielter und durchaus beleidigend stellt Luther im *Habakuk* die christlichen Herrscher seiner Zeit in eine Reihe mit dem tyrannischen Heidenkönig von Babylon, der sein von Gott verordnetes Regierungsamt zum Schutz von Recht und Frieden nicht wahrnehme, weil er die Macht nur um ihrer selbst willen wolle, unersättlich vermehre, vergöttere und ohne Gnade und Liebe mißbrauche. Dieser Umgang mit der Macht sei freilich überhaupt »Menschenart«, bei den Regierenden aber offenkundiger und folgenschwerer. Daher sei Habakuks Klage »Gewalt geht vor Recht« (Hab. 1,3) gegen die Obrigkeit gerichtet, die ihrerseits, weil sie ihr Handeln nicht gern als Sünde bezeichnet höre, den Propheten als »aufrührerisch« verurteilen möchte, weil er »die Obrigkeit verachtet machen wolle bei den Untertanen«. Damit spielt Luther auf damalige Verbote evangelischer Predigt an, die im Zusammenhang mit dem totalen Machtstaat Babylon als Gefahr totalitärer Machterweiterung der Obrigkeit erscheinen. Wer mit bloßer Gewalt und ohne Liebe herrschen wolle, heißt es später, der könne nicht bestehen. Solche Regierer lasse Gott fallen und ersetze sie durch andere, denn das Regierungsamt wolle er erhalten wissen. Man darf in diesen Bemerkungen nicht das Ganze der Staatsanschauung Luthers suchen; sie sollen aber dem Leser deutlich machen, daß auch Staat, Regierende und Politik, ob sie's wissen und wollen oder nicht, unter Gottes verborgene Herrschaft gehören.

Luther schrieb seine Propheten-Auslegungen allgemeinverständlich und nicht für Gelehrte; aber er blieb mit ihnen gleichwohl auf der Höhe der Sprach- und Geschichtswissenschaft des damaligen Humanismus. Das zeigen seine Hinweise auf den hebräischen Grundtext und auf seine Abweichungen von der überlieferten kirchlichen Auslegung. Wo die heutige Auslegung in Einzelheiten zu andern Ergebnissen kommt, kann man leicht durch Vergleichen moderner Bibelübersetzungen feststellen. Erstaunlicher ist, daß Luther die Gattungs- und Stilarten prophetischer Texte in geradezu modern anmutender Weise unterscheidet: Bekenntnis- und Drohworte, Klagelieder, Spottlieder und Mahnrede. Das Hauptmerkmal seiner Auslegung aber ist die intensive Bemühung um den Glaubensgrund der Prophetenworte, den er aus fast jedem Satz heraushört und lebendig zu entfalten weiß. In der Vorrede zur Sacharja-Auslegung erklärt er ebendies als sein Programm, »daß man das rechte Hauptstück, den Glauben, immerdar und in allen Propheten suchen solle, welches leider gar wenige tun und darüber weghüpfen, als wäre er ein unnötig Ding«.

Dieser Absicht dient Luthers einzigartig bildkräftige Sprache, die dem Leser die Sachaussagen der alten Texte nicht nur vorstellbar ausmalt, sondern zugleich dem affektiven Erkennen mit dem Herzen zugänglich macht. Luthers Deutsch beherrscht mühelos alle Register zwischen zartester Lieblichkeit bis zu gröbsten Hammerschlägen und überrascht immer wieder durch abwechslungsreiche Vielfalt methodischer Mittel, die bald Sprichwörter anführt, bald historische Beispiele, dann ergreifende Monologe oder dramatische Dialoge, hier originelle Wortbildungen (wie Helfestündlein, Herzeleid, Freudenwerk und liebreden) und drastische Wendungen (»Gott ist ein großer Koch«), dort pointierende Wortstellungen und lautmalerische Klänge. Uns Menschen des technischen Zeitalters ist diese Sprache ungewohnt, aber nicht unverständlich, und sie wird uns schon nach wenigen Seiten vertraut und ein bereicherndes Erlebnis. In Luthers Sprache verschmelzen Form und Inhalt bisweilen zu faszinierender

Einheit, so daß man sich der Gefahr erwehren muß, als wolle sie das kritische Nachdenken außer Kraft setzen.

Die folgende Wiedergabe der Jona- und Habakuk-Auslegung hat die ursprüngliche Kraft und Schönheit der Sprache Luthers soweit wie möglich erhalten. Wortformen und Satzbau sind nur da geändert, wo sie nicht mehr verständlich oder mißverständlich waren. Einzelne Wörter der Sprache Luthers mußten gelegentlich ersetzt oder durch kleine Einfügungen erweitert werden, wenn sich ihre Bedeutung in den viereinhalb Jahrhunderten zwischen ihm und uns erheblich gewandelt hatte. Die Rechtschreibung ist durchweg dem heutigen Gebrauch angepaßt, während Luthers auf Sprech- und Lesepausen bezogene Zeichensetzung auch das heutige Lesen erleichtert und weitgehend beibehalten werden konnte. Die Nachweise der von Luther zitierten Bibelstellen sind für das Nachschlagen in handelsüblichen Lutherbibel-Drukken berichtigt worden. Geschichtsereignisse und literarische Quellen, die Luther anführt, sind in den Anmerkungen am Schluß des Bandes erläutert.

Die Holzschnitte auf der Umschlagseite und auf den Seiten 17 und 113 erschienen 1526 als Titelblätter der Einzeldrucke und sind vielleicht von Lukas Cranach selbst angefertigt.

Ippendorf, im Mai 1982 Gerhard Krause

DER PROPHET JONA AUSGELEGT

1526

Der Prophet Jona. Aus: Bibel 1545

Zur Einführung in Luthers Jona-Auslegung

Die Lehr-Erzählung des Jona-Büchleins würde Luther »für eine Lüge und Märlein halten, wenn sie nicht in der Schrift stünde«. Seine meisterhaft anschauliche Auslegung zielt daher nicht auf die historische Wahrheit, sondern auf Gottes Wirksamkeit im Umgang mit Menschen und Völkern. Über deren Narrheiten lächelt er, aber in dem ganz menschlich gezeichneten Propheten, der sein Glaubensbekenntnis kennt und doch erst in Lebensgefahren Glauben lernen muß, zeigt er »die Jonas« und jedermann von uns selbst. Luthers Schriften regten viele moderne Jona-Bücher, -Gedichte, -Filme und -Hörspiele an, seine Jona-Auslegung übertrifft sie aber alle mit der ebenso köstlichen wie packenden Schilderung ineinandergreifender Lebens- und Gotteserfahrung.

Wenn Jona dreimal selbstmörderisch ruft »werft mich ins Meer«, »lieber tot sein als leben«, dann stellt uns Luther vor das Wesen des von Angst und Tod getriebenen Menschen. Leben-Wegwerfen ist Folge der Flucht vor Gott, denn Lebenssinn findet nur der Glaube an ihn. Den Gottesflüchtling aber ängsten alle Geschöpfe und lassen Jona »Blut schwitzen«, das Gewissen »stechen« und das Herz »an seidenem Faden« über der Hölle hängen, bis er Gott anruft und der ihn errettet. So liest sich diese Jona-Auslegung wie eine christlich fundierte Psychologie der Angst und des Glaubens, die im Jahrhundert der Angstneurosen und Massenängste sowie ihrer Verwirrungen persönlichen und öffentlichen Lebens ein entscheidendes Wort mitzusprechen hat. Den Kern der Auslegung bildet, kurz gesagt, die Befreiung von der Utopie der Gottesflucht. Im Hintergrunde steht, daß Christus den Weg durch Todesangst und Tod zum Leben »das Zeichen Jonas« nannte. Diesen Weg beschreibt Luther genau und hilfreich für Ungläubige und Gläubige, Christen und Juden und faßt die Ergebnisse abschließend in drei interessanten »geistlichen Deutungen« zusammen.

In der Weimarer Gesamtausgabe der Werke Luthers steht die Jona-Auslegung in Band 19, Seite 169–251.

VORREDE
AUF DEN PROPHETEN JONA

Weil der Fürst dieser Welt sein Unkraut allenthalben gesät hat, so daß Deutschland von Zusammenrottungen und schwärmerischen Geistern voll geworden ist[1], durch welche er nicht allein viele verführt, sondern auch denen, die standfest bleiben, viel Unnützes zu schaffen macht, um sie aus der Schrift zu reißen und in sein Gezänk zu mengen und sie so mit dieser List zuletzt fern vom Umgang mit der Schrift im Gezänk zu fangen und umzubringen: Daher ist uns sehr nötig, daß wir auf seinen listigen und verschlagenen Angriff achten und uns nicht zu weit in sein Zankspiel begeben, auf daß er uns nicht aus unserer Wehr und Burg locke und so erschleiche. »Denn wir wissen wohl«, spricht Sankt Paulus, »was er im Sinne hat« (2. Kor. 2,11). Ebenso spricht Sankt Petrus, er feiere nicht, sondern »schleiche um uns her und suche, wen er verschlingen könne« (1. Petr. 5,8). Nachdem ich mich nun eine Zeitlang mit diesen Geistern und Rotten gut geschlagen und erprobt habe, bis andere auch dazugekommen sind, will ich einmal wieder in die Schrift und unsere Herzen wiederum weiden, stärken, trösten und rüsten, damit wir nicht zu müde und träge werden über dem täglichen Kämpfen, soviel mir Gott Gnade verleiht, daß wir, durchs Wort Gottes und den Trost der Schrift erquickt, desto frischer und mutiger werden, mehr zu kämpfen.

Nicht allein aber um der Geister und Rotten willen tue ich dies, mit denen uns der Teufel zur rechten Seite angreift, sondern auch um der Tyrannei willen, mit der er uns zur Linken angreift. Denn die tollen Fürsten und Bischöfe wüten und toben auf Anstiften ihres Gottes mit ganzem Ernst und haben nur im Sinn, Gott und seinen Gesalbten zu vertreiben und sein Wort zu vertilgen. Und sie eilen mit aller Macht, noch mehr unschuldiges Blut zu vergießen, als sie schon vergossen haben. Wir könnten uns wohl rühmen, die Christenheit stehe und gehe jetzt in guter Ordnung, weil sie zu beiden Seiten so hart angefaßt wird und dazu von beiden Teilen so schändlich verflucht, gelästert, geschändet und verhöhnt, wie sie vielleicht noch nie gelästert und geschändet worden ist, daß mich dünkt, der Teufel versuche sein Höchstes, und weil er den Jüngsten Tag erwartet, will er zuletzt all seine Kraft beweisen an Christus und seinem Wort. Gegen das alles ist uns auch wiederum Trost vonnöten, daß wir davor nicht erschrecken, sondern unverzagt ihr Drohen, Trotzen und Toben verlachen – gewiß, daß sie uns damit aufs stärkste zum Himmel befördern und sich selbst eiligst um den Hals bringen, so daß sie durch Gottes Gericht nur bald zu Asche werden. Es ist um einen Augenblick zu tun, dann wollen wir uns anders miteinander ansehen und der Teufel soll mit seinen Larven, das ist mit seinen Fürsten und Bischöfen, erfahren, wer die sind, die sie jetzt lästern, verjagen und erwürgen.[2]

Darum habe ich mir diesen heiligen Propheten Jona vorgenommen auszulegen, weil er sich sehr gut zu diesen Sachen fügt und ein treffliches, einzigartiges, tröstliches Beispiel des Glaubens und ein großmächtiges Wunderzeichen göttlicher Güte aller Welt vorträgt. Denn wer sollte Gott nicht von Herzen trauen und gegen alle Teufel, Welt und alle rasenden Tyrannen hochmütig trotzen und stolz sein auf Gottes Güte, wenn er dies Beispiel bedenkt, daß Gottes Gewalt und Gnade so viel vermag, daß sie Jona mitten im tiefen Meer, dazu mitten im Walfisch, das ist nicht in einerlei, sondern in vielerlei Tod, von allen Menschen, von allen Kreaturen verlassen und unerkannt, so leicht erhält und wiederbringt, als sei es ihm keine Mühe, sondern richtet das mit nur einem Wort aus, als würde er uns sagen: Siehe, das tue ich mit einem Wort! Was meinst du, daß ich mit meinem Geist und

Kraft tun könnte, die doch menschlichem Herzen unbegreiflich sind, so daß ein größeres Werk geschehen könnte, als dies ist? Darum hält auch Christus selbst viel von dieser Geschichte und zieht vor allen Propheten diesen Jona als ein Beispiel seines Todes und Auferstehens heran, da er sagt (Matth. 12,39): »Dieser Art wird kein Zeichen gegeben außer dem Zeichen Jonas des Propheten« usw.

Dazu ist er auch ein Trost all derer, die das Wort führen sollen, daß sie nicht verzweifeln sollen an der Frucht des Evangeliums, wie sehr es sich auch übel anläßt und es nicht so scheint, daß es viel Frucht und Nutzen bringe. Denn hier wird ein einzelner Mann, Jona, gesandt zu dem allermächtigsten König und dazumal größten Reich auf Erden, so daß, wenn man's gegeneinander ansieht, was Jona gegenüber dem König sei, es wie lauter Spott und unmöglich Ding anzusehen ist, daß so ein mächtiger König und so ein großes Reich sich bewegen sollte, bekehren und erschrecken lassen von eines einzelnen, geringen, dazu fremden Menschen Wort und von einer Predigt, die doch der König selbst nicht hörte, sondern nur das Gerücht davon vernahm. So kann ich sagen: Es hat kein Apostel, noch Prediger, noch Christus selbst mit einer Predigt so große Dinge getan und ausgerichtet wie Jona. Und ebenso groß oder wohl größer ist das Wunder, daß Jona die Stadt Ninive mit einer Predigt bekehrt, als daß er aus des Walfisches Bauch erlöst worden ist. Denn gleichwie der Walfisch durch Gottes Wort Jona ausspeien mußte, so hat Jona auch durch's Wort Gottes die Stadt Ninive aus dem Bauch und Rachen des Teufels, das ist aus den Sünden und dem Tod gerissen. Sollte ein solcher König sich nicht auf seine große Macht verlassen und den einzelnen Mann für einen Lügner halten, dem doch selbst seine Hebräer nicht gehorchten? Und die Apostel wurden gleichwie Christus selbst so schändlich verachtet von den Königen und Fürsten auf Erden (Ps. 2,2). Und noch jetzt gibt es Fürsten, Bischöfe und Herren, die gegen den König von Ninive richtige Bettler sind, sich aber auf ihren Bettelsack so sehr verlassen, daß sie nicht alleine das Wort Gottes verachten, sondern auch verfolgen.

Darum führt auch Christus Matth. 12,41 die Niniviten an gegen alle Ungläubigen und Verächter seines Wortes und spricht: »Die Leute zu Ninive werden am Jüngsten Gericht auftreten und dies Geschlecht verdammen, denn sie taten Buße durch Jonas Predigt. Und siehe, hier ist mehr als Jona.« Und das ist auch berechtigt. Denn es ist ja ein großes Wunder, daß sich die Niniviten so bald bekehrten um eines fremden Predigers willen, durch ein schlichtes Wort ohne alle Wunderzeichen. Aber diese bekehrten sich nicht durch ihren eigenen Heiland, der so viel predigt und sie gleich mit Wunderzeichen überschüttet. O welch eine Schande ist's, das jetzt zu hören! Aber welch eine Schande wird es sein, wenn man's nun auch sehen wird! Aber es hilft nichts, sie sind und bleiben verstockt. Darum lassen wir sie fahren und nehmen unsern Trost und Nutzen aus diesem Propheten, soviel uns Gott vergönnt. Amen.

DER PROPHET JONA

Das erste Kapitel

Es geschah das Wort des Herrn zu Jona, dem Sohn Amithais, und sprach: Mach dich auf und gehe in die große Stadt Ninive und predige drinnen. Denn ihre Bosheit ist heraufgekommen vor mich. Aber Jona machte sich auf zu fliehen vor dem Herrn aufs Meer und zog hinab gen Japho; und da er ein Schiff fand, das aufs Meer wollt fahren, gab er Fahrgeld und trat drein, daß er mit ihnen aufs Meer führe vor dem Herrn.

Da ließ der Herr einen großen Wind aufs Meer kommen und es erhob sich ein groß Ungewitter auf dem Meer, daß man meinte, das Schiff würde zerbrechen. Und die Schiffsleute fürchteten sich und schrien ein jeglicher zu seinem Gott. Und warfen das Gerät, das im Schiff war, ins Meer, daß es leichter würde. Aber Jona war hinunter in das Schiff gestiegen, lag und schlief. Da trat zu ihm der Schiffsmann und sprach zu ihm: Was schläfst du? Stehe auf, rufe deinen Gott an, ob vielleicht Gott an uns gedenken wollte, daß wir nicht verdürben.

Und einer sprach zum andern: Kommt wir wollen losen, daß wir erfahren, um welches willen es uns so übel gehe. Und da sie losten, traf es Jona. Da sprachen sie zu ihm: Sage uns, warum geht es uns so übel? Was ist dein Gewerbe? Und wo kommst du her? Aus welchem Lande bist du? Und von welchem Volk bist du? – Er sprach zu ihnen: Ich bin ein Hebräer und fürchte den Herrn Gott vom Himmel, welcher gemacht hat das Meer und das Trockene. Da fürchteten sich die Leute sehr und sprachen zu ihm: Warum hast du denn solches getan? Denn sie wußten, daß er vor dem Herrn floh, denn er hatte es ihnen gesagt.

Da sprachen sie: Was sollen wir denn mit dir tun, daß uns das Meer stille werde? Denn das Meer wütete. Er sprach: Nehmet mich und werft mich ins Meer, so wird euch das Meer stille werden. Denn ich weiß, daß solch groß Ungewitter über euch kommt um meinetwillen. Und die Leute trieben, daß sie wieder zu Lande kämen, aber sie konnten nicht, denn das Meer fuhr ungestüm wider sie. Da riefen sie zu dem Herrn und sprachen: Ach Herr, laß uns nicht verderben um dieses Mannes Seele willen und rechne uns nicht zu unschuldig Blut. Denn du Herr tust, wie dir's gefällt.

Und sie nahmen Jona und warfen ihn ins Meer. Da stand das Meer still von seinem Wüten. Und die Leute fürchteten den Herrn und taten dem Herrn Opfer und Gelübde. Aber der Herr verschaffte einen großen Fisch, Jona zu verschlingen. Und Jona war im Leibe des Fisches drei Tage und drei Nächte.

Das andere Kapitel

Und Jona betete zu dem Herrn seinem Gotte im Leibe des Fisches und sprach:

Ich rief zu dem Herrn in meiner Angst, und er antwortete mir. Ich schrie aus dem Bauche der Hölle, und du hörtest meine Stimme.

Du warfest mich in die Tiefe mitten im Meer, daß die Flut mich umgab. Alle deine Wogen und Wellen gingen über mich.

Daß ich gedachte, ich wäre von deinen Augen verstoßen, ich würde deinen heiligen Tempel nicht mehr sehen.

Wasser umgaben mich bis an mein Leben, die Tiefe umringte mich, Schilf bedeckte mein Haupt.

Ich sank hinunter zu der Berge Gründen. Die Erde hatte

mich verriegelt ewiglich. Aber du hast mein Leben aus dem Verderben geführt, Herr mein Gott.

Da meine Seele bei mir verzagte, gedachte ich an den Herrn. Und mein Gebet kam zu dir in deinen heiligen Tempel.

Aber welche sich verlassen auf Eitelkeit vergeblich, die lassen Barmherzigkeit fahren.

Ich aber will mit Dank opfern, meine Gelübde will ich bezahlen dem Herrn, daß mir geholfen ist.

Und der Herr sprach zum Fische, und derselbe speite Jona aus ans Land.

Das dritte Kapitel

Und es geschah das Wort des Herrn zum andern Mal zu Jona und sprach: Mach dich auf, gehe in die große Stadt Ninive und predige ihr die Predigt, die ich dir sage. Da machte sich Jona auf und ging hin gen Ninive wie der Herr gesagt hatte. Ninive aber war eine Stadt Gottes, drei Tagereisen groß. Und da Jona anfing hineinzugehen eine Tagereise, predigte er und sprach: Es sind noch vierzig Tage, so wird Ninive umgekehret. Da glaubten die Leute zu Ninive an Gott und ließen predigen, man sollte fasten. Und zogen Säcke an beide, groß und klein.

Und da das vor den König kam, stand er auf von seinem Thron und legte seinen Purpur ab und hüllte einen Sack um sich und setzte sich in die Asche. Und ließ ausschreien und sagen zu Ninive auf Befehl des Königs und seiner Gewaltigen also: Es soll weder Mensch noch Tier, weder Ochsen noch Schafe etwas essen und man soll sie nicht weiden noch Wasser trinken lassen, und sollen Säcke um sich hüllen beide, Menschen und Tiere, und zu Gott rufen heftig. Und ein jeglicher bekehre sich von seinem bösen Wege und vom

Frevel seiner Hände. Wer weiß, Gott möchte sich bekehren und bereuen und sich wenden von seinem grimmigen Zorn, daß wir nicht verderben.

Da aber Gott sah ihre Werke, daß sie sich bekehrten von ihrem bösen Wege, reute ihn des Übels, das er geredet hatte, ihnen zu tun, und tat's nicht.

Das vierte Kapitel

Das verdroß Jona sehr und ward zornig und betete zum Herrn und sprach: Ach Herr, das ists das ich sagte, da ich noch in meinem Lande war, darum ich auch wollte zuvorkommen zu fliehen aufs Meer; denn ich weiß, daß du gnädig, barmherzig, langmütig und von großer Güte bist und läßt dich des Übels reuen. So nimm doch nun, Herr, meine Seele von mir; denn ich wollte lieber tot sein denn leben. Aber der Herr sprach: Meinst du, daß du billig zürnest?

Und Jona ging zur Stadt hinaus und setzte sich gegen morgenwärts der Stadt und machte sich daselbst eine Hütte; da setzte er sich drunter in den Schatten, bis er sähe, was der Stadt widerfahren würde.

Der Herr aber verschaffte eine wilde Rübe, die wuchs über Jona, daß sie Schatten gab über sein Haupt und ergötzte ihn in seinem Übel. Und Jona freute sich sehr über die wilde Rübe. Aber der Herr verschaffte einen Wurm des Morgens, da die Morgenröte anbrach, der stach die Wilderübe, daß sie verdorrte. Als aber die Sonne aufgegangen war, verschaffte der Herr einen dörrenden Ostwind, und die Sonne stach Jona auf den Kopf, daß er matt ward. Da wünscht er seiner Seele den Tod und sprach: Ich wollte lieber tot sein denn leben.

Da sprach Gott zu Jona: Meinst du, daß du billig zürnest um die Wilderübe? Und er sprach: Billig zürne ich bis in den

Tod. Und der Herr sprach: Dich jammert die wilde Rübe, daran du nicht gearbeitet hast, hast sie auch nicht aufgezogen, welche in einer Nacht ward und in einer Nacht verdarb. Und mich sollte nicht jammern Ninive, solche große Stadt, in welcher sind mehr denn hundertundzwanzigtausend Menschen, die nicht wissen, was rechts oder links ist, dazu auch viele Tiere?

Diesen Propheten Jona halten einige, wie Hieronymus zeigt, für den Sohn der Witwe zu Zarpath bei Sidon, die den Propheten Elia zur Teuerungszeit ernährte (1. Kön. 17,9ff. und Luk. 4,25ff.). Als Grund nehmen sie, daß er sich hier selber »ein Sohn Amittais« nennt, das heißt »ein Sohn des Wahrhaftigen«, weil seine Mutter zu Elia sprach, als er ihn vom Tode erweckt hatte: »Nun weiß ich, daß die Rede deines Mundes wahrhaftig ist.« Das glaube, wer da will; ich glaub's nicht. Vielmehr sein Vater hat Amittai geheißen, auf lateinisch »verax«, auf deutsch »wahrlich«, und ist aus Gad Hepher gewesen, welche Stadt im Stamme Sebulon liegt (Jos. 19,13). Denn so steht 2. Kön. 14,25 geschrieben: »Der König Jerobeam brachte wieder die Grenze Israels von Hemath bis an das Meer im flachen Felde, nach dem Wort des Herrn, des Gottes Israels, welches er geredet hatte durch seinen Diener Jona, den Sohn Amittais, den Propheten von Gad Hepher.« Außerdem war die Witwe zu Zarpath eine Heidin, wie es auch Christus sagt Luk. 4,25f. Aber Jona bekennt hier, Kap. 1,9, er sei ein Hebräer.[3]

Das sage ich darum, weil es sehr gut ist, wenn man's haben kann, zu wissen, zu welcher Zeit und in welchem Lande ein Prophet lebte und gewesen ist; denn es hilft besser dazu, daß man sein Buch verstehen könne, wenn man Zeit, Stätte, Person und Geschichte kennt, die sich dazumal begeben haben. So haben wir nun, daß dieser Jona zur Zeit des Königs Jerobeam gelebt hat, dessen Großvater der König Jehu war; zu dessen Zeit regierte in Juda der König Usia und in jenem Königreich Israel sind zur selben Zeit die Propheten Hosea, Amos, Joel in andern Orten und Städten gewesen. Daraus kann man doch entnehmen, was für ein trefflicher, teurer

Mann dieser Jona im Königreich Israel gewesen ist und daß Gott große Dinge durch ihn getan hat, daß nämlich der König Jerobeam durch seine Predigt so glücklich war und alles zurückgewann, was der König von Syrien, Hasael, dem Königreich Israel entrissen und so großen Schaden getan hatte, daß auch der Prophet Elisa darüber weinte, bevor es geschah (2. Kön. 8,11). Dennoch bewies Gott solche Wohltat ungeachtet dessen, daß das Königreich Israel noch immer abgöttisch war und neben Gott zugleich die Goldenen Kälber in Samaria anbetete. So große Gnade ist's, wenn Gott einem Lande einen Mann mit seinem Wort gibt, daß er um dessentwillen einem Lande nicht nur Missetat und Ungehorsam verzeiht, sondern ihm auch hilft und überschwenglich wohltut; was würde er nicht tun und lassen, wo mehr als ein göttlicher Mensch ist?

Ob nun diese Geschichte zu Ninive und im Walfisch geschehen sei, bevor er dem König Jerobeam so mit Rat und Tat beistand oder später, als er wieder von Ninive zurückgekommen war, kann ich aus der Schrift nicht angeben. Glaubhaft ist es aber, daß er dem Könige Jerobeam in seinem Lande vorher gedient und geholfen hat, bis er das Königreich Israel wieder aufgerichtet und geordnet hatte; danach wurde er in die Ferne nach Ninive von Gott außer Landes geschickt. Denn in seinem Land hatte er mit Erfahrungen gelernt, wie Gott so gütig und gnädig war zu dem abgöttischen Königreich Israel. Deshalb sah er auch voraus, Gott werde zu Ninive auch so gütig und gnädig sein, daß seine Predigt überflüssig und unnötig wäre, wie er denn selbst bekennt und darüber zürnt (Jona 4,1f.).

Summa, so stand es in der Welt zur Zeit Jonas: Das oberste Reich oder Kaisertum in der Welt war in Assyrien zu Ninive, wie es später zu Babylon und danach zu Rom gewesen ist. Daneben waren da die andern Königreiche, wie Syrien, Israel, Juda, Edom, Moab, jedes für sich. Und das Königreich Israel stand nun unter dem König Jerobeam um Jonas willen gut; ebenso befand sich das Königreich Juda auch wohl unter dem Könige Usia. Aber das war das Letzte und der Johannes-Segen[4], den Gott dem Königreich Israel gab. Denn nach dem Tode Jerobeams, als sich das Volk gar nicht besserte und von Abgötterei abließ, weder durch Strafe noch durch Wohltat, da zerfiel das Königreich, mordete immer ein König den andern, bis der Kaiser von Assyrien kam und beide zerstörte, Syrien und Israel, und führte sie weg, daß sie bis zum heutigen Tag nicht wiedergekommen sind, wie das letzte Kapitel im zweiten Buch der Könige bezeugt. Weil nun solch groß Unglück und Zerstörung des ganzen Königreichs wegen der Sünde des Volkes bevorstand, schickte Gott zuvor sein Wort durch seine Propheten und läßt sie warnen, auf daß sie sich bekehrten oder doch jedenfalls einige errettet und erhalten würden.

Denn so pflegt Gott immerdar zu tun, wenn sein großer Zorn vorhanden ist, daß er vorher sein Wort schickt und einige errettet. So schickte er Noah vor der Sintflut, Lot vor dem Untergang Sodoms, Abraham, Isaak, Jakob, bevor er das Land Kanaan vernichtete, Joseph und Moses, bevor er Ägypten schlug. Ebenso hier auch Jona und Hosea, bevor er Israel zerstörte, und Jona, bevor er Ninive umkehren wollte. Ebenso hat er auch Christus, seinen Sohn selbst, in die Welt gesandt, bevor dann der letzte Zorn des Jüngsten Gerichts kommt. Aber nach Christi Tod wurde nicht nur Jerusalem, sondern Rom und der ganze römische Erdkreis und das Reich zerbrochen. Wir haben auch jetzt dieselbe Gnade und großes Licht göttlichen Wortes. Darum steht gewiß ein großes Verderben bevor; da will Gott einige holen, bevor es dann kommt, oder uns gar umbringen, wenn wir uns nicht bessern, – wie wir uns denn leider übel genug anschicken, auch bereits große Stücke der Strafen angefangen haben.

Mache dich auf und gehe in die große Stadt Ninive und predige in ihr usw. Jona 1,2

Hier sehen wir, daß Gott sich nicht allein der Juden annimmt, sondern auch der Heiden, so wie S. Paulus Röm. 3,29 sagt: »Gott ist nicht allein der Juden, sondern auch der Heiden Gott.« Aber hier steht nicht, daß die Nineviten sich beschnitten oder der Juden Gesetz gehalten oder angenommen haben, sondern sie werden alleine deshalb gelobt, weil sie dem Wort Gottes glaubten und sich besserten und fromm wurden. Dies ist ein gar mächtiger Stoß gegen die Juden und eine Stärkung unseres christlichen Glaubens, die wir uns richtig merken sollten. Denn hieraus können wir überzeugend schließen, daß die Beschneidung und des Moses Gesetze dafür nicht notwendig seien, daß man fromm sei und Gott gefalle, und daß es nicht wahr sei, wenn die Juden meinen, alle Welt müsse zu Juden werden und die Gesetze Moses annehmen und halten, als ob alleine die Juden Gottes Volk seien. Denn hier steht Jonas mit seinem Buch und zeigt, daß die Nineviten ohne alles Gesetz und jüdische Lebensweise alleine durch den Glauben und gute Werke Gott gefallen und genügen und Gott auch nicht mehr von ihnen fordert. Denn wenn des Moses Gesetze nötig wären, um fromm zu werden, müßten sie sie auch angenommen haben. Das geschieht hier aber nicht. Dagegen finden wir, daß von den Juden der Glaube und gute Werke gefordert werden und ihnen ihre Beschneidung und vielerlei Gottesdienste nichts helfen, wie denn Jesaja (1,11) sie mit ihrem Opfern und Tun verwirft. Und hier erfährt man endlich den Spruch S. Pauli (Röm. 2,12ff.) genau, daß die Heiden ohne (Moses) Gesetz das Gesetz halten und die Juden mit dem Gesetz das Gesetz übertreten, so daß man klar begreifen muß, wie des Moses Gesetz nur allein dem Jüdischen Volk eine Zeitlang auferlegt ist, um sie damit zu zwingen und zu demütigen wie mit einem Kerker- und »Stockmeister«, wie Paulus Gal. 3,24 sagt, aber gar nicht, weil sie dadurch fromm werden sollten oder könnten, sondern gierig nach Christus und Gottes Gnade. So bestätigt nun Jona mit seiner Weissagung den Spruch S. Pauli (Röm. 3,20.28), daß niemand durch die Werke des Gesetzes vor Gott fromm werden könne, sondern der Mensch muß ohne alle Werke des Gesetzes durch den Glauben fromm werden, welcher dann gute Werke tut, wie wir hier sehen an diesen Nineviten. Waren nun die Nineviten damals nicht verpflichtet, des Moses Gesetz zu halten oder Juden zu werden, als Christus noch nicht gekommen war und das Gesetz bei den Juden noch bestand und galt, wieviel weniger sind wir jetzt dazu verpflichtet, wo doch Christus gekommen ist und das Gesetz auch bei den Juden aufgehoben hat. Darum ist uns nun wie den Nineviten nichts mehr nötig als ein rechter Glaube, der gute Werke tue und die Menschen fromm mache usw.

Das sage ich nicht allein um der Juden willen, sie damit zu bestreiten, sondern auch um unsertwillen, die wir gegen diese göttliche Lehre nicht nur eine Art von Teufeln haben. Erstens den Papst und die Seinen, die es eine neue Lehre nennen und uns viel größere und mehr Gesetze auferlegen, als Moses Gesetz hatte, und uns damit vor Gott fromm machen wollen. Ich meine aber, sie sei ja alt genug, weil sie zur Zeit Jonas vor Christi Geburt schon lange dagewesen ist, dazu auch ausreichend war, weil sie die Nineviten fromm gemacht hat ohne Moses Gesetz und auch bevor jemand vom Papsttum hätte träumen können. Zweitens haben wir die Rotten und Schwarmgeister, die uns mit des Moses Gesetz beladen und meistern wollen, aber nichts wissen, weder was Moses oder wer Christus ist, oder inwiefern Moses gilt oder wozu er dient; so sind die Bilderstürmer bisher gewesen, die das weltliche Schwert in Moses Gesetz aufnehmen wollten und getrost schrien: »Hier ist Gottes Wort, Gottes Wort,

Gottes Wort.« So als ob es genug wäre, daß Gottes Wort da sei, und nicht auch auf die Unterscheidung zu achten sei, welches diejenigen sind, denen es befohlen ist. Denn es war auch Gottes Wort, daß Noah die Arche bauen sollte und Abraham seinen Sohn opfern und Salomo den Tempel bauen. Aber darum ist das gleiche nicht auch von mir zu tun. Denn mir ist solch Gotteswort nicht gesagt. Mir aber und allen ist dies allgemeine Wort gesagt: »Bessert euch und glaubt« (Mark. 1,15), wie es hier den Niniviten gesagt wird. Darum müssen wir nicht danach fragen, ob Gottes Wort da sei, sondern ob dasselbe uns gesagt sei oder nicht und uns alsdann desselben annehmen oder nicht usw.

Aber siehe, welch ein großes Amt legt Gott auf den Jona, daß er dem einen Menschen die Predigt befiehlt gegen das mächtige Kaisertum zu Assyrien, gegen den König und seine Fürsten. Haben's doch die großen Herren so besonders ungerne, wenn man sie schilt und straft, und wollen schlechterdings ungestraft sein. Nun befiehlt hier Gott dem Jona, er solle ihnen ihre Bosheit ansagen. Dazu gehört wahrlich ein Mut. Da will das Maul aufgetan sein. Er hat doch zu ihnen sagen müssen: Ihr seid böse und verdammt, euer gutes Wesen ist lauter Schein und verführt euch. Denn es ist nicht möglich, daß in solchem mächtigen Königreich nicht auch gute Leute gewesen sein sollten, die vor der Welt ein ehrbares, unsträfliches Leben geführt haben sollten. Diese nun alle zusammen strafen und mit Gottes Zorn schrecken, ist ein groß' Ding und ist schlecht zu ertragen, besonders unter den großen Hansen. Summa: Wir sehen die Geschichte als geringfügig an, weil wir sie von außen ansehen und sie uns nicht betrifft; sollte uns aber dergleichen begegnen oder wären wir damals dabeigewesen, so würden wir denken, wir hätten noch nie ein närrischer und unmöglicher Ding gesehen oder gehört, als daß ein einzelner Mensch ein solches Kaisertum angreifen sollte. Wie würde sich's ansehen, wenn du oder ich zum türkischen Kaiser gesandt würden, ihn mit seinen Fürsten und seinem Reich zu strafen? Wie oft ist's so lächerlich gewesen, wenn irgendeiner gegen den Papst geredet hat? Nun, Gottes Werke pflegen sich zuerst so närrisch und unmöglich anzulassen, daß die Vernunft darüber verzweifeln und spotten muß. Aber es geschieht uns zugut, damit wir glauben. Denn Gott vollführt, was er redet und anfängt, und wäre es noch so närrisch und unmöglich anzusehen. »Gottes Narrheit ist weiser als die Menschen« (1. Kor. 1,25). Das beweist hier Jona gut und ganz.

Jona aber machte sich auf, vor dem Herren zu fliehen aufs Meer, und zog hinab nach Japho. Jona 1,3

Der lateinische und griechische Text hat hier »nach Tharsis«, wo ich verdeutscht habe »aufs Meer«. Damit mich nun die Besserwisser nicht zu sehr verdammen, muß ich die Gründe angeben. Sie sagen, Jona sei nach Tarsus gefahren, die Stadt in Cilicien, von wo S. Paulus her war (Apg. 9,11). Aber das hat keinen Grund in der Schrift. Denn der Text sagt hier nicht »nach Tarsus«, sondern »ins Tharsis« oder »aufs Tharsis«. Die hebräische Sprache hat zwei Wörter, die »das Meer« bedeuten, nämlich »Jam« und »Tharsis«. »Jam« bedeutet nicht allein das große Meer, sondern auch den großen See, wie Lukas das Meer einen See nennt, auf dem Christus mit seinen Jüngern bei Tiberias, Kapernaum und Bethsaida fährt, welchen Johannes (6,17) und die andern Evangelisten das Galiläische Meer nennen. Ebenso heißt es auch 1. Mose 1,10: »Gott nannte die versammelten Wasser Jam«, das ist Seen oder Meer. Aber »Tharsis« heißt eigentlich das große Meer, das nicht ein See ist, wie dasjenige, in dem Rhodos, Cypern und viele andere Inseln liegen, auf dem S. Paulus fuhr Apg. 27f. Das haben jetzt der Türke, Venedig

Frankreich und Spanien. So heißen auch das Rote Meer und andere große Meere »Tharsis«.

So lautet der Psalm 72,10: »Die Könige von Tharsis und die Inseln werden Geschenke bringen«, d. h. die Könige am großen Meer und die Inseln darin. Denn die Stadt Tarsus ist kein Königreich, hat auch niemals einen König gehabt, geschweige denn viele Könige. Ebenso ließ Salomo seine Schiffe »in Tharsis« fahren, d. h. auf dem Meer nach Osten, durch das Rote Meer, um Gold in Indien zu holen. Da konnten die Schiffe ja nicht nach Tarsus, der Stadt, fahren, man hätte denn über Land mit Schiffen fahren wollen. Denn zwischen Tarsus und dem Roten Meer liegt nur Land, wie die Landfahrer wissen. So sagt auch Psalm 48,8: »Du zerbrichst die Schiffe Tharsis mit starkem Winde«, d. h. die Schiffe im Meer. Auch Jesaja 23,1: »Heulet ihr Schiffe Tharsis«, d. h. ihr Schiffe des Meeres. Solche Sprüche gibt es viel mehr, so daß hier auch Sankt Hieronymus selber bekennt, es könne besser »Meer« als die Stadt Tarsus gemeint sein. Denn Jona war es nicht zu tun um eine bestimmte Stadt, dahin zu fliehen, da er überhaupt nichts zu tun hatte. Vielmehr beabsichtigte er nur, aufs Meer zu fliehen, wo auch immer er ankäme. Die Flucht suchte er und fragte nicht, wo er hinkäme; so sagt hier auch der Text, er habe »sich aufgemacht, zu fliehen vor dem Herren«. Und da er nicht wußte wohin, gedachte er, sich aufs Meer zu begeben, er käme dahin, wo ihn der Wind hinwehte.[5]

Japho ist die Stadt Joppe, die man jetzt anfährt, wenn man nach Jerusalem reist; verdeutscht heißt sie »die schöne« oder »hübsche«, denn da ist der Hafen für das Jüdische Land.[6] So ist Jona nun von Jerusalem und vom Jüdischen Lande aufs Meer gefahren nach Westen. Dahin weist auch das Wort, das er sagt, er sei »vor dem Herren geflohen«. Wer kann vor dem Herren fliehen? Ist er nicht an allen Enden? Wie Psalm 139,7 sagt: »Wohin wollte ich gehen vor deinem Geist? Und wohin sollte ich fliehen vor deinem Angesicht?« Denn Jona war nicht so toll, daß er nicht gewußt hätte, wie Gott an allen Enden ist, da er nachher selbst bekennt, er »diene dem Gott, der Himmel und Erde, das Meer und das Trockene gemacht hat«. So hatte er auch gehört, daß Gott zu Ninive war, da er vorhatte, ihre Bosheit zu strafen und Jona dahin zu senden. Aber so ist es zu verstehen: Gott hat zweierlei Wesen oder Gegenwärtigkeit. Eine ist natürlich, die andere ist geistlich. Nach seiner Natur ist er an allen Enden, wie Jesaja 66,1 sagt: »Der Himmel ist mein Stuhl und der Erdboden mein Fußschemel.« Ebenso ist er auch mitten in der Hölle, im Tod und in Sünden, wie der eben genannte Psalm (139,8) sagt: »Fahre ich in die Hölle, so bist du auch da« usw. Daher kann ihm niemand entfliehen. Aber geistlich ist er alleine da, wo man ihn so kennt, das ist, wo sein Wort, Glaube, Geist und Gottesdienst sind; da sind die Seinen, die allein verstehen, daß Gott ein solcher Herr ist, der allmächtig und an allen Enden ist. Die Gottlosen aber verstehen das nicht, glauben's und wissen's auch nicht, daß Gott an allen Enden sei, ob sie es schon sagen hören und wohl nachsagen können. So kann man gut vor Gott fliehen, wenn man an den Ort flieht, wo kein Wort, Glaube, Geist und Erkenntnis Gottes ist. So ist Jona geflohen vor dem Herrn, das heißt aus dem Jüdischen Volk und Lande, in dem Gottes Wort, Geist, Glaube und Erkenntnis war, hin aufs Meer zu den Heiden, wo kein Glaube, Wort oder Geist Gottes war.

Hier erhebt sich nun die Frage, ob Jona auch gesündigt habe, indem er vor dem Herren floh. Die alten heiligen Väter sind zu ihrer Zeit geneigt gewesen, die Propheten, Apostel und großen Heiligen zu entschuldigen; mit dieser närrischen Demut sind sie so abgeirrt, daß sie gleichsam der Heiligen Schrift und Gottes Wort eher Gewalt angetan, sie gezwungen und gedrängt haben, bevor sie die Heiligen wollten Sünder sein lassen. Obwohl nun solche ihre Demut zu ertragen ist, die aus dem Haß der Sünden und der Verehrung der Gerechtigkeit kommt, so ist's doch gefährlich, den Schriftsinn so zu lenken und ihrer Auslegung zu folgen. Christus spricht Matth. 5,18 ganz anders, daß Himmel und Erde vergehen müßten, ehe denn der geringste Buchstabe oder ein Tüpfelchen der Schrift vergehen würde. Es ist besser, man gebe den Heiligen zu wenig als zu viel, und besser, man füge ihnen Schaden zu als Gott selbst in seinem Worte. Denn ohne die Heiligen können wir selig werden, ohne Gottes Wort können wir nicht selig werden.

So bleiben wir gerade und fest bei den Worten Gottes und lassen Jona hier eine große, schwere Sünde getan haben, deretwegen er ewiglich verdammt wäre, wenn er nicht in der Zahl der Auserwählten im Buch des Lebens verzeichnet gewesen wäre. Denn das kann ja niemand leugnen, daß Gott Jona einen Befehl gibt und gebietet, er solle hingehen und zu Ninive predigen. So ist auch gewiß, daß es kein Scherz, sondern großer Ernst bei Gott ist, so groß wie der war, als er Adam im Paradies das Gebot gab; denn er spricht, »die Bosheit der Stadt Ninive sei vor ihn gekommen«, das ist, er wolle das ganze Königreich strafen. Kurz, da ist großer Zorn. Ebenso ist auch das offenbar, daß Jona solchem ernsten Gebot Gottes ungehorsam wird, indem er flieht und es nicht tun will, und wahrlich so schwer sündigt wie Adam im Paradies gesündigt hat. Denn er sollte solchen göttlichen Willen nicht nur angenommen, sondern auch mit allen Freuden ausgeführt haben und lieber hundert Tode erleiden, als daß er dem Wort Gottes ungehorsam würde. Denn was kann ein größeres, greulicheres Ding sein, als dem Willen Gottes ungehorsam sein? Seht, wie es Adam, Saul und dem Volk Israel darüber ergangen ist. Ja seht, wie es hier Jona selbst deshalb ergeht. Ich meine ja, sein Ungehorsam werde greulich und schrecklich genug bestraft, so daß die Strafe klar anzeigt, es sei nicht eine kleine Sünde gewesen. Wie dürftig entflieht er dem Gehorsam Gottes auf dem Meer, daß er hätte wünschen können, dafür dreimal auf dem Lande zu sterben. Er will nicht nach Ninive; dafür muß er mitten ins Meer und dem Walfisch in den Rachen fahren.

Das ist alles uns zur Warnung geschrieben. Erstens, daß wir dies Stück lernen: Wer nicht mit Güte Gott gehorsam sein will, der muß ihm zuletzt doch mit Ungüte gehorsam sein, denn sein Wille geht doch weiter. Wir sehen hier: Wer sich dem Willen Gottes im geringsten verweigert, der muß so viel desto Größeres dafür erleiden, so daß uns nichts besser ist, als nur bald gehorsam zu sein und zu sprechen, »dein Wille geschehe im Himmel und auf Erden«. Dennoch ist das ein großes Zeichen der Gnade, daß Gott Jona so bald nach seiner Sünde sucht und straft und sie ihm nicht zugute kommen läßt noch ihn lange darin verharren, so daß er gut mit David singen kann: »Der Herr hat mich gezüchtigt, aber nicht dem Tode überantwortet« (Ps. 118,18). Zweitens, daß wir Gottes Gnade richtig kennenlernen und nicht an unserm Verdienst hängen, weder an gutem noch bösem, sondern wissen, daß uns weder Sünde verdammt, noch gute Werke selig machen, Gottes Gnade aber alleine uns erhalte und uns beide, Sünde und gute Werke, verdammen, wenn wir in Sünden zweifeln und auf gute Werke uns verlassen. Denn hier siehst du ja, daß Jona mit keinem guten Werk verdient, daß er im Fischbauch erhalten und wieder heraus ans Land gebracht wird, sondern aus lauter Gottesgnade, wie er das gar fein in seinem Lobgesang verkündet, wovon wir noch hören werden. Wiederum siehst du ja, daß genug große Sünde da ist und doch wird er nicht verdammt noch verlassen. Das kommt daher, daß er in der Sünde nicht verzagt und verzweifelt, fest an Gottes Gnade hängen bleibt und sich willig ergibt in die Strafe. Denn wenn er verzweifelt wäre, dann wäre er nimmermehr herausgekommen. Sein großer Glaube mitten in der Sünde macht es, daß Gott ihn nicht vergessen kann, sondern muß ihn wieder herausreißen. Davon wird hernach mehr zu sagen sein.

Ebenso ist uns nun auch das ein großer Trost, daß wir sehen, wie auch die allergrößten, trefflichsten Heiligen so ungezogen gegen Gott sündigen und nicht wir allein arme, elende Sünder sind, sondern sie auch Menschen gewesen sind, Fleisch und Blut gehabt haben wie wir, damit auch wir nicht verzagen, wenn wir sündigen und fallen, so nämlich, daß wir nicht durch falsche Lehre und Aberglauben aus dem Reich der Gnade fallen. Denn gleichwie im Reich der Gnade keine Sünde so groß ist, daß sie nicht vergeben werde, so ist außerhalb der Gnade kein Werk so gut, kein Leben so heilig, daß es nicht verdammlich sei. Das nenne ich aber im Reich der Gnade bleiben, daß man nicht auch gegen die Gnade sündige. Gegen die Gnade sündigen geschieht auf zweierlei Weise. Die erste: Wenn ich gesündigt habe gegen Gottes Gebot und zu derselben Sünde diesen teuflischen Zusatz tue und verzweifle oder verzage, indem ich glaube und Gewissensangst habe, daß mir Gott die Sünde nicht vergeben wolle und keine Gnade mehr da sei. Denn da ist auch keine Gnade mehr da, sondern Gott mit aller Gnade ist verleugnet und zunichte geworden. Dies ist dann nicht mehr eine menschliche, sondern eine teuflische Sünde und eine Sünde gegen den Heiligen Geist, die nicht vergeben werden kann, solange sie eben so bleibt; denn sie ist gerade gegen die Gnade, durch die doch die Sünde vergeben werden sollte.

Das aber heißt, im Reich der Gnade bleiben, wenn ich nicht an Gottes Gnade verzweifle und an der Vergebung der Sünde, es sei die Sünde, wie groß sie wolle, sondern im Sinn und Gewissen fest bleibe, daß noch Gnade und Vergebung da sei, wenngleich Gottes und aller Kreaturen Zorn mich fressen wollte und dazu mein eigenes Gewissen selbst sagt, die Gnade wäre aus und Gott wolle nicht vergeben. Das heißt dann, Gottes Gnade über alle Dinge erheben, loben und ehren und auf dieselbe vertrauen entgegen allem Zorn und Gericht. Wie Jakobus in seiner Epistel sagt: »Die Barmherzigkeit triumphiert über das Gericht« (2,13), das ist: Gnade gilt und vermag mehr als aller Zorn, alles Urteil und alles Gericht Gottes. Und wer das glaubt, der kann damit auch triumphieren gegen allen Zorn und das Urteil Gottes. Wer das nicht kann, bei dem triumphiert das Gericht über die Gnade und die Gnade muß zunichte werden und das Gericht alleine herrschen zum Tode und zur Verdammnis. Gleichwie umgekehrt, wenn die Gnade triumphiert, da muß das Gericht zunichte werden und die Gnade alleine herrschen zum Leben und zur Seligkeit ewiglich, wie es hier diesem Jona geschieht. Das ist nun nicht mehr eine menschliche Gerechtigkeit, die auf unsern Werken und Kräften besteht, sondern es ist eine engelhafte, ja göttliche Gerechtigkeit, die auf dem Glauben und Geist stehen bleibt, ohne alle Werke; denn sie hängt nur an der Gnade, welches kein Werk zu tun vermag. Denn es geht alles im Herzen und Gewissen vor, wo kein Werk drin ist noch hinkommt.

Die andere Weise (gegen die Gnade zu sündigen): Wenn ich gute Werke tue und zu denselben diesen teuflischen Zusatz tue und verlasse oder tröste mich damit und bilde mir meinem Gewissen entsprechend ein, daß ich dadurch vor Gott bestehen könne, als ob keine Sünde da sei. Denn damit mache ich mir die Gnade zunichte, als ob sie nicht nötig und nütze sei, da solches die Werke zustande bringen. Dann ist abermals Gott mit aller seiner Gnade verleugnet. Und das ist nicht mehr göttliche, sondern teuflische Gerechtigkeit, die nicht vergeben werden kann, solange sie eben so bleibt und nicht erkannt wird. Das heißt dann, außerhalb des Reiches der Gnade bleiben und gegen die Gnade sündigen, wenn man in irgendeinem Werk oder Wesen so fromm wird, daß man keine Gnade oder Vergebung dafür braucht, sondern ohne Gnade und Vergebung das Werk selbst für gut genug und rein genug hält. Da ist dann der Spruch des Jakobus umgekehrt und sagt nicht mehr: »Die Barmherzigkeit triumphiert über das Gericht«, sondern so: Werk triumphiert über das Gericht, ja, Werk triumphiert über Barmherzigkeit. Das ist dann Sünde gegen den heiligen Geist, die nicht vergeben werden kann, das heißt, sie hat keine Gnade, durch die sie vergeben werden möchte, wie sie alle anderen Sünden haben, die ohne solchen Zusatz geschehen. Denn alle anderen Sünden halten daran fest und bleiben bei dem Vertrauen, daß noch Gnade und Vergebung da sei, mehr und größer als die Sünde. Diese Sünde aber und die guten Werke tun die Gnade aus den Augen und bleiben nicht bei dem Vertrauen; vielmehr spricht diese Sünde: Gnade sei nicht da und wolle nicht vergeben. Gutes Werk spricht: Gnade ist nichts und brauche ich nicht. So sind sie beides: Aus dem Reich der Gnade gefallen und sie sündigen gegen die Gnade.

Hieraus versteht man nun gut, was Christus meint damit, daß die Sünde gegen den heiligen Geist nicht vergeben werde, weder hier noch dort (Matth. 12,31; Mark. 3,28), und Johannes sagt, man solle nicht bitten für die Todsünde (1. Joh. 5,16). Denn Todsünde nennt er die Sünde gegen den heiligen Geist. Und das alles besagt so viel: Wer in Sünden verzweifelt oder auf gute Werke vertraut, der sündigt gegen den heiligen Geist und gegen die Gnade. Hier sollte ich nun wohl bitten für sie, daß sie von solcher Sünde los und bekehrt werden. Aber daß Gott ihnen gnädig sein sollte in dieser Sünde und seine Gnade in ihren Herzen mehr gelten lasse als diese Sünde, wie es bei andern Sünden geht, das ist ein unmögliches Ding. Denn da würde ich gleichzeitig beten, daß Gottes Gnade weniger gelten sollte und doch für mehr gelten sollte als diese Sünde. Da wird nichts draus. Vielmehr soll ich gegen diese Sünde beten, wie es Moses tat (4. Mose 16,15), als er gegen Korah betete und sprach: »Du wolltest ihr Opfer durchaus nicht ansehen.« Denn Korah wollte auch durch Werke etwas vor Gott gelten und sündigte damit gegen die Gnade. Das war unerträglich. Sonst sind alle Sünden zu ertragen, wenn sie die Gnade triumphieren und herrschen lassen. Das sei davon jetzt genug.

Was aber hat Jona bewegt zu solchem Ungehorsam, indem er nicht gerne nach Ninive wollte? Hier werden mit Recht mancherlei Ursachen angezeigt. Erstens, daß er solch großes, neues, unerhörtes Amt verweigert hat, weil er anders als alle andern Propheten zu solchem großen König in ein fremdes Land ausgesandt wird. Denn man liest nicht, daß Gott jemals einen Propheten aus dem Lande Israel so in die Ferne und zu solchem großen Königreich gesandt habe. Weil das denn ein so völlig neuer, eigentümlicher Befehl ist, der kein Beispiel vor sich hat, wie dergleichen jemals geschehen wäre, ist's dem Propheten Jona auch wild und wunderlich, daß Gott gerade ihm solches vor allen anderen befiehlt. Wie denn Fleisch und Blut von Natur aus zurückscheuen, so daß wir ungerne darauf zugehen, wenn Gott etwas Besonderes mit uns vor andern vornimmt. Gleichwie Petrus auch sich umsah nach Johannes (Joh. 21,19ff.), als Christus zu ihm sagte: »Folge du mir«; da fragte er, was denn Johannes tun solle. Wir sehen nicht, daß wir zuletzt doch alleine heranmüssen, so wie es hier Jona geschieht, der nicht gerne von den Seinen weg aus dem Lande will; da muß er zuletzt mitten ins Meer und dem Walfisch in den Rachen, wo er doch nicht anders denken konnte, als daß er im Himmel und auf Erden alleine mit Gott wäre. Oh, das ist ein schweres Ding.

Ferner möchte man auch sagen, er habe sich gefürchtet vor dem großen Könige. Einige meinen auch, er habe es darum getan, weil er befürchtete, seine Prophezeiung würde nicht erfüllt und es würde nicht geschehen, was er predigte, wie es denn auch kam. Darum hatte er Sorge, man möchte ihn für einen Lügner und für einen falschen Propheten halten, dessen Wort nicht wahr und nicht von Gott wäre. Aber diese

Ursache ist nichts. Denn Jona wußte nicht, was geschehen würde, weil doch das vierte Kapitel sagt, daß er vor der Stadt saß und wartete, was ihr widerfahren würde (Jon. 4,5). Daraus erkennt man gut, er habe gewartet, bis sie unterginge wie Sodom und Gomorra, und zürnt darüber, daß nicht geschah, was er hoffte. Dem kann man entnehmen, die Ursache seines Ungehorsams sei gewesen, daß er der Stadt Ninive feindlich war und noch eine jüdische, fleischliche Meinung von Gott hatte, als ob Gott alleine der Juden Gott sei und nicht der Heiden. Darum war der Zustand seines Herzens so, daß er dachte, die Niniviter wären Gottes Wort und Gnade nicht wert, weil sie nicht Gottes Volk, das ist Juden oder unter dem israelischen Volk wären. Gleichwie die Apostel auch zuerst fleischlich meinten, das Königreich Christi sollte leiblich sein, und als sie es später geistlich erkannten, meinten sie auch noch, es solle allein für die Juden sein, und sie predigten alleine den Juden das Evangelium (Apg. 8,25), bis sie Gott durch eine Erscheinung vom Himmel an Petrus (Apg. 10,10ff.), durch eine öffentliche Berufung des Paulus und Barnabas (Apg. 13,2) und zuletzt durch ein allgemeines Konzil (Apg. 15,1ff.) davon überzeugte, daß Gott auch den Heiden Gnade gäbe und auch der Heiden Gott wäre.

Denn es war den Juden ganz schwer, zu glauben, daß außer Israel noch mehr Leute Gottes Volk wären, weil da Sprüche in der Schrift stehen und von Israel und Abrahams Nachkommen reden und Gottes Wort, Gottesdienst, Gesetze und heilige Propheten alleine bei ihnen waren. Um dieser Sache willen hat auch S. Paulus besonders die Epistel an die Römer geschrieben, in der er eben diesen Artikel aufs allerstrengste und mächtigste in gewaltigen Schriftstellen behandelt, daß nämlich »Gott nicht allein der Juden Gott, sondern auch der Heiden Gott« sei. Denn solches hindert noch heutigentags die Juden, so daß sie nicht glauben wollen, daß die Heiden so gut Gottes Volk sind wie die Juden. Darum hat Jona auch solche Gesinnung und kommt außerdem in solchen Kampf, so daß er's mit so großem Puff lernen muß, dazu mit einem Gleichnis der wilden Rübe und mit einem starken Gotteszeugnis vom Himmel, daß Gott auch Ninive für seine Stadt und die Niniviten für sein Volk halte. Wie nun Christus seinen Jüngern ihre fleischlichen Gedanken vom Reich Gottes hingehen ließ, ebenso läßt er hier auch Jona seine fleischlichen Gedanken hingehen. Denn siehe zu: Wie schwer ist es bisher gewesen, zu glauben, daß es irgendwo Christen gäbe, die nicht unter dem Papst wären, obwohl doch lauter falscher Schein und verkehrte Auslegung der Schrift dahinter steht. Was würde geschehen, wenn einfache, klare Sprüche (der Schrift) das Papsttum begründeten, so wie das Judentum begründet war? Wie würden wir uns vor Türken, Juden, Heiden scheuen und uns alleine zum Papsttum halten! Ebenso ist es Jona auch geschehen im Judentum und israelitischen Königreich.

Das ist es, weshalb er Kapitel 4,2 sagt, er sei deshalb geflohen, weil er wisse, wie Gott so gütig sei. Damit zeigt er an, daß es ihm gleich unerträglich sei, wie Gott so gütig ist und den Niniviten Gnade erweist; er wollte lieber nicht predigen, ja viel lieber tot sein, als daß die Gnade Gottes, die Eigentum des Volkes Israel sein sollte, auch den Heiden mitgeteilt werde, die weder Gottes Wort, noch die Gesetze Moses, noch den Gottesdienst, noch Propheten, noch sonst dergleichen haben, sondern richtig gegen Gott und sein Wort und sein Volk streben. Daß eben dies Jonas Meinung sei, wird damit klar aufgewiesen, daß Gott Jonas Unwillen und Zorn mit diesen Worten straft: »Sollte ich Ninive nicht schonen?« (Jon. 4,11). Damit gibt er doch zu verstehen, daß Jona es nicht gerne sah, wie Gott die Stadt schonte, sondern er zürnte darüber, daß er sie nicht umkehrte, wie er es gepredigt hatte und gerne gesehen hätte. So ist uns diese Geschichte ein tröstliches Beispiel göttlicher Gnade. Erstens, daß wir wissen, wie vor Gott kein Ansehen der Person gilt, und wir niemanden richten und an keinem Menschen verzweifeln sollen. Denn Jona steckt hier tief im Ansehen der Person, indem er die Nineviten für nichts vor Gott hält, sie keck hinrichtet und zum Tode verurteilt wie Verdammte, auch bezweifelt, daß sie Gnade erlangen sollten, sondern hofft und wartet auf ihr Verderben und denkt einfach: Was sollten die Sünder wert sein, die kein Gesetz, keinen Gottesdienst haben? Sollten sie aber Gottes Gnade erhalten, was macht Israel dann mit so viel Gottesgesetzen und Gottesdienst, wenn es nichts Besonderes oder Vorteile gegenüber den Heiden dadurch haben sollte und die Heiden ohne solche Gesetze und Gottesdienste zur Gnade kommen? Da wäre ja der Juden Gesetz und Gottesdienst eine unnütze, unnötige Mühe, die sie »den ganzen Tag tragen mit Last und mit Hitze« (Matth. 20,12), und jene (Heiden) sollen ohne solche Mühe den gleichen Lohn kriegen? Sollte das nicht neidische Augen machen und zum Murren gegen den Hausvater bewegen? Ja, sollt's nicht vor Gott als unmöglich und unbillig anzusehen sein?

Aber Jona irrt auch tüchtig und rennt sich mutig den Kopf ein. Denn wo er meinte, es sei unmöglich, daß Gottes Gnade da sein sollte und da lauter Ungnade erwartete, gerade da ist sie zuerst. Und wo er meint, man werde Gottes Wort nicht hören und annehmen, da nehmen sie es am allerersten und aufs allerdemütigste an, so daß er mit eigener Erfahrung lernen muß, er solle niemanden verurteilen, auch an niemand verzweifeln und der Gnade Gottes weder Stätte, noch Ziel, noch Zeit, noch Maß, noch Person, noch Verdienst vorschreiben, wie es die fleischlichen Gedanken der Juden täten.

Zweitens, daß wir schnell Gottes Befehl befolgen sollen und auf nichts anderes sehen, noch erst fragen, wie es mit andern Sachen übereinstimmt, sondern gerne und willig um Gottes willen Narren werden und ihm die Ehre geben, daß er weise und gerecht sei in allen seinen Worten und Werken. Gleichwie es Abraham tat, als er seinen Sohn Isaak opferte und nicht zuerst fragte, wie das zu dem Spruch stimme, mit dem Gott zuvor gesagt hatte: »Nach Isaak soll dein Geschlecht benannt werden« (1. Mose 21,12). Denn wenn er lange damit umgehen und fragen gewollt hätte, wäre er irre geworden und zuletzt auch in Ungehorsam gefallen, so wie es Jona hier geschieht: als er Israel und Ninive gegeneinander hält und sich noch lange umsieht, da fällt er in Ungehorsam. Hätte er aber einfältig so gedacht: Was fragst du danach, daß Gott Israel mit Gesetzen und Gottesdienst versehen hat und die Niniviten nicht? Kann er doch gleichwohl auf beiden Seiten seine Gnade geben und Israel keinen Vorteil geben mit seinem Gottesdienst und Ninive nicht dafür büßen lassen, daß es ohne solchen Gottesdienst ist. Was liegt dir daran, daß er Israel solch Ding befiehlt und anderen nicht? Es warte ein jeder des Seinen; die Gnade geht gleichwohl darüber hinaus, über beide, die da wirken und die da nichts wirken, wie S. Paulus lehrt (Röm. 4,4f.). Siehe, so wäre er wohl im Gehorsam geblieben mit Abraham.

Aber Gott ließ einen großen Wind aufs Meer kommen, so daß sich ein großes Ungewitter erhob, usw. Jona 1,4

Hier müssen die andern alle leiden um der Sünde des einen Menschen willen. Denn um Jonas willen kommt solch Ungewitter. Ist denn das auch recht, daß bei Gott einer für den andern büßen muß? Aber Gott kann nicht im Unrecht sein oder es tun, er tue, was er wolle. Denn wir haben ihm keine Gesetze vorzuschreiben noch Gebote zu geben. Wo aber kein Gesetz sein kann, da kann auch keine Sünde oder Unrecht sein. Doch obwohl dies Ungewitter um Jonas willen kommt, wie er selbst sagt und es die Auswirkung auch an sich selbt beweist, waren dennoch die Leute im Schiff nicht ohne

Schuld oder Sünde, mit der sie vor Gott alle Stunde den Tod und allerlei Strafe verdient hatten; denn wer ist vor Gott ohne Sünde oder unsträflich? Darum trifft er sie hier zugleich mit Jona, obwohl Jona die Ursache ist mit seiner Sünde. Es muß auch ein besonderes, unvorhersehbares Wetter gewesen sein, das plötzlich daher gekommen ist, weil der Text sagt, Gott habe einen großen Wind auf's Meer geworfen. Denn so heißt es im Hebräischen, daß Gott den Wind geradezu habe so kommen lassen, als ob er ihn auf's Meer würfe oder stieße mit einem Sturm, so daß die Leute gleich gemerkt haben, es könne nicht natürlich und gewöhnlich zugehen. Darum folgern sie auch ohne Zweifeln, es müsse um irgendeines Sünde willen so geschehen; so merkt auch Jona selbst, es gelte ihm alleine.

Und die Leute fürchteten sich und schrien, ein jeder zu seinem Gott. Jona 1,5

Hier siehst du, daß es wahr ist, was S. Paulus sagt (Röm. 1,19), wie Gott bei allen Heiden bekannt sei, das heißt: Alle Welt weiß von der Gottheit zu reden und der natürlichen Vernunft ist bekannt, daß die Gottheit etwas Großes sei gegenüber allen andern Dingen. Das beweist sich daraus, daß diejenigen hier Gott anrufen, die doch Heiden waren. Denn wenn sie nichts von Gott oder der Gottheit gewußt hätten, wie wollten sie dann angerufen und zu ihm geschrien haben? Obwohl sie nun nicht recht an Gott glauben, haben sie doch solchen Sinn und die Meinung, Gott sei ein solches Wesen, das da helfen könne im Meer und in allen Nöten. Solch Licht und Verständnis ist in aller Menschen Herzen und läßt sich nicht unterdrücken oder auslöschen. Es sind zwar einige da gewesen, wie die Epikuräer, Plinius und dergleichen, die es mit dem Munde leugnen.[7] Aber sie tun's mit Gewalt und wollen das Licht in ihren Herzen unterdrücken, sie tun wie diejenigen, die mit Gewalt die Ohren zustopfen oder die Augen zuhalten, daß sie nicht sehen noch hören. Aber das hilft ihnen nicht, ihr Gewissen sagt ihnen anderes. Denn Paulus leugnet nicht, daß »Gott hab's ihnen offenbart«, daß sie von Gott etwas wissen (Röm. 1,19).

So laßt uns hier auch aus der Natur und Vernunft lernen, was von Gott zu halten sei. Denn so meinen diese Leute von Gott, daß er ein solcher sei, der von allem Bösen helfen könne. Daraus folgt weiter, daß die natürliche Vernunft bekennen muß, daß alles Gute von Gott komme. Denn wer aus allem Bösen und Unglück helfen kann, der kann auch alles Gute und Glück geben. So weit reicht das natürliche Licht der Vernunft, daß sie Gott als einen gütigen, gnädigen, barmherzigen, milden ansehen. Das ist ein großes Licht. Aber es fehlen noch zwei große Stücke. Das erste: Sie (die Vernunft) glaubt richtig, daß Gott solches vermöge und wisse, zu tun, zu helfen und zu geben. Aber daß er es wolle oder willig sei, solches auch an ihr zu tun, das kann sie nicht (glauben). Darum bleibt sie nicht fest bei ihrem Sinn. Denn die Macht glaubt sie und kennt sie, aber am Willen zweifelt sie, weil sie das Gegenteil im Unglück fühlt. Das siehst du hier gut; denn die Leute rufen recht zu Gott, womit sie bekennen, daß er helfen könne, wenn er wollte. Sie glauben auch, daß er andern helfen wolle. Dabei lassen sie es bleiben, höher können sie nicht kommen. Denn sie versuchen ja alle ihre Macht, tun ihr Bestes und Höchstes. Hier kann der freie Wille nicht mehr. Aber sie glauben nicht, daß er helfen wolle; denn wenn sie das glaubten, dann handelten sie nicht so, würden nicht das Gerät und die Ware aus dem Schiff werfen, würden auch nicht zu Jona laufen und ihn heißen, seinen Gott anzurufen, sondern stille sein und auf Gottes Hilfe harren. Ferner wäre auch das Meer stille geworden um ihres Glaubens willen. Nun ist aber vonnöten solcher Glaube, der nicht zweifelt, Gott wolle nicht alleine andern, sondern auch mir gnädig sein. Das ist ein rechter, lebendiger Glaube und eine große, reiche, eigentümliche Gabe des heiligen Geistes, wie wir es bei Jona sehen werden.

Das zweite (Stück) ist, daß die Vernunft die Gottheit nicht recht austeilen noch recht zueignen kann demjenigen, dem sie alleine gebührt. Sie weiß, daß Gott ist. Aber wer oder welcher es sei, der da mit Recht Gott heißt, das weiß sie nicht. Und es geht ihr ebenso, wie es den Juden ging, als Christus auf Erden wandelte und von dem Täufer Johannes bezeugt war, daß er gegenwärtig sei. Da stand es mit ihrem Herzen so, daß sie wußten, Christus wäre unter ihnen und ginge zwischen den Leuten. Aber welches die Person wäre, das wußten sie nicht; denn daß Jesus von Nazareth Christus wäre, das konnte niemand ausdenken. So spielt auch die Vernunft Blindekuh mit Gott und tut lauter Fehlgriffe und tappt immer daneben, so daß sie das Gott nennt, was nicht Gott ist, und umgekehrt nicht Gott nennt, was Gott ist, was sie beides nicht täte, wenn sie nicht wüßte, daß Gott wäre, oder gerade wüßte, welches oder was Gott wäre. Darum plumpst sie so herein und gibt den Namen und göttliche Ehre und nennt Gott, was sie meint, daß es Gott sei, und trifft so nimmermehr den rechten Gott, sondern überall den Teufel oder ihre eigene Meinung, die der Teufel regiert. Darum ist es ein ganz großer Unterschied, zu wissen, daß ein Gott ist, und zu wissen, was oder wer Gott ist. Das erste weiß die Natur und ist in alle Herzen geschrieben. Das andere lehrt alleine der heilige Geist.

Davon wollen wir Beispiele geben. Die Papisten und Geistlichen laß uns zuerst vornehmen, welche solchen Wahn von Gott haben, daß sie meinen, Gott sei ein solcher, der sich mit guten Werken bewegen oder genügen lasse. Darum haben sie auch so viele Stände, Sekten und mancherlei Weisen zu leben, mit denen sie alle meinen, Gott zu dienen und zu gefallen. Nun sage mir: Wenn nun kein Gott wäre, der so gesinnt oder dieses Willens wäre, was ehren solche Leute als Gott? Ist's nicht wahr, sie ehren ihren eigenen falschen Wahn und Einfall als Gott? Denn es ist in Wahrheit kein Gott, der so gesinnt sei; sie verfehlen mit solchem Wahn den rechten Gott und es bleibt da nichts als ihr falscher Wahn, der ist ihr Gott, dem geben sie den Namen und die Ehre Gottes. Nun kann unter dem falschen Wahn niemand sein als der Teufel, der ihn eingibt und regiert. So ist nun ihr falscher Wahn ihr Abgott und das Bild des Teufels in ihrem Herzen. Denn der rechte, einige, wahrhaftige Gott ist der, dem man nicht mit Werken, sondern mit rechtem Glauben von reinem Herzen dient, der seine Gnade und Güter völlig umsonst ohne Werk und Verdienst gibt und schenkt. Das glauben sie nicht. Darum kennen sie ihn auch nicht und müssen fehlgreifen und daneben tappen.

Da siehst du, woher alle Abgötterei kommt und warum es entsprechend Abgott, Aberglaube und Abgötterei heiße: Ohne Zweifel darum, weil solch Wahn uns abführt von Gott und abwendet von rechtem Gottesdienst. Oh, gewiß ein Abgott und Aberglaube, der uns von Gott zum Teufel hinab in die Hölle weist. Denn weil ein jeder etwas vornimmt, wovon er wähnt und glaubt, es gefalle Gott, und meint, Gott sei eben so gesinnt, der doch nicht so gesinnt ist und kein Gefallen daran hat: Darum müssen so viele Abgöttereien sein, wie es vielerlei Wahngebilde gibt, die vorgenommen werden, damit sie so Gott gefallen, ausgenommen allein die Meinung des Glaubens, die der heilige Geist gibt. So kam bei dem König Ahab der Abgott Baal auf; denn weil der König wußte, daß ein Gott sei, wähnte er, das wäre Gott, der sich diejenige Weise gefallen ließe, die er im Gottesdienst vornahm, und nannte so Gott »Baal« und umgekehrt nannte er den Baal »Gott«, wie das aus Hosea 2,16 deutlich wird.

Weiter meinte der König Jerobeam, das wäre Gott, der sich den Gottesdienst vor den goldenen Kälbern gefallen ließe;

und so mußten die Kälber »Gott Israels« heißen und umgekehrt Gott ein »Kalb« genannt werden (1. Kön. 12,28). Gleichwie wenn man jetzt Christus, unsern Herrn, »Kappenhold« oder »Plattenhold« nennen würde, weil man meint, er sei ein Gott, der den Kappen und Platten hold wäre und ihm solcher Dienst wohlgefalle, wie denn die Mönche und Pfaffen ihn bestimmt im Herzen so ansehen und nennen.[8] Aber das ist ein Abgott und Aberglauben und Irrwahn, der weit fehlgeht, und richtige Erzabgötterei. So gibt es unzählbare Abgöttereien, so viele Wahngebilde da sind, die anderes vornehmen und selbst erwählen, daß es Gott gefalle, abgesehen vom Glauben in Christus. Da nun aber ein solcher Gott, dem das gefalle, nirgends ist, so dienen sie damit alle dem Teufel und nicht Gott.

Ebenso siehst du auch, daß alle diese Leute im Schiff von Gott wissen, aber keinen gewissen Gott haben. Denn »ein jeder«, heißt es, »rief seinen Gott an«, das ist: Seinen Wahn oder das, was er in seinem Sinne für Gott hielt. Darum verfehlen sie alle den einzigen rechten Gott und haben unter Gottes Namen und Ehre nur Abgötter. Deshalb war auch ihr Glaube nicht richtig, sondern ein Aberglaube und Abgötterei, die ihnen auch nichts halfen. Denn ihr Gott läßt sie in der Not sinken und vergeblich rufen, so daß sie ganz verzweifeln und nicht wissen, wo sie einen Gott finden sollten, der ihnen helfe; und sie laufen hinab zu Jona, wecken ihn auf und heißen ihn, seinen Gott anrufen, für den Fall, daß ein anderer Gott da wäre als ihr Gott, der helfen wolle. Da siehst du, wie falscher Glaube in der Not nicht besteht, sondern sinkt und verlorengeht, sowohl Gott als auch Glaube, Abgott und Aberglaube, so daß nur verzweifeln dableibt. Deshalb führt alleine der einzige lebendige Gott den Namen und Merkvers, daß er ein Nothelfer sei (Ps. 9,10; 46,2 und allenthalben); denn er kann aus dem Tode helfen (Ps. 68,21).

Darum siehst du auch, wie demütig diese Leute waren, weil

sie in der Not zu Jona laufen, den sie doch, als es stille war, nicht achteten. Und wenn sie vorher gewußt hätten, daß er ein Jude wäre, hätten sie ihn noch mehr verachtet, wie denn die Heiden den Juden feind waren. Aber jetzt, als die Not herkommt und ihr Abgott sie sinken läßt, ach, wie froh wird ihre stolze Verachtung, daß sie den armen Jona anrufen und mehr Gutes bei ihm suchen als bei all' ihren Abgöttern und allem ihrem Vermögen. So tut der falsche Scheinglaube allezeit: Solange es ihm wohlgeht und -steht, da ist er stolz auch über Gott und alles, was Gott ist, und ist so verstockt und hart, daß noch nie ein Amboß so hart war; aber wenn er zu sinken beginnt und zu verzagen, da ist auch nichts furchtsamer oder verzagter im Himmel und auf Erden, so daß er dann am liebsten in ein Mäuseloch kröche und ihm die weite Welt zu eng wird und er bei Feinden wie Freunden dann, bei Verachteten wie Hochgelobten Hilfe und Rat suchte und gerne annähme.

Aber Jona schläft unterdessen unten im Schiff und fühlt solch Ungewitter nicht. Das kann wohl ein Todesschlaf heißen, den er als Letztes getan hat und bald darauf in den Tod fahren mußte. Aber so geht es allewege mit den Sündern zu und Gott handelt so mit ihnen gleichwie hier mit Jona. Denn Jona hatte sich schwer an Gott versündigt. Weil aber Gott schweigt und stillhält mit der Strafe und der Sünde nicht wehrt oder nicht so bald dreinschlägt, so ist's die Natur und Art der Sünde, daß sie den Menschen verblendet und verstockt, damit er sicher werde und sich nicht fürchte, sondern sich hinlegt und schläft und nicht sieht, welch ein groß Unwetter und Unglück ihm bevorsteht, das ihn ganz greulich aufwecken wird. So stellt sich unterdessen auch Gott dar, als ob er die Sünde vergessen hätte, da er so abwartet und ebenso untersucht, was doch Menschenkinder tun wollen, ob sie sich auch bekehren wollen, wie der Psalm sagt: »Die Augenlider des Herrn prüfen die Menschenkinder« (Ps. 11,4). Aber da wird nichts draus. Da ist kein Bekehren noch Bedenken. Der Jona schliefe wohl immerfort sein Leben lang. Und wenn Gott seine Sünde vergessen wollte, würde er wahrlich nimmer an sie denken. Das wird hier im Jonabuch angedeutet, als er mitten im Ungewitter so tief und fest schläft, dazu tief unten im Schiff, als ob gesagt sein sollte: Er ist ganz verblendet, verstockt, versunken, ja gestorben und liegt im Abgrund des unbußfertigen Herzens, bliebe auch ewig so liegen und verderbe. Denn die Sünde ließ es nicht zu, daß sich irgendeine Kraft im Menschen zum Guten regte, sei es der freie Wille oder die Vernunft. Da liegt er und schnarcht in seinen Sünden, hört und sieht nichts, fühlt auch nicht, was Gottes Zorn über ihm anhängig macht und vornimmt.

Aber als ihn der Schiffsmann aufweckt und ihn heißt, seinen Gott anzurufen, da tritt ein anderes ein, da wird er gewahr, daß Gott hinter ihm her ist mit der Strafe und seine Sünde nicht vergessen hat; da fängt das Gewissen an, da kommt die Sünde wieder und wird lebendig, da ist »die Sünde des Todes Stachel« (1. Kor. 15,56) und zeigt den Zorn Gottes, da wird ihm nicht alleine das Schiff, sondern die Welt zu eng. Ja wirklich, hier sollte er Gott anrufen. Aber er fürchtet sich mehr als jeder andere im Schiff. Denn er fühlt und merkt, sein Gewissen sagt's ihm auch, daß ihm das Ungewitter gilt und Gottes Zorn über ihn gekommen sei. Oh, wie demütig ist er da! Er absolviert alle, die im Schiffe sind, und hält sie nicht für Sünder, sieht keine Sünde außer der seinen. Denn so tut's die Reue, wenn sie kommt und beißt und schreckt das Gewissen. Dann ist alle Welt so fromm, nur er allein ist ein Sünder. Aller Welt ist Gott gnädig, außer alleine ihm. Da trifft Gottes Zorn niemand als ihn allein. Er meint auch, es gäbe sonst keinen Zorn, außer dem, den er fühlt, und so findet er sich vor als der allerelendeste Mensch. Ebenso tat die Reue mit Adam und Eva auch, als sie gesündigt hatten. Wäre Gott nicht gekommen, als der Tag kühl wurde, hätten sie nimmermehr die Sünde beachtet. Aber als er kam, verkrochen sie sich. So auch Petrus, als er Christus verleugnet hatte, da war er dahin, er fühlte gar keine Sünde, er schlief auch unten im Schiff und war tot, bis ihn Christus ansah, da fühlte er sich wieder und weinte bitterlich. So haben wir hier, wie die Sünde den Menschen halsstarrig, unempfindlich, einfach ganz tot macht, so daß er weder Gott noch sich selbst fühlt und sicher, ohne Furcht dahingeht, bis Gott kommt und ihn aufweckt, damit der Ruhm des freien Willens ganz danieder liegt.[9]

Als nun Jona seinen Gott nicht anruft, sondern sitzt und zittert vor Gottes Zorn und sich mit dem Tode beißt, der ihn jeden Augenblick fressen will, und die Leute ihre Götter auch vergeblich anrufen und alles tun, was sie konnten, und Jona doch klar sieht und fühlt, daß solches um seinetwillen geschieht, da ist er nicht so fromm, daß er aus sich herausgeht und seine Sünde bekennt, sondern läßt die armen Leute um seinetwillen solche Schrecken, Gefahr und Jammer erleiden, bis ihm Gott die Sünde herausdrängt, so daß er sie, durch's Los verraten, bekennen muß. Das ist auch eine der schmeichelnden Tugenden der Sünde, daß sie Leute verstummen macht und sich verbergen will, sich schämt und gerne schön bleiben möchte, gleichwie Adam und Eva sich mit den Schurzen bedeckten und gar nicht zur Beichte kommen wollten. Oh, es tut weh, daß einer seine eigene Schande aufdecken sollte und seinen Schmuck zur Unehre machen. Aber nun muß es sein, sonst ist keine Ruhe noch Frieden da, wie Psalm 32,3 sagt: »Da ich's verschweigen wollte, verschmachteten meine Gebeine durch mein tägliches Heulen.« So hieß Gott auch die Kinder Israel ihren Schmuck ablegen am Berge Sinai (2. Mose 33,5). Das heißt dann richtig den Sack anziehen und in der Asche sitzen, sich selbst zunichte machen vor Gott, auch, wo es Gott haben will, vor den Menschen. Denn weil hier Jona die Leute mit seiner Sünde in

Schaden und Gefahr gebracht hat, muß er andererseits Schaden leiden, seine Ehre verlieren und sich selbst schänden, die Leute ehrenhaft und unschuldig machen, dazu selbst ein Urteil über sein Leben fällen, so daß sie ihn ertränken müssen. So bezahlt er und büßt mit Leib und Leben, Ehre und Gut und mit allem, was er ist und hat, seinen Nächsten, die er so schwer beleidigt hat. Er brachte sie ohne ihr Einwilligung in Gefahr des Lebens, so bringen sie ihn durch sein eigenes Urteil und Wollen unfreiwillig wieder ums Leben. Das heißt, meine ich, strenges und gerechtes Gericht.

Da sprach einer zum andern: Kommt, laßt uns losen usw. Jona 1,7

Weil hier niemand ist, der bekennen will, und sie doch meinten, daß jemandes Sünde solch unnatürliches Unwetter verschuldet haben müsse, und hier kein menschliches Urteil zu gewinnen ist und öffentliches Gericht nicht gehalten werden kann, laufen sie zu Gottes Gericht und Urteil und suchen das Urteil durchs Los. Oh, wie wird da Jona gesessen haben und das Los gescheut haben, wie denn ein böses Gewissen tut, das sich sogar vor einem raschelnden Blatt fürchtet. So mancherlei Tode mußte der arme Jona leiden und entkommt ihm doch nicht, sondern kommt nachher erst recht darein. Siehe, soviel Unheil und Herzeleid richtet die Sünde an, wenn man sich verbergen will und nicht bekennen, und danach dennoch mit doppeltem Schaden bekannt werden muß. Aber die Sünde läßt's uns nicht anders tun, sie will und kann sich selbst nicht aufdecken; das ist verloren. Es will ein jeder vor den Menschen schön und rein sein und will doch heimlich die Sünde nicht lassen; da muß er sie zuletzt doch andere aufdecken lassen und damit Schaden und Schande zum Lohn haben. Denn man kann die Wunden nicht heilen, die man nicht aufdecken will; ebenso kann die Sünde nicht vergeben werden, sie werde denn gebeichtet, das ist: bekannt.

Hier fragt man, ob die Leute auch gesündigt haben, indem sie losten; denn das Losen soll verboten sein, weil man damit Gott versucht. Es hat Jona aber auch mitlosen müssen. Darum ist auch Jona mit in der Sünde, falls es Sünde ist. Hier antworte ich erstens: Es gibt einige Werke von der Art, daß sie gut oder böse geschehen können, wie Christus das Schwören verbietet Matth. 5,34ff. und doch kann gut ein göttlicher Eid geschehen. Ebenso ist Zürnen und Töten auch verboten, doch ist's auch göttlich, die Übeltäter durch öffentliches Gericht zu töten und zu strafen. Darum ist bei solchen Werken auf die Absicht des Herzens zu sehen: Wer sie aus eigener Lust tut, der sündigt; wer sie aber auf Befehl und aus Gehorsam Gottes tut, oder aus Not und Pflicht des Nächsten, der tut recht. Welche nun ohne Befehl Gottes oder ohne Nächstenpflicht solches aus eigener Lust oder Mutwillen tun, die lassen wir jetzt beiseite. Denn ein solcher tut nichts Gutes, wenn er gleich alle Tage auf den Knien läge und betete und fastete Tag und Nacht, ja wenn er selbst Wunderzeichen täte. Darum sei dies einem jedem auf sein Gewissen gelegt; wir können sein Herz nicht richten. Ist nun das Losen auch ein Werk solcher Art, so liegt daran nichts, ob diese Leute samt Jona gesündigt haben; denn sie sind ungläubig gewesen und ihre Werke haben ohnedies alle Gott nicht gefallen bis nachher, als sie sich bekehrten, wie im Folgenden berichtet.

Zweitens sage ich, daß es mir noch nicht bekannt ist, daß Losen ein verbotenes Werk sei. Es ist klar verboten, daß man Gott versuche. Aber Losen und Gott versuchen ist sehr verschieden. Denn auch die Apostel losten Apg. 1,26 über Matthias und so spricht Salomo: »Das Los wird zwar in den Schoß geworfen, aber vom Herrn wird es gemeistert« (Spr. 16,33). Da verwirft er ja das Losen nicht, sondern bestätigt es vielmehr, obwohl einige Väter sagen, man solle solchem Beispiel nicht folgen. Aber sie haben dafür keinen Grund. Mich dünkt, Losen sei an sich ein rechtes Glaubenswerk und könne zwar durch Leidenschaft und Gelüste mißbraucht werden, wie das Schwert und der Eid; aber das ist nicht des Werkes Schuld, sondern der Person Schuld, wie schon gesagt. Ebensowenig beweisen sie, daß Losen ein Gottversuchen sei. Denn das heißt Gott versuchen, wenn ich für meine Leidenschaft und mich ohne jede Notwendigkeit Gott ein bestimmtes Ziel, Stunde, Stätte, Maß, Person, Weise und Werk vorschreibe, das er tun und sich so begreifbar merken lassen solle, wie die Juden in der Wüste Essen und Trinken zu bestimmter Zeit forderten und ihm nicht trauten oder es ihm anheimstellten; wie auch die Juden Matth. 16,1 ein bestimmtes Zeichen vom Himmel forderten, wie sie es für gut hielten. Aber beim Losen geschieht solches nicht, sondern da werden zwei, drei, oder wieviel ihrer sind, einig und machen einen Bund zu einer Sache, sie so oder so zu schlichten, wie es denn mancherlei Arten des Losens gibt, und legen keine bestimmten Personen fest, sondern befehlen es Gott, welchen das Los treffen werde, und sind vorweg darüber einig, daß der, den es trifft, es sein solle, als sei er von Gott verordnet.

Könnte man doch solch Losen durchaus ohne Gott tun, frei dahin wie die Heiden, die nicht glauben, daß Gott das Los meistere, sondern das Glück gebe alles, wie es ja beim Würfeln und anderen Glücksspielen geschieht. Aber für Christenmenschen ziemt sich's, daß sie nicht so frei dahinlosen, sondern glauben sollen, daß Gott das Los und Glück meistere, und nicht daran zweifeln, daß alles, was durch Los und Spiel gegeben und genommen wird, von Gott gegeben und genommen werde. Muß man doch die Eide auch ebenso leisten und annehmen, daß man glaube, Gott sei da, der den Eid annehme und danach einen jeden richte. Aber weil man nicht bestimmt, wie er richten solle, sondern es ihm anheimstellt und damit zufrieden ist, ist's keine Versuchung. Weil man auch ebenso beim Los nicht bestimmt, welchem er's geben soll, sondern stellt es frei hinein in Gottes Rat und ist's zufrieden, darum ist's nicht Gottversuchen, sondern ein gut Werk an sich und, wo es im Glauben geschieht, ein göttlich Werk, das ihm zur Ehre geschieht. Denn was einer durchs Los gewinnt, das ist ja sein, und wer es ihm nähme, der täte das gegen Gott. Und was ist Losen denn anderes als ein Vertrag, in dem wir untereinander einig werden über eine Sache, die wir der Gefahr aussetzen, daß sie einem durchs Los zuteil werde. Da ist nichts Arges, sondern eine friedliche Vereinigung und Bewilligung, ein Ding zu verlieren oder zu bekommen, je nach dem, ob die Marke des Messers oben oder unten liegt, die grade oder ungrade Zahl gilt und so fort.[10] Nur daß die Christen den Zusatz dazu tun, daß sie glauben, Gott tue und schicke das auch, so wie er alle Dinge tue und schicke, was die Heiden nicht glauben oder doch nicht beachten.

Wie nun, wenn es ein solches Los ist, bei dem einer zu Tode kommt und seine heimliche Sünde gesucht wird, wie es hier mit Jona geschieht und wie es Saul mit seinem Sohn Jonathan und Josua mit Achan tat (1. Sam. 14,42ff.; Jos. 7,18)? Hier antworte ich: Mögen die Ungläubigen losen über Tod oder Leben, mit Leichtsinn oder Ernst, was geht's uns an, was die tun, die nichts Rechtes tun? Aber das Los an sich enthält nicht, daß man jemand töten solle. Die Christen und Frommen losen auch darüber nicht. Denn hier siehst du auch, daß diese Leute im Schiff nicht daran dachten, Jona zu töten, sondern alleine die Ursache solchen Unglückes suchten, damit sie dieselbe beseitigten; denn sie wollten Jona nicht töten, obwohl er es ihnen befahl, sondern sie wollten mit ihm ans Land. Als sie es aber nicht konnten, sahen sie, daß es Gott so haben wolle, wie es Jona gesagt hatte, und mußten es tun, obschon ganz ungerne, und sie beteten sehr fleißig usw. So tat auch Saul unrecht, indem er seinen Sohn töten wollte; denn so weit sollte er das Los nicht gehen lassen. Mit Josua war es anders; dem war es so befohlen von Gott, wie er es tun sollte. Warum sollten diese Leute nicht einen Bund machen, daß derjenige die Schuld haben sollte, den das Los treffe? Insbesondere, weil sie die Not dazu drängte, die andern zu erretten, und weil Gott so fromm und gerecht ist, daß er das Los nicht irren läßt. Ebenso wie diejenigen ohne Schuld sind, die einen für unschuldig halten, der den Eid geleistet hat, obwohl er doch auch falsch schwören könnte und schuldig sein. Aber das sei für diesmal davon genug.

Ich bin ein Hebräer und fürchte Gott vom Himmel, der das Meer und Trockene gemacht hat. Jona 1,9

Hier kommt die Beichte und bringt die Sünde an den Tag. Da fängt auch der rechte Kampf an zwischen Jona und dem Tod. Aber dennoch ist das Größte geschehen; denn obwohl der Tod und Zorn Gottes ihn bedrängen und Jona mächtig angreifen, so ist doch die schwere Last der Sünde zum Teil vom Herzen und das Gewissen etwas leichter geworden durch Bekenntnis der Sünde, und der Glaube fängt an, zu brennen, obschon noch schwach. Denn er bekennt ja den rechten Gott, Schöpfer Himmels und der Erde, welches kein geringer Anfang des Glaubens und der Seligkeit ist. Denn ein ganz verzagtes und verzweifelt Gewissen tut den Mund so weit nicht auf, sondern verstummt oder lästert Gott, und kann von Gott nicht anders denken, meinen oder reden als von einem greulichen Tyrannen oder wie vom Teufel und würde nur gerne vor ihm fliehen und weit weg sein; ja, es wollte lieber, daß er nicht Gott wäre, damit es solches nicht von ihm erleiden müßte, es vergißt auch die Beichte und bekennt die Sünde nicht. So ganz ist es in der Angst versunken und verstockt, daß es nichts mehr sieht und fühlt als die Angst und nur denkt, wie es dieselbe loswerde, kann sie aber doch nicht loswerden, weil es die Sünde in sich zurückhält. So bleibt es denn ewiglich sowohl in der Sünde als auch im Tode stecken.

Daraus laßt uns lernen, welches die rechte Kunst und der rechte Griff ist, aus aller Not und Angst zu kommen, nämlich daß man vor allen Dingen die Sünde beachte: Sofort heraus damit und offen eingestanden. So hat's dann nicht mehr so große Gefahr oder Not. Denn es muß vor allen Dingen zuerst dem Herzen geholfen werden, daß es leichter werde und Luft kriege; danach ist dem ganzen Leibesleben desto besser zu raten. Also muß zuerst das Gewissen von seiner Last Rettung und Luft kriegen, dann wird schon Rat für alle Not gefunden. Denn in solchem Fall, wenn Gottes Zorn kommt, sind da die zwei Stücke zur Hand: Die Sünde und die Angst. Wo nun unverständige Herzen sind, da fügen sich die verkehrt und unrichtig in die Sachen, lassen die Sünde einstweilen stehen und sehen alleine die Angst an, wie sie dieselbe loswerden könnten. Das hilft dann nichts, und also müssen sie verzweifeln. Aber auf diese Weise verhält sich alle Vernunft, wenn nicht Gnade und Geist dabei sind. Aber wo verständige Herzen sind, da fügen sie sich so, daß sie die Sinne von der Angst kehren und am meisten die Sünde ansehen, daß sie die bekennen und sie loswerden, gleich als ob sie ewig in der Angst bleiben sollten, und ergeben sich darein, wie es hier Jona tut. Das ist aber aller Gottlosen Art und Weise, daß sie die Strafe fürchten und beachten; aber die Sünde beachten sie nicht, wollten gern ohne Strafe immer sündigen. Das tut's dann nicht, sondern Strafe hängt immer an der Sünde. Umgekehrt ist die Art der Gottesfürchtigen, daß sie die Sünde fürchten und beachten; die Strafe beachten sie nicht so sehr, wollten lieber immer unter der Strafe ohne Sünde bleiben, als unter der Sünde ohne Strafe.

Wenn Jona hier aber sagt: »Ich fürchte Gott vom Himmel«, so ist das auf hebräisch geredet. Denn Gottesdienst nennen sie »Gottesfurcht«, wie das aus Jesaja 29,13 gut zu erkennen ist, wo er spricht: »Sie fürchten mich nur nach Menschengeboten«, das ist: Sie meinen, daß sie mich ehren und mir dienen mit Menschengeboten. Denn Jona hängt beides aneinander: »Ich bin ein Hebräer und fürchte Gott vom Himmel«, obwohl er doch bis zur Stunde Gott verachtete und ungehorsam gewesen war. Aber er will so sagen: Ich ehre und diene nicht fremden Göttern wie ihr und andere Heiden, sondern dem einzigen und rechten Gotte. Und deshalb war Jonas Sünde und Schande desto größer, weil er, der des rechten Gottes Diener und aus dem heiligsten Lande und Volk war, vor allen andern abgöttischen Heiden als der ärgste und größte Sünder erfunden wurde, so daß auch um seinetwillen die abgöttischen Heiden Gefahr und Not erleiden mußten, obwohl doch sonst gewöhnlich andern Sündern durch die Diener Gottes geholfen wird, wie dem König Ahab und seinen Nachkommen durch Elia und Elisa geholfen wurde. Hier ist's ganz und gar umgekehrt. Dort haben die Bösen Nutzen von den Frommen; hier müssen die Bösen für den Frommen büßen. So wird nun der Frömmste der Ärgste, der Erste der Letzte. Das ist's auch, weshalb er sich seiner Sünde so geschämt hat, sie vor den Leuten zu bekennen. Denn er wollte nicht gerne ärger sein als die Heiden, und mußte es doch sein.

Werft mich ins Meer, so wird euch das Meer stille werden. Denn ich weiß, daß um meinetwillen solch Wetter über euch kommt. Jona 1,12

Hier laßt uns in dem Jona sehen, was der Glaube von reinem Herzen vermag und was er ausrichten kann. Da steht das treffliche Beispiel des Glaubens, von dem wir oben gesagt haben, wie er in gleicher Weise allmächtig ist und in allen

Stücken siegt, die gegen ihn sind. Zum ersten nimmt er die Sünde auf sich, weg von den andern, und bekennt, daß um seinetwillen solch Wetter komme, entbindet damit und spricht los alle andern und bleibt alleine ein Sünder, so daß die andern alle fromm sein müssen. Hiermit tut er der Liebe genug und büßt, was er den Leuten angetan hatte, indem er sie in solche Gefahr brachte, und läßt alles über sich selbst aufdecken. Und da findet wiederum die Liebe eine äußerst dankbare Gelegenheit, denn die guten Leutchen begehren solche große Buße nicht und wollten ihm die Sünde gerne schenken, lassen sich genügen an öffentlicher Beichte und Bekenntnis, mühen sich wiederum mit allen Kräften, ihm wieder ans Land zu helfen und so Liebe mit Liebe zu vergelten. Aber es will nicht sein.

Zum zweiten nimmt er auf sich und trägt vor Gott solch Gewissen von der Sünde, so daß er auch vor Gott zum Sünder und zuschanden wird, wie einer, dem sein Herz gewaltig bezeugt und bekennt, daß er sich greulich sowohl an Gott als auch an Menschen verschuldet habe. Diese Schande ist nun tausendmal größer, daß einer vor Gott schamrot werden muß. Denn da ist dann zugleich kein Winkel noch Loch in allen Kreaturen, auch in der Hölle nicht, wo einer hinkriechen könnte, sondern er muß sich von allen Kreaturen ansehen lassen und vor ihnen stehen mit allen Schanden, wie das die bösen Gewissen durchaus fühlen, wenn sie recht getroffen werden. Denn du mußt Jona hier nicht ansehen so, wie er nachher erlöst wird und wieder zu Ehren kommt, sondern wie er in der Schande steckt und nicht sieht, wo immer er herauskommen solle. Denn wenn ein Herz solches wüßte oder sähe, täten ihm die Schande und das Gewissen nicht so weh. Aber Gott tut alle Ehre und Trost aus den Augen und läßt nur Schande dasein, das ist der Jammer.

Zum dritten folgt nun natürlich der Tod nach der Sünde als Strafe, wie S. Paulus sagt 1. Kor. 15,56: »Das Gesetz ist der

Sünde Kraft, aber die Sünde ist des Todes Stachel« oder Schneide. So sieht Jona hier klar, daß nichts anderes mehr bevorsteht als der bittere Tod, ergibt sich drein und spricht selbst ein Urteil über sein eigenes Leben: »Werft mich ins Meer«, als wollte er sagen: Ich muß sterben, es wird sonst nicht stille. Denn du mußt abermals Jona hier nicht ansehen, wie uns die Geschichte ansieht; denn weil wir die ganze Geschichte vor uns haben, wie er erlöst worden ist, dünkt es uns gering und bewegt uns wenig. Aber du mußt sehen, wie Jona zumute ist in dieser Anfechtung: Der sieht nicht ein Fünklein mehr vom Leben oder von der Erlösung, sondern lauter Tod, Tod, Tod ist da, so daß er am Leben verzagen muß und sich dem Tod ergeben. Denn wenn Gott so mit uns handelte, daß er uns das Leben sehen ließe im Tode oder unserer Seele Stätte, Raum, Weg und Weise zeigte, worauf sie treten und Fuß fassen sollte, wohin sie auch fahren und bleiben sollte, dann wäre der Tod nicht bitter, sondern wäre wie ein Sprung über einen flachen Strom, wo man auf beiden Seiten einen gewissen Grund und das Ufer sieht und fühlt. Aber nun zeigt er uns davon keins und wir müssen von dem gewissen Ufer dieses Lebens hinüberspringen in den Abgrund, wo kein Fühlen, noch Sehen, noch Fuß fassen, noch Stützen ist, sondern frei auf Gottes Handreichung und Behauptung, gleichwie hier Jona aus dem Schiff geworfen wird, das er fühlt, ins Meer, wo er keinen Grund fühlt und von allen Kreaturen verlassen allein auf Gottes Erhaltung hin dahin fährt.

Zum vierten trägt er im Tod auch Gottes Zorn. Denn er fühlt ja, wie der Tod nicht aus Gnade, sondern aus Zorn, durch seine Sünde verdient, über ihn kommt. Nun wäre der Tod auch noch zu erleiden und nicht so ganz durchweg bitter, wenn er ohne Gottes Zorn käme, wie er doch kommt, wenn jemand um Gottes willen zu Unrecht verurteilt wird, wie die heiligen Märtyrer, die da wissen, daß ihnen die Menschen vor Gott Unrecht tun. Darum, weil sie eine gute Sache vor Gott haben, sind sie gewiß, daß Gott gnädig und nicht zornig ist. Deshalb wird dann auch der Tod nicht erfahren als aus Gottes Zorn kommend, sondern als aus Gnade und Wohlgefallen. Aber wenn der Tod verschuldet und durch Sünde verdient ist, dann geht der Zorn Gottes mit und macht den Tod unerträglich, so daß da nichts als Tod zu finden und zu fühlen ist.

Nun siehe du: Jedes dieser vier Stücke ist für sich allein selbst schwer zu tragen, auch den Heiligen, und unerträglich den Gottlosen. Denn wer ist so stark, daß er ein fröhlich Gemüt oder des Herzens Frieden haben könnte, wenn er Gottes Zorn über sich fühlt, obgleich er nicht stirbt? Hat's doch viele gottlose Leute toll und unsinnig gemacht. Ebenso: Wer scheut nicht den Tod und zittert vor ihm, selbst wenn er den Zorn Gottes nicht fühlt noch kennt, wie die Heiden, oder auch einen gnädigen Gott fühlt wie die Heiligen? Ebenso ist auch auf Erden keine größere Last als die Sünde und das Gewissen. Denn wer vermag's zu erleiden, daß er vor Gott und der Welt zuschanden werde? Wer wollte nicht lieber tot sein, als so zu leben? Aber auf diesen armen Jona fallen diese Stücke allesamt und drängen und ängsten ihn zum Verzweifeln an Gottes Gnade und zum Abfall vom Glauben. Welch ein Kampf ist da in seinem Herzen gewesen? Da hätte er wohl auch vor Angst Blut schwitzen können. Da muß er gegen seine Sünde, gegen sein eigenes Gewissen und das Fühlen seines Herzens, gegen den Tod und gegen Gottes Zorn zugleich auf einmal fechten. Da wird seine Seele an einem seidenen Faden über der Hölle und ewigen Verdammnis gehangen haben. Oh, es ist ein groß Ding in diesem Herzen durch Gottes Kraft vorgegangen, daß Jona geblieben und erhalten ist. Denn daß er im Glauben geblieben sei, beweist seine Erlösung deutlich – Gott hilft keinem Gottlosen aus solchem Jammer und Tod –, ebenso bekennt er selbst, er sei

Gottes Diener und ergibt sich in die Strafe; von dem allem vermögen die Gottlosen nichts zu tun, sondern sie verzweifeln alle in Sünden.

Darüber hinaus hat er zum fünften noch mehr Unglück: Das Meer wird sein Totenbett, wo er einzeln sterben muß und niemand um ihn ist, der ihn tröstet, sondern die Leute fahren mit dem Schiff weg und lassen ihn da mitten im Meer als sicher ersoffen und verloren. Und zum sechsten hat er noch im Meer kein Ende; für ihn ist's an einem Tode nicht genug, er muß noch dazu dem Walfisch in den Rachen fahren. Damit hat sich Gott gar greulich ansehen lassen, als sei er so zornig, daß er am Tode und an der Strafe, der sich Jona willig ergibt, nicht genug haben wolle und sich nicht greulich genug an ihm rächen könne. Denn des Walfisches Rachen kann wahrlich dem armen, verlorenen und sterbenden Jona nichts andres als ein schreckliches Bild gewesen sein, als sich das Maul des Fisches so weit auftat und die scharfen Zähne rundumher standen wie spitze Säulen oder Balken und so ein weites Kellerloch in den Bauch hinein. Heißt das: Trösten im Tod? Ist das der freundliche Blick im Sterben, daß Sterben und Tod nicht genug sein solle? Das heißt, meine ich, ein Glaube, ja ein Kampf und Streit des Glaubens. Da ist ein Sieg und Triumph unter der großen Schwachheit verborgen. Wie zeigt uns Gott hier, was sein Wort und Glaube vermag, so daß alle Kreaturen ihm keinen Abbruch tun können, noch Gottes Zorn selber, wenn gleich alles aufs höchste und greulichste tobt. Aber Jona hat hiermit aller Welt zeigen müssen, wie sein Herz standhielt und wie das Herz eines jeden Gläubigen in gleicher Anfechtung bestehe, wie wir nachher hören werden. Denn gleichwie das Meer mit allem Ungestüm Jona ersäufen will, dazu der Walfisch ihn verschlingt und verzehren will, so fühlt das Gewissen lauter Ungestüm von Gottes Zorn und Tod, und wollen Hölle und ewige Verdammnis schlechterdings die Seele fressen usw.

Und Jona war drei Tage und drei Nächte im Bauch des Fisches. Jona 2,1

Das sind wahrlich die längsten Tage und Nächte gewesen, die je unter der Sonne vorgekommen sind, wenn man auf Jonas Gedanken sieht. Denn es mußte ihm übermäßig lang erscheinen, wie er da im Finstern gesessen hat; ja, ich meine, er habe zuweilen gelegen und gestanden. Er hat ja weder Sonne noch Mond gesehen und gar keine Stunde zählen können. Er hat auch nicht gewußt, wo er im Meer umhergefahren ist mit dem Fisch. Wie oft mögen ihn die Lunge und die Leber geschlagen haben! Wie wundersam ist seine Wohnung da gewesen unter dem Eingeweide und den großen Rippen. Aber er ist so ganz im Tode gefangen gewesen, daß er sich nicht viel um den Fisch bekümmert hat und immer dachte: Wann, wann, wann will's doch ein Ende nehmen? Hilf Gott, was für ein wunderlich Werk ist das doch! Wer kann es genügend bedenken, daß ein Mensch soll drei Tage und Nächte so einsam, ohne Licht, ohne Speise mitten im Meer im Fische leben und wiederkommen? Das kann wohl eine seltsame Schiffahrt heißen. Wer wollt's auch glauben und nicht für eine Lüge und Märlein halten, wenn es nicht in der Schrift stünde?

Gott hat uns damit bewiesen, wie gewaltig er den Tod und alle Dinge in seiner Hand hat und wie es ihm ganz leicht sei, uns zu helfen, auch in unaussprechlichen und verzweifelten Nöten, was wir doch so ganz schwer glauben können. Er ist allenthalben gegenwärtig im Tod, in der Hölle, mitten unter den Feinden, ja auch in ihren Herzen. Denn er hat's alles gemacht und regiert es auch alles, daß es tun muß, was er will. Es ist aber um unsertwillen geschrieben und es wird auch um unsertwillen so wunderbar seine Allmacht bewiesen, daß wir ihm trauen und glauben sollen, wir seien im Tod oder in der Feinde Händen. Denn um seinetwillen brauchte er's weder tun noch schreiben lassen. Ebenso bedarf es Jona auch nicht für sich, daß es geschrieben werde. Und obwohl alle Welt von göttlicher Allmacht zu sagen weiß und sie jedermann für leicht zu glauben hält, wenn er sie sagen hört: Aber in der Erfahrung lernt sich's richtig, so wenige es auch mit rechtem Herzen glauben, wenn einer Leib und Leben auf solch Wort von der Allmacht Gottes wagen soll und selber durch Tod und Sünde erfahren, daß es wahr sei, wie das Wort es sagt. Diese Erfahrung wird auch den größten Heiligen schwer, zu erleiden. Doch ist's tröstlich zu wissen und solche Beispiele zu kennen, wie es der Prophet im Psalter rühmt: »Herr ich dachte an dein Tun, das tröstete mich« (Ps. 119,52).

Als nun Jona dahin ist, der Welt und ihm selbst gestorben, so daß keine Hoffnung für sein Leben mehr da ist, da fängt erst recht das Leben und die Frucht des Todes Jonas an. Denn die Leute im Schiff wußten nichts anderes, als daß er ersaufen und sterben müsse; sie bitten ja Gott, er wolle sie nicht umkommen lassen um der Seele Jonas willen und ihnen nicht unschuldig Blut anrechnen: Damit bekennen sie doch, daß sie Jona nirgend anderswo mehr sehen als im Tode, und sie mußten ihn töten helfen, um göttlichem Willen zu gehorchen, wiewohl ganz ungerne. Doch nun wird er im Tod mit Gewalt beim Leben erhalten. Ebenso werden die Leute auch vom Tod, dazu auch von Unglauben und Sünden, erlöst und zur Anerkennung Gottes gebracht, damit sie fromm und rechte Gottesdiener werden, so ganz demütig und furchtsam, daß sie sich auch da vor Sünden fürchten, wo eitel Gehorsam Gottes ist. Denn sie erhielten Jona ja gerne beim Leben und fürchten sich vor dem Mord, daß sie ihn ersäufen sollten, und sehen doch, daß Gott es so haben will. Was für reine, gottesfürchtigte und christliche Gewissen haben sie da, die vorher nach keinem Mord oder Gottesgehorsam gefragt hätten: Sie greifen ein und opfern und geloben Gott Gelübde;

vergessen sind die mancherlei Götter, die sie vorher anriefen. Und das geschieht alles auf Grund des Jona und seines Sterbens. So sehr nützlich muß ein Diener Gottes sein, daß nichts an ihm sei, womit nicht andern Nutz und Frommen geschehe. Was Gottesfurcht bedeute, ist oben erklärt, nämlich: Gottesdienst. Denn rechter Gottesdienst ist Gott fürchten und ehren. So haben auch diese Leute Gott gefürchtet, das ist: Sie sind Gottes Diener und gottesfürchtige Leute geworden.

Das zweite Kapitel

Und Jona betete zum Herrn in dem Leibe des Fisches und sprach. Jona 2,2

Nicht als hätte er diese Worte so glatt mit dem Munde geredet und so der Reihe nach angeordnet – denn so wohl hat er sich in solchem greulichen Tode nicht gefühlt, daß er ein so feines Liedlein hätte dichten können –, vielmehr trägt er damit nach, wie ihm zumute gewesen und was für Gedanken sein Herz gehabt habe, als er mit dem Tod in solchem Kampfe stand. Denn wie ich gesagt habe: Wir müssen Jona in das Herz sehen, bevor er aus der Not kommt, als er noch im Tode steckt, und ihn schlechthin für tot halten. Denn er wußte nichts von seiner Erlösung, sondern dachte nichts anderes, als daß gestorben werden müsse, und so hat er den Tod geschmeckt und gefühlt und ist ohne Unterlaß gestorben. Danach aber, als er gerettet und wieder lebendig geworden ist, da hat er zurückgedacht und dies Gebet schriftlich verfaßt Gott zum Lobe und den Menschen zum Nutzen.

Hier komme nun her, wer so neugierig ist und gerne wissen möchte, wie es um die Toten stehe; denn viele hätten gerne Lazarus gefragt, was er denn gemacht, gedacht, gefühlt und gesehen hätte, als er vier Tage im Grabe lag (Joh. 11,42), ebenso andere Tote, die Christus und die Propheten und Apostel vom Tode auferweckt haben. Es drängen sich aber einige leichtsinnige Schwätzer vor und schreiben, daß sie so greuliche Dinge gesehen hätten, daß sie ihr Leben lang nachher nie fröhlich geworden wären. Andere lassen's bleiben bei dem Spruch Weisheit 2,1: »Es ist nie jemand von den Toten gekommen«, der uns sage, wie es dort zugehe. Ich aber will hier Lazarus und andere Tote beiseite lassen und bei der Schrift bleiben, die da sagt: Sie schlafen. Denn mich dünkt, solcher Schlaf habe sie so völlig eingenommen, daß sie nichts fühlen noch sehen, viel weniger als man im natürlichen Schlafe fühlt; und wenn sie auferweckt werden, sei ihnen so, daß sie nicht wissen, wo sie gewesen seien. Diese wollen wir uns vornehmen, die nicht ebenso schlafen und doch tot sind und im Tod den Tod und die Hölle fühlen, die wir noch für lebendig halten. Aber nach ihrem Fühlen zu rechnen – wonach man denn auch rechnen muß und nicht nach unserer Ansicht –, sind sie tot und kein Leben ist mehr da. Die sollen uns die rechte Wahrheit sagen und uns für den Leichtsinn büßen lassen, der da fragt, wie es nach diesem Leben gehe, besonders den Bösen.[11]

Ich rief den Herren an in meiner Trübsal und er antwortete mir. Ich schrie zu meinem Gott in dem Bauch der Hölle und du erhörtest meine Stimme. Jona 2,3

Zuerst fängt er an, Gottes Gnade und Hilfe zu preisen und zu danken, daß er ihm aus der Not geholfen hat; damit hält er uns zuerst Gottes Güte vor, danach seine Not, aus der ihm geholfen ist. So lehrt uns dieser erste Vers zwei große und notwendige Lehren. Die erste, daß man ja vor allen Dingen bald zu Gott laufe und schreie in der Not zu ihm und klage es ihm. Denn das kann Gott nicht unterlassen: Er muß helfen dem, der da schreit und ruft. Seine göttliche Güte kann sich nicht zurückhalten, sie muß hören. Es liegt nur daran, daß man rufe und schreie zu ihm und ja nicht schweige. Den Kopf nur in die Höhe gerichtet und die Hände erhoben und sofort gerufen: Hilf, Gott mein Herr! usw. Dann wirst du alsbald fühlen, daß es besser wird. Kannst du rufen und schreien, dann hat's wahrlich keine Not mehr. Denn selbst die Hölle wäre nicht Hölle noch bliebe sie Hölle, wenn man darinnen riefe und schriee zu Gott. Denn wenn du viel heulen und weinen willst und dich lange mit der Trübsal beißen und fressen, oder dich umsehen, wer dir helfe, das ist vergeblich; damit kommst du nicht heraus, sondern tiefer herein. Höre, wie Jona tut: Er hat sich auch lange mit der Angst gefressen, bevor er gerufen hat, wie er selbst nachher sagen wird; sonst wäre er wohl eher erlöst. Er gebietet dir auch und lehrt dich, es nicht so zu tun und ihm zu folgen, sondern er setzt sofort vornehin, wie er gerufen habe und dadurch erlöst sei.

Aber es glaubt kein Mensch, wie schwer es wird, solch Anrufen und Schreien zu bewerkstelligen. Heulen und Klagen, Zittern und Zweifeln und uns ganz abscheulich anstellen, können wir wohl. Aber rufen, das will nicht heraus. Denn da drückt uns herunter und liegt auf dem Halse das böse Gewissen und die Sünde; dazu schlägt dann, daß man Gott zornig fühlt. Das sind solche Lasten, daß die ganze Welt nicht so schwer ist. Kurzum, der Natur alleine oder einem Gottlosen ist's unmöglich, sich gegen solche Last aufzurichten und geradezu den Gott selber anzurufen, der da zürnt und straft, und zu keinem andern zu laufen. Wie Jesaja vielmals schreibt, daß »das Volk sich nicht gekehrt habe zu Gott, der es schlug« (Jes. 9,13). Die Natur ist vielmehr bereit, daß sie vor Gott fliehe, wenn er zürnt oder straft, geschweige denn, daß sie sich ihm zuwenden und ihn anrufen sollte; sie sucht immer anderswo Hilfe und will diesen Gott nicht und kann ihn nicht leiden. Darum flieht sie auch ewig und entflieht doch nicht, und so muß sie in Zorn, Sünde, Tod und Hölle verdammt bleiben. Und hier siehst du ein großes Stück der Hölle, wie es den Sündern geht nach diesem Leben, daß sie nämlich vor Gottes Zorn fliehen und nimmermehr entfliehen und doch nicht zu ihm schreien oder rufen. Umgekehrt spricht Jesaja 28,16: »Wer auf den Eckstein Christus trauet, der wird nicht fliehen«, wie wenn er sagen wollte: Alle Gottlosen fliehen ewig vor Gott und seinem Zorn und können doch nicht entfliehen; vor solchem ängstlichen Fliehen sind die Gläubigen sicher durch Christus.

Es kann die Natur des Menschen nicht anders sich verhalten noch sich einfügen, als wie sie fühlt. Nun sie aber Gottes Zorn und Strafe fühlt, hält sie Gott für nichts anderes als für einen zornigen Tyrannen, kann sich nicht über solchen Zorn hinaus schwingen oder über solch Fühlen springen und da hindurch gegen Gott zu Gott dringen und rufen. Darum: Als Jona so weit gekommen war, daß er rief, da hatte er gewonnen. Ebenso denke und tue du auch: Schlage nicht den Kopf nieder oder fliehe, sondern stehe stille und erhebe dich über dich; so wirst du erfahren, daß dieser Vers wahr sei: »Ich rief in meiner Angst zum Herrn und er antwortete mir.« Zum Herrn, zum Herrn, und sonst nirgends hin, eben zu dem, der da zürnt und straft, und zu keinem andern. Das Antworten aber ist, daß es bald besser wird, und du wirst bald fühlen, daß der Zorn gelinder und die Strafe sanfter wird. Ohne Antwort läßt er keinen, wenn du nur rufen kannst und nicht mehr kannst, als nur zu rufen; denn er fragt nicht nach deinem Verdienst, weiß gut, daß du ein Sünder bist und den Zorn verdient hast. Sonst strafte er dich nicht. Aber das kann die Natur auch nicht lassen: Sie will immer etwas mitbringen, was Gott versöhne, findet dann aber nichts. Denn sie glaubt und weiß nicht, daß das Rufen alleine genug sei, Gottes Zorn zu stillen, wie Jona uns hier lehrt. So sind alle Menschen beschaffen: Wenn Gott nicht zürnt oder straft, sondern genug gibt und uns wohltut, dann sind wir so frech, kühn, stolz und keck, daß niemand mit uns auskommen kann. Da hilft kein Drohen, kein Schrecken, kein Beispiel des Zornes Gottes; es ist alles nur Spott und Verachtung. Aber umgekehrt, wenn Gott straft, sind wir so verzagt und schüchtern, daß kein Trost, kein Gut, keine Gnade uns aufrichten oder stärken kann. Daher: wie es Gott mit uns auch macht, so sind wir doch unnütz. Siehe, wie stolz die Bauern, wie verzagt die Herren waren in diesem letzten grauenvollen Aufruhr. Da half weder Flehen noch Schrecken bei den Bauern, weder Trost noch Vermahnen bei den Herren. Jetzt ist umgekehrt bei den Herren auch kein Maß ihres Trotzes und Übermuts, es hilft abermals kein Drohen noch Schrecken, bis sie wieder Gottes Zorn fühlen. Natur läßt nicht von Natur.[12]

Die zweite Lehre ist, daß wir so schreien, daß wir auch im Herzen fühlen, es sei ein solch Schreien, dem Gott antworte, und wir mit Jona auch rühmen können, daß uns Gott antworte, wenn wir in der Not rufen. Denn der Kopf läßt sich nicht aufrichten noch die Hände sich erheben, wenn das Herz nicht zuvor aufgerichtet ist. Dieses läßt sich so aufrichten, wie ich's gesagt habe, daß es durch des Geistes Beistand zu dem zornigen Gott läuft und unter dem Zorn verborgene Gnade sucht, Gott strafen läßt und sich dennoch zugleich seiner Güte trösten darf. Da merke du, welch eine scharfe Sehkraft das Herz haben müsse, das mit lauter Zorn und Strafe von Gott umgeben ist, und doch keine Strafe noch Zorn, sondern Gnade und Güte sieht und fühlt. Das bedeutet: Es will sie nicht sehen noch fühlen, obgleich es sie aufs höchste sieht und fühlt; und es will die Gnade und Güte sehen und fühlen, obgleich sie aufs tiefste verborgen sind. Siehe, ein solch groß Ding ist's zu Gott zu kommen, daß man durch seinen Zorn, durch Strafe und Ungnade zu ihm hindurchbreche, wie durch lauter Dornen, ja durch lauter

Spieße und Schwerter. Das heißt: Ein Rufen des Glaubens, welches sich fühlen lassen muß im Herzen, daß es Gott treffe, gleichwie Christus fühlte, daß eine Kraft von ihm ausgegangen war, als er der Frau den Blutgang stillte (Mark. 5,30). Denn des Geistes Wort und Werk fühlt man, wenn sie treffen und nicht fehlgehen. Welche aber so hinschreien und in den Wind beten, es treffe oder treffe nicht, das ist nichts und schafft auch nichts. Es ist mehr ein Spott und Heuchelei vor Gott.

Der zweite Teil dieses Verses bedeutet dasselbe, was eben gesagt ist; denn es ist ein und dasselbe Ding: Rufen zu dem Herrn in der Not und Antwort kriegen, Schreien zu Gott aus dem Bauch der Hölle und die Stimme erhört finden. Er führt es aber zweimal an, daß es desto gewisser sei und wir solches desto beständiger glauben, es gehe vor Gott eben so zu, wie er's sagt. Denn die Schrift hat die Art, ein Ding zweimal nacheinander zu sagen, damit es ganz und gar gewiß sei, wie Joseph die zwei Träume Pharaos (1. Mose 41,32) auch aus dem Grunde auf einen Sinn deutet, damit es gewiß sei usw. Was er aber nennt »in dem Bauch der Hölle«, das meint den Bauch des Fisches, und er nennt ihn »Bauch der Hölle«, nicht aber, daß der Fisch die Hölle sei; sondern der Bauch ist ihm grade soviel gewesen wie die Hölle und Jona hatte seine Hölle darin, als ob er sagen könnte: »Aus dem Bauch des Todes«, nicht weil der Fisch der Tod sei, sondern weil Jona seinen Tod darin erlitt. Denn er sagt hier nicht, was der Fisch sei, sondern wie ihm zumute gewesen sei in dem Fisch, nämlich daß es ihm dünkte, er führe hinunter in die Hölle, als er dem Fisch in den Bauch fuhr, und gut so sagen könnte: Aus dem Bauch meiner Hölle, oder aus dem, der meine Hölle war.

Was aber die Hölle sei – noch vor dem Jüngsten Tage, ist mir noch nicht so sicher. Denn daß sie ein besonderer Ort sein solle, in dem sich jetzt die verdammten Seelen befänden, wie ihn die Maler malen und die Bauchdiener predigen, das halte ich für nichts. Denn die Teufel sind ja noch nicht in der Hölle, sondern, wie Petrus sagt, »mit Stricken zur Hölle verbunden« (2. Petr. 2,4); ebenso nennt sie S. Paulus »Regenten und Gewaltige der Welt, die droben in der Luft schweben« (Eph. 6,12), und auch Christus nennt den Teufel »der Welt Fürsten« (Joh. 14,30). Und das könnte ja nicht sein, wenn sie in der Hölle wären, daß sie die Welt regierten und so viel Büberei und Jammer trieben; die Pein würde sie wohl hindern. Ebenso redet auch die Schrift von vielen Heiligen, daß sie hinunter in die Hölle fahren, wie hier Jona. Ferner wie Hiob (17,13) und wie Jakob 1. Mose 37,35 sagt: »Ich muß betrübt hinunter in die Hölle fahren zu meinem Sohn.« Deshalb braucht die Schrift das Wort »Scheol« oft dazu, des Todes letzte Nöte anzuzeigen und die Angst derjenigen, die da sterben. Denn wie denselben zumute ist, so redet sie. Es ist ihnen aber zumute, als führen sie hinunter in die Hölle, das ist, sie sänken in Gottes Zorn, obwohl sie keinen Ort kennen, wo sie hinfahren. Denn ein jeder hat seine Hölle bei sich, wo er ist, solange er die letzten Nöte des Todes und Gottes Zorn fühlt. Auf die Weise deutet S. Petrus (Apg. 2,27) den Psalm 16,10 von Christus: »Du wirst meine Seele nicht in der Hölle lassen« usw. und sagt, »Gott habe die Schmerzen des Todes aufgelöst« (Apg. 2,24), so daß S. Petrus mit »die Hölle« des Todes Schmerzen angedeutet haben will, die Christus fühlte, als er am Kreuze verschied und dahinsank und -fuhr in Gottes Gewalt. Aber am Jüngsten Tage wird's wahrlich ein ander Ding werden: Da wird die Hölle ein besonderer Ort sein, wo auch die sein werden, die verdammt sind in die Hölle oder zum ewigen Zorn Gottes. Aber davon genug. Es liegt nicht viel daran, ob jemand das von der Hölle hält, was man malt und sagt. Es wird doch so und noch viel ärger jetzt sein und dann werden, als jemand sagen, malen oder denken kann.

Du warfest mich in die Tiefen mitten im Meer, daß mich die Fluten umgaben. Alle deine Wellen und Wogen gingen über mich. Jona 2,4

Hier erzählt er nun die Stücke, an denen man sehen kann, wie sein Herz eingestellt war, bevor er dann zu Gott schrie, als der Glaube im Kampf war und beinahe unterlag. Da vergißt er die Leute, die ihn ins Meer warfen, und spricht, Gott habe es getan. »Du« sagt er, »Du warfest mich« usw. Denn so fühlt sich's auch im Gewissen an, daß alles Unglück, das uns überfällt, Gottes Zorn sei, und alle Kreaturen dünken einen, nur Gott und Gottes Zorn zu sein, wenn's auch nur ein rauschendes Blatt ist, wie Moses sagt (3. Mose 26,36): »Es soll sie ein rauschendes Blatt erschrecken.« Ist's nicht ein großes Wunder? Nichts ist geringer und verachteter als ein dürres Blatt, das auf der Erde liegt, über das alle Würmlein hinlaufen und das sich nicht eines Stäubleins erwehren kann, so daß auch Hiob, als er sich aufs Niedrigste einschätzte, nichts Geringeres finden konnte, als sich vor Gott einem dürren Blatt zu vergleichen. Doch wenn das Stündlein kommt, sollen sich vor seinem Rauschen fürchten: Roß, Mann, Spieß, Harnisch, König, Fürsten, ganze Heereskraft und alle Macht und trotzigen, kecken und zornigen Tyrannen, die man sonst mit keiner Hölle oder mit keinem Gotteszorn und Gericht schrecken kann, die vielmehr davon nur stolzer und verstockter werden. Sind wir nicht feine Gesellen: Vor Gottes Zorn fürchten wir uns nicht und stehen starrsinnig da und fürchten uns doch und fliehen vor dem Zorn eines ohnmächtigen dürren Blattes! Und das Rauschen solchen Blattes soll uns die Welt zu enge machen und unser zorniger Gott werden, die wir zuvor gegen Himmel und Erde höhnen und trotzen konnten! Wir können uns wahrlich hübsch rühmen unserer Stärke und Macht. Wenn das ein dürres Blatt über uns vermag, was sollte nicht das tiefe Meer vermögen, von dem Jona hier sagt? Ja, was will am Jüngsten Tage das höllische Feuer tun und die Majestät Gottes selbst mit allen Engeln und Kreaturen?

Ebenso sagt er auch nicht: Des Meeres Wellen und Wogen gingen über mich, sondern: »Deine Wellen und deine Wogen.« Das darum, weil er fühlt im Gewissen, wie das Meer mit seinen Wellen und Wogen Gott und seinem Zorn dienen, die Sünde zu strafen. Und er spricht: »Alle Wellen und Wogen gingen über mich«, denn so dünkte ihn und ebenso fühlte er sich, als ob alle Wasser im Himmel und auf Erden über ihn gingen und sonst niemand da wäre, den Gottes Zorn drückte wie ihn, sondern alle Kreaturen seien mit Gott gegen ihn. So sprechen auch einige, die in großer Angst sind: »Mich dünkt, Himmel und Erde liegen auf mir.« Das sind nun die rechten Stücke und die Pein, die nach diesem Leben über die Sünder kommen. Es ist aber dieser Vers gleich dem Psalm 42,8, wo auch der Prophet so spricht: »Alle deine Wellen und Wogen gingen über mich.« Und Jona hat ihn vielleicht aus demselben Psalm genommen.

Denn ich gedachte, ich wäre von deinen Augen verstoßen, ich würde deinen heiligen Tempel nicht mehr sehen.

Jona 2,5

Da trifft die Strafe das Gewissen. Denn er wollte vor dem Herrn fliehen, damit er nicht nach Ninive gehe; das war seine Sünde und Ungehorsam. Nun fühlte er, wie er recht von des Herrn Angesicht verstoßen sein muß zur Strafe, was er nicht gerne hatte, der vorher nicht bleiben wollte vor Gottes Angesicht durch seine Sünde. Da hat ihm sein Herz geklopft und gesagt: Siehe da, ich meinte, du wärest recht geflohen und seiest weit genug weg vom Herrn gekommen; da beißt die Sünde sogleich und die Pein drückt auch. Es kann aber auf zweierlei Weise verstanden werden, daß er von Gottes Augen verstoßen sei. Zuerst leiblich, so daß sein Herz beschlossen hat, er müsse sterben, und er darüber verzweifelte, daß er jemals wieder lebendig ans Land kommen sollte und wieder unter seinem Volk vor Gott wandeln sollte im Lande Israel, von wo er geflohen war, wie wir oben gesagt haben, daß »von dem Angesicht des Herrn fliehen« habe darin bestanden, daß er aus dem Lande Israel floh, in dem Gott wohnte und der Gottesdienst war, wie denn auch oft im zweiten Buch der Könige gesagt wird (2. Kön. 17,18; 24,20), daß Gott Israel von seinem Angesicht weggetan habe und auch Juda drohte, von seinem Angesicht wegzutun, das ist: aus dem Lande, wo sein Wort und Dienst waren. Dies Verständnis ergibt das nachfolgende Stück, in dem er sagt: »Ich würde deinen heiligen Tempel nicht mehr sehen«, nämlich den zu Jerusalem. Damit bezeugt er, daß er im Todeskampf gestanden sei und sich ganz darin ergeben habe, daß er des Todes wäre. Da befand sich der Glaube in großer Not und Angst, da war nicht viel Rufen zu Gott, sondern lauter Verzweifeln am Leben. Und das ist nicht verwunderlich. Wer sollte in solchem Fall auf Leben hoffen, wo er im tiefsten Meer, dazu im Walfisch verschlungen und versunken war?

Zum zweiten geistlich, daß er gefühlt hat, er sei auch ewig von Gott verstoßen um seines Ungehorsams willen, wie die Verdammten, gleichwie auch David im Psalter oft diesen Spruch anführt, zum Beispiel Psalm 31,23: »Ich sprach in meinem Zagen: Ich bin von deinem Angesicht verworfen.« Und dies bringt die Sünde von Natur im Gewissen mit sich, besonders in Todesnöten. Darum hat's gewiß Jona auch so gefühlt und befand sich auch so im Kampf mit der Verzweiflung an Gottes Gnade und Barmherzigkeit, bevor er dann wieder zum Glauben gekommen ist und gerufen hat. Da werden ihm eingefallen sein allerlei Beispiele des Zornes Gottes, wo er die Sünder gestraft hat, wie Adam und Eva, Kain, die Sintflut, Sodom und Gomorrha. Das ist auch eines der rechten Stücke von der höllischen Pein, die nach diesem Leben über die Gottlosen kommen wird. Und du siehst hier in den zwei Stücken vorgemalt, was die Sünder nach diesem Leben tun, denken und machen, daß da sei nur Todesangst und -not, Zittern und Verzweifeln ewiglich. Aber zu solcher Gesinnung und Verzweiflung ist Jona von da her gekommen, daß er den Zorn und die Strafe Gottes leiblich und äußerlich fühlte, als er in die Tiefe geworfen und von den Fluten umgeben, von Wellen und Wogen überfallen wurde, wie oben gesagt und er noch weiter erzählt und spricht:

Denn Wasser umgaben mich bis an mein Leben. Die Tiefe umringte mich, Schilf bedeckte mein Haupt. Jona 2,6

Wie sollte ich das Leben erwarten und mich damit trösten können, als mich Wasser um und um, wie mitten im Meer, gefangen hatten, und Schilf über mir stand und mich zudeckte? Das bedeutet: Am Rande und Ufer des Meers und großer Seen oder Teiche pflegt Schilf und Rohr zu wachsen. Wer nun im Meer ersoffen ist, der liegt unter dem Schilf bedeckt, das heißt unter dem Wasser, in dem Schilf wächst, daß also alles, was im Meer und rings um das Meer her ist, ihn unter sich habe, auch die Erde am Ufer, wie folgt:

Ich sank hinunter zu der Berge Gründen. Die Erde hatte mich verriegelt ewiglich. Jona 2,7

Denn alle Meere, Seen und tiefe Wasser stehen in Gründen zwischen Bergen, auf ebenem Lande können sie nicht bleiben. So sind nun »der Berge Gründe« das tiefste Tal und der Boden im Meer, wo die Berge sich unten miteinander berühren. Dies alles redet Jona wie einer, der im Meer ersäuft und über sich nachdenkt, oder wie einer, der einem zusieht und nachdenkt, der ersäuft. Denn wenn er über sich nachdenkt, sieht er die Wasserwogen über sich und zu beiden Seiten das Ufer, Schilf und Land oder Erde. Weil er dann herunter schießt und sinkt, ist ihm so, als sänke er zwischen Bergen zum Grunde auf den Boden hinab. Da hat ihn dann »die Erde verriegelt ewiglich«, das heißt, er denkt nur, daß er da bleiben müsse und könne nimmer wieder herauskommen. Denn gleichwie einer, der im Turm oder Gefängnis bleiben muß, wenn die Tür und Fenster verriegelt sind, so muß auch der im Meer bleiben, wo er herunter sinkt. So hat ihn die Erde, das ist, die Berge, zwischen denen das Meer ist, verriegelt, das heißt, so mit Wasser gefangen und verwahrt, daß er nicht herauskommen kann. Da siehst du wieder, was für Gedanken Jona getrieben haben im Walfisch. Essen und Trinken und alle Dinge sind ganz vergessen. Er ficht alleine mit tödlichen Gedanken. Ja, er verzweifelt in jeder Hinsicht am Leben und ist ganz des Todes. Da ist noch kein Rufen zu Gott.

Aber du hast mein Leben aus dem Verderben geführt, Herr, mein Gott. Jona 2,7

Hier will's nun besser werden und wollen andere Gedanken kommen. Da richtet der Glaube das Haupt auf und will gewinnen. Da lassen die verzagten Gedanken ab. Eben als ich am tiefsten im Tode war und am wenigsten Hoffnung, ja Möglichkeit war, daß ich leben werde, da kamst du mit deiner Macht und Wundertat und führtest mein Leben aus dem Tode und Verderben. So auch: Wenn der Strick am straffsten gespannt ist, dann reißt er. Darum heißt Gott ein Nothelfer, weil er dann hilft, wenn alle Dinge verzweifelt und unmöglich sind. Aber wie handelt er, wenn er so hilft? Höre zu!

Da meine Seele bei mir verzagte, gedachte ich an den Herrn. Und mein Gebet kam zu dir in deinen heiligen Tempel. Jona 2,8

Zuerst gibt er Gnade und Geist, das Herz aufzurichten, damit es an Gottes Barmherzigkeit gedenke und die Gedanken vom Zorn fahren lasse, sich von Gott dem Richter zu Gott dem Vater wende. Aber das ist nicht Menschenkraft. Denn Jona spricht hier, seine Seele habe bei ihm verzagt, Zagen sei ihre Kraft und Wirkung gewesen. Daß er aber des Herrn gedenkt und zu glauben beginnt, das ist nicht Werk seiner Seele; der Geist und sonst niemand kann an den Herrn gedenken. Wenn das aber geschieht, daß Gedenken an den Herrn ins Herz kommt, dann geht ein neues Licht auf, da blickt das Leben wieder her, da wird das Herz wieder kühn, zu rufen und zu bitten. So ist's denn auch gewiß erhört. Das ist's, was Jona im ersten Vers sagt: »Ich rief zu dem Herrn in meiner Angst und er antwortete mir.« Hier hat nun der Tod, Zorn, Sünde, Hölle und alles Verderben ein Ende und alles wird überwunden und verschlungen durch den Glauben, auf Gottes Güte gegründet.

Daß er aber sagt: »Mein Gebet kam zu dir in deinen heiligen Tempel«, meint wiederum den Tempel zu Jerusalem, wo Gott zu der Zeit leiblich wohnte. Denn das Volk Israel hatte das Gesetz, daß sie nirgends anbeten sollten, als wo Gottes Stätte wäre, die er bestimmt und erwählt hatte, wie er sagt 2. Mose 20,24: »Wo ich meines Namens gedenken lasse, dahin will ich kommen und dich segnen.« Ebenso mußten auch alle im Lande oder außer Landes, wenn sie beten wollten, ihr Gebet dahin richten und ihr Herz an die Stätte heften, wo Gott leiblich durch sein Wort wohnte, damit sie keinen anderen Gott anbeteten als den, der über den Cherubim saß auf dem Gnadenstuhl. Dahin mußten alle Gebete kommen. Gleichwie jetzt zu unserer Zeit im Neuen Testament alle unsere Gebete zu Christus kommen müssen, welcher unser Gnadenstuhl ist, damit auch wir keinen andern Gott weder wissen, noch anbeten, noch anrufen sollen außer dem, der in dem Menschen Jesus Christus leiblich wohnt. Denn es ist auch sonst keiner mehr.

Welche aber sich verlassen auf Eitelkeit vergeblich, die lassen Barmherzigkeit fahren. Jona 2,9

Im Hebräischen steht: »Die lassen ihre Barmherzigkeit fahren.« Aber weil das im Deutschen klingt, als ob er von der Barmherzigkeit der Menschen rede, die sie erweisen sollen, habe ich das Wörtlein »ihre« ausgelassen und nur »Barmherzigkeit« gesetzt, damit es desto deutlicher wäre. Denn Jona redet von Gottes Barmherzigkeit und Güte, welche unser ist, das ist: uns angeboten, verheißen und vorgelegt; ebenso wenn ich von Christus sagte: Welche ihren Christus oder ihren Glauben oder ihr Evangelium fahren lassen usw. Obwohl doch keines davon unser, sondern alles allein Gottes ist, der es gibt, aber doch »unser« heißt, weil es alles uns angeboten und vorgelegt ist, damit wir's nehmen und für uns haben sollen. Denn Jona straft mit diesem Vers die unverständigen Werkheiligen und Heuchler, die nicht auf Gottes Gnade alleine, sondern auf ihre eigenen Werke trauen. Dieselben, weil sie nicht wissen, was Glaube ist, auch noch nie in Nöten gewesen sind, daß sie gelernt hätten, wozu der Glaube gut ist und wie ganz gute Werke da nichts helfen, – dieselben, weil sie so bleiben, achten sie die Gnade gering und halten ihr eigenes Tun für köstlich. Aber Jona spricht hier, es sei Eitelkeit, das ist auf deutsch: Es ist nichts und taugt nichts vor Gott, vor dem nichts gilt als seine Güte und Barmherzigkeit, mit rechtem Glauben erfaßt und bekannt, ohne alle Werke und Verdienste uns geschenkt. Welche sich nun auf solche Eitelkeit verlassen, das ist »vergeblich«, spricht er: Das ist umsonst und verloren. Denn es hilft ihnen nichts, daß ihr Vertrauen oder ihr Sichverlassen ja ebenso wenig taugt wie ihr Tun oder Eitelkeit, worauf sie sich verlassen. Hiermit berührt er besonders sein Volk Israel, das sich auf das Gesetz und die Werke verließ, so daß sie das Evangelium oder Gottes Gnade nicht allein fahren ließen, sondern auch verfolgten, obwohl sie doch ihnen vor allen gehören sollten, weil sie ihnen verheißen waren.

Ich aber will Dank opfern, meine Gelübde will ich bezahlen dem Herrn, daß mir geholfen ist. Jona 2,10

Da berührt er abermals die Juden mit ihren Opfern und Werken, als wollte er sagen mit dem Psalm 50,13: Sie opfern Ochsen und Böcke, »als ob Gott Ochsenfleisch und Bocksblut begehrte«; sie meinen dennoch, sie hätten es gut ausgerichtet. Aber ich halte es damit, daß vor Gott das Dankopfer das rechte Opfer sei, daß man ihn lobe, preise und predige von seiner Güte, uns Unwürdigen erwiesen, wie Jona hier sagt: »Daß mir geholfen ist.« Jene aber wollen vielmehr von Gott gelobt und gepredigt sein als solche, die mit ihren Werken Gott großen Dienst und Nutzen geschafft hätten. Solche Erkenntnis der Gnade Gottes, obwohl sie Jona vorher auch gehabt hat, aber sie nicht so reichlich gehabt hat, die ist's, die er jetzt in diesem Stürmen gelernt hat. Denn hier begreift er ja, daß Gott keine Person oder Verdienste ansieht, der so unwürdigen Sündern hilft. Vorher war Jona ganz tief darin, daß Gott auch die Person ansehe und die Werke, besonders des Volkes Israel, obwohl er auch jetzt noch nicht ganz heraus ist.

Daß er aber sagt: »Ich will meine Gelübde bezahlen«, ist nicht so zu verstehen, als habe Jona etwas gelobt. Denn man liest ja nichts davon, ebensowenig zeigt er's an unter anderen Gedanken, die er im Walfisch gehabt hat, sondern allein sein Gebet. Darum müssen wir uns an die Schrift gewöhnen, daß wo die lieben Heiligen allgemein von Gelübde und bezahlen reden und nicht besonders genau sich ausdrücken, daselbst solle verstanden werden das allgemeine Gelübde aller, die Gottes Volk sind. Da geloben wir aber, daß wir keinen andern Gott haben wollen als ihn alleine; darum bedeutet solch »Gelübde bezahlen« nichts anderes als: bekennen, loben und predigen und ebenso ehren und dienen dem Herrn, wie Psalm 50,14: »Opfere Gott Dankopfer und bezahle dem Höchsten deine Gelübde.« Und Psalm 116,14: »Ich will meine Gelübde bezahlen dem Herrn vor allem seinem Volk.« Ebenso will Jona auch seine Gelübde bezahlen, das ist, den Herrn preisen und predigen als seinen einzigen Gott, darum weil ihm geholfen ist.

Und der Herr sprach zum Fisch, und derselbe spie Jona aus ans Land. Jona 2,11

Das ist auf rechte Schriftweise geredet, daß nämlich Gott alle Dinge tut und macht durch's Sprechen oder durch's Wort, wie Joh. 1,3: »Alle Dinge sind durch das Wort gemacht und ohne das Wort ist nichts gemacht.« Und Psalm 33,9: »Er spricht, so geschieht's; er gebietet, so steht's da.« Ebenso hat der Fisch Jona nicht verdauen dürfen und nicht alleine die Natur des Fisches hat da stillhalten müssen mit ihrem gewöhnlichen Wirken und Verdauen, sondern sie hat auch die Speise wiedergeben müssen, dazu ans Land tragen und unversehrt ausspeien. Daß also Gott lauter große Wunder an dem Jona wirkt. Da ist alles umgekehrt. Was vorher zum Tode dient, muß zum Leben dienen. Da muß der Fisch, der vorher des Todes Werkzeug war, des Lebens Werkzeug sein, und Jona muß durch denjenigen zum Leben kommen, durch welchen er zum Tode gefangen und geführt wurde. Das Meer muß auch Raum geben und seinen Gast ans Land gehen lassen. Hier halten der Berge Gründe nicht mehr, die Riegel der Erde sind weg, das Schilf deckt nicht mehr usw. Das ist alles unser Trost und Zuversicht, damit wir lernen Gott zu trauen, bei dem Tod und Leben nahe sind und so leicht, als spiele er damit, wenn er eines nimmt und das andere gibt oder eins mit dem andern tauscht. Aber uns sind es große, unmögliche Dinge, an denen er uns seine Macht und Kunst beweist, wie der Psalm 106,8 sagt.

Das dritte Kapitel

Und es geschah das Wort des Herrn zum zweitenmal zu Jona und sprach: Mache dich auf und gehe in die große Stadt Ninive. Jona 3,1.2

Dies wird darum geschrieben, damit wir merken, wie nichts vorzunehmen sei ohne Gottes Wort und Befehl. Denn der erste Befehl Gottes war zunichte geworden durch Jonas Ungehorsam. Darum, wenn es Gott nicht von neuem geboten hätte, wüßte Jona nicht, ob er's tun sollte. Ja, es würde ihm wohl gegangen sein, wie es den Kindern Israel ging 4. Mose 14,1ff. (und 5. Mose 1,41ff.), die auch zuerst nicht streiten wollten aus Gottes Befehl, danach von ihnen selbst aus wollten und darüber geschlagen wurden. So völlig ist's nichts und lauter Unrecht, was Menschen aus eigener Wahl und freiem Willen ohne Gottes Befehl und Wort vornehmen. Darüber hinaus wird bei diesem zweiten Befehl hinzugesetzt, daß er predigen solle, was ihm Gott befiehlt, so daß beide, das Amt und das Wort des Amtes, in göttlichen Befehl gefaßt gehen müssen. So geht's denn auch recht und bringt Frucht. Sonst, wenn sie ohne Gottes Befehl laufen oder anderes predigen als Gottes Wort, tun sie lauter Schaden, wie auch Jeremia (23,21) diese beiden Stücke lehrt und spricht: »Sie liefen und ich sandte sie nicht, sie predigten und ich befahl ihnen nichts.« Diese zwei Stücke laß dir gesagt sein, der du predigen sollst, und merke sie gut, sie gelten dir und dem Volk, daß du lehrtest die Seelen. Ebenso hat auch Petrus die zwei Stücke vorgestellt: »So jemand redet, daß er rede Gottes Wort. So jemand ein Amt führt, daß er's tue aus Gottes Kraft«, damit er gewiß sei, daß beide, das Wort und Amt, göttlich und von Gott befohlen seien (1. Petr. 4,11). Denn es steht fest: »Er spricht, so geschieht's« (Ps. 33,5), »durch sein Wort sollen alle Dinge geschehen« (Joh. 1,3); darum »alle Pflanzen, die nicht der Vater pflanzt, werden ausgerodet« (Matth. 15,13). Denn wenn sie gleich gepflanzt werden und aufgehen, so kommen sie doch nicht zur Frucht. Ebenso Menschentand fängt gut an und tut Schaden, aber sie beenden nicht, was sie wollten, sondern vergehen zuletzt doch mit ihrem Tand, wenn sie genug Schaden getan haben.

Und Ninive war eine Stadt Gottes, drei Tagereisen groß. Jona 3,3

Warum nennt er Ninive »eine Stadt Gottes«? War doch daselbst nicht der Gottesdienst, Tempel oder Propheten. Ich meine, sie heiße darum so, weil sich Gott ihrer so annimmt und sie nicht verderben will, sondern sorgt für sie, schickt ihr einen Propheten, damit er sie verschone. Deshalb wird die Stadt gewiß den rechten Gott und Schöpfer Himmels und der Erde geglaubt haben. So hat er auch gewußt, daß sie seinen Propheten hören und sein Wort annehmen und sich bessern würde. Gleichwie die Schrift auch sagt von Naeman aus Syrien, daß »Gott durch ihn dem Land Syrien half« (2. Kön. 5,1), und den König Nebukadnezar aus Babylon auch »seinen Knecht« nennt (Jer. 25,9). Damit zeigt er an, wie er auch der Heiden Gott sei und nicht der Juden alleine, sondern habe auch unter den Heiden die Seinen.

Daß die Stadt aber drei Tagereisen groß sei, verstehen einige so, daß ihr Umfang im Kreis so weit gewesen sei, daß man in drei Tagen habe herumgehen können. Die lasse ich ihre Meinung behalten. Es müßte mir aber ein richtiges Städtlein sein, das zwölf oder fünfzehn deutsche Meilen in der Ringmauer hätte. Denn die wäre gut fünf oder sechs Meilen lang und breit. Ich verstehe es so, daß Ninive so groß gewesen sei, daß man sie in drei Tagen habe in allen Gassen durchwandern können, doch ohne viel zu laufen, sondern wie man mit Muße auf der Gasse geht. Denn nachher spricht er, Jona sei eine Tagereise weit hineingegangen und habe gepredigt. Das, meine ich, sei eine Ecke und Gangart, die man in einem Tage durchspazieren könne. Das legt das Wort »Mahalach«, transitus, nahe, das heißt ein Gang, wie man in der Stadt hin und zurück umhergeht, gleichwie Moses spricht (2. Mose 11,4f.), der Herr sei in der Nacht in Ägypten gegangen und habe alle Erstgeburten geschlagen. Dieser Gang ist nicht ein schnurgleicher Durchlauf, sondern ein Umhergehen hin und zurück gewesen. Denke ein anderer, was er will.[13]

Und er predigte und sprach: Es sind noch vierzig Tage, dann wird Ninive umgekehrt. Jona 3,4

Eine Tagereise weit geht Jona und predigt. Wie viele Tage er aber zugebracht habe, bis er den Stadtteil durchgepredigt hatte, ist unbekannt. Die Predigt ist auch in Kürze angezeigt; was er gesagt hat, war nämlich: Ninive wird in vierzig Tagen umgekehrt werden. Er wird ohne Zweifel nicht alleine diese Worte geredet haben, sondern er hat sie müssen auslegen, warum solcher Zorn Gottes über sie komme und was für Bosheit in der Stadt sei und wie man fromm sein sollte und was dazu gehört. Gleichwie man noch tut, wenn man eine Predigt in einer Summa kurz zusammenfaßt und spricht: Er hat von der Sünde gepredigt, er hat von der Messe gepredigt.

Da glaubten die Leute zu Ninive und ließen predigen, man solle fasten, und zogen Säcke an sowohl Große als auch Kleine. Jona 3,5

Ich meine, daß in der Stadt lauter Heilige gewesen sind, so daß sie Jona verdientermaßen eine Stadt Gottes nennt. Denn zeige mir noch eine Stadt in der weiten Welt, die ihr zu vergleichen sei, wenn's selbst die heilige Stadt Jerusalem wäre. Denn siehe sie doch an! Jona hat nur eine Tagereise gepredigt und sie haben ihn nicht alle gehört und doch bekehren sich alle. Jerusalem haben dahin weder Christus noch alle Apostel und Propheten mit ihrem Wort und Wundertun bringen können, obwohl sie lange sich mit ihr beschäftigten und sie durch und durch gepredigt haben; so könnte Gott auch hier sagen, was Christus Matth. 8,10 von dem Hauptmann sagt: »Ich habe solchen Glauben in Israel nicht gefunden.« Ja, zu Jonas Zeiten waren Israel und Jerusalem sehr böse, als Ninive fromm wurde. Trotzdem, wenn Jerusalem desgleichen getan hätte zur Zeit Davids, Salomos, Ezechiels, Josias, wäre es doch nicht solch Wunder, weil sie Gottes Gesetz, so viele Propheten, so viele gottesfürchtige Könige, Fürsten, Priester und andere treffliche Leute hatte, die täglich das betrieben und dazu anhielten. Aber zur Zeit Jonas ist Ninive die beste und größte Stadt auf Erden gewesen und hat keine vergleichbare.

Diese Stelle des Propheten Jona pflegen die Sophisten[14] auf die Werke zu beziehen und sagen: Da siehst du, daß Gott die Werke ansieht und die Nineviten dadurch Gnade erwerben, obwohl sie Heiden und ungläubig sind; der freie Wille kann sich gut mit Werken zur Gnade bereiten usw. Hier antworte ich: Solchem Geschwätz ist Jona zuvorgekommen, indem er zuerst, bevor er die Werke erzählt, den Glauben der Niniviten preist und spricht: »Die Leute zu Ninive glaubten an Gott.« Solchen Spruch können jene fein überhüpfen und uns die Werke zeigen. Ferner: Jona nennt Ninive »eine Stadt Gottes«. Eine Stadt Gottes sein und an Gott glauben, das läßt wahrlich nicht zu, daß der freie Wille diese Werke getan habe, sondern Gottes Gnade und der Glaube haben solches getan. Und um solcher Gnade und um des Glaubens willen haben diese Werke Gott gefallen. Denn sie haben damit äußerlich ihren Glauben und die Gnade im Herzen erwiesen, was Jona durch seine Predigt als Frucht geschafft hatte. Was sollte aber Gott nicht gefallen, wenn Glaube und Gnade zuvor im Herzen sind, so daß auch die Sünden nicht schaden, die noch übrig bleiben?

Und merke, daß sie einige Stücke tun, die ihnen Gott nicht befiehlt, Jona aber erzählt, nämlich daß sie fasten und Säcke anziehen. Was fragte Gott nach Fasten und Säcken? Er will das Herz haben und das ganze Leben verändert. Gott hat jenes auch nicht durch Jona von ihnen gefordert, sondern nur, daß sie von ihrer Bosheit ließen. Nun kann einer wohl in Säcken gehen und fasten, aber dennoch ein Bösewicht in der Haut sein, wie die Mönche in ihren Kappen sind. Deshalb preist er nachher auch nicht das Fasten oder die Säcke, sondern »daß sie sich bekehrt hätten«, sagt er, »von ihren bösen Wegen«. Sie haben aber solches aus alter Gewohnheit getan, die sie von ihren Vorvätern gelernt haben, die sich ebenso vor Gott mit Säcken und Fasten gedemütigt haben. Genau dasselbe ist auch davon zu sagen, daß sich der König mit seinen Fürsten in die Asche setzt und so närrische Dinge gebietet, daß auch die Tiere und das Vieh nicht essen noch trinken sollen, dazu auch Säcke anziehen und zu Gott rufen. Wer hat je gehört, daß unvernünftige Tiere fasten sollen, Säcke anziehen und zu Gott rufen? Fragt Gott auch nach solchem Tun der Tiere?

Es gilt wahrlich bei Gott das Fasten und Säcketragen der Tiere ebenso viel wie Fasten und Säcke der Menschen, und umgekehrt das der Menschen soviel wie das der Tiere. Aber ein furchtsames Herz und demütig erschrockenes Gewissen tut wohl auch närrische Dinge, um mit ihnen zu beweisen, daß es sein Ernst sei. Und wenn es möglich wäre, so zwänge es auch Stein und Holz zu trauern, und alle Kreaturen mit ihm zu weinen, und ließe sich dennoch dünken, es wäre nicht genug.[15] Denn es ist unaussprechlich und unbegreiflich, was es für ein Ernst ist um ein richtig reuiges Herz. Das meint, so solle aller Welt zumute sein und tun, wie es tut. So daß mit Recht S. Paulus sagt, »das Seufzen des Geistes« sei »unaussprechlich« (Röm. 8,26), und David spricht Psalm 32,3, er habe »gebrüllt«, wie ein Löwe, aus dem Seufzen seines Herzens, das ist, seine Reue und sein Seufzen im Herzen waren so groß und gewaltig, daß es herausbrach mit Heulen und Weinen so greulich, wie wenn einer einen zornigen Löwen brüllen hörte. Wenn nun Gott solchen Ernst sieht, so hat er genug und läßt sich auch solche närrischen Dinge alle wohlgefallen, die er sonst nicht ansieht, wo solcher Ernst nicht ist. Darum hat Jona wahrlich Reue und Buße der Nineviten meisterlich und gewaltig ausgelegt, wie sie heftig, ernst und tätig gewesen sind.

Wollen die Sophisten hier nun die Werke rühmen, daß sie vor Gott gelten, wollen wir's nicht wehren. Aber sie schauen darauf, daß sie den Ernst auch rühmen, aus dem solche Werke geschehen. Denn wenn sie die Werke alleine ansehen mit Gedanken und ohne solchen Ernst annehmen, wie die angenommenen Weisen in Klöstern und Kirchen sind, besonders in der Fasten- und Passionswoche, dann sind's fürwahr lauter Narrenwerke, wie wenn man die Tiere hieße fasten, büßen und beten ohne Buße der Menschen; womit man nichts ausrichtet, als daß man über Gott spottet und größeren Zorn anrichtet. Darum weit, weit weg von solchen Werken, oder sie mit Ernst vorgenommen. Solchen Ernst aber gibt nicht der freie Wille oder unsere Kraft, sondern der Glaube aus des heiligen Geistes Kraft. Denn wir sehen auch hier, daß es die Nineviten bei den tollen Werken nicht bleiben lassen, sondern über das Fasten und Schreien der Tiere hinaus greifen sie die rechten Stücke an und gebieten, ein jeder solle sich bekehren von seinen bösen Wegen und vom Frevel seiner Hände. Man will ja viel die Werke rühmen und doch außer acht lassen, daß dabei steht, daß man nämlich fromm werden solle, womit sie nur Spreu ohne Korn, Hülsen ohne Saft und Schalen ohne Kern opfern, und Gott ihr Narr und Spottvogel sei. Laß sie zuvor fromm werden und die Werke tun, die sie rühmen, danach wird sich der Streit wohl selbst legen. Aber nun streiten sie um gute Werke, von denen sie keins zu tun gedenken, können es auch nicht, wollen aber immer davon plaudern und Meister darin sein.

»Säcke anziehen« ist auf hebräisch geredet, welches heißt: geringe Kleider antun und ohne allen Schmuck dahergehen, wie es die tun, die Leid tragen, und müssen nicht gerade Mehlsäcke und Sacktuch tragen, wie Jeremia (4,28; Jes. 50,3) spricht: »Ich will dem Himmel einen Sack anziehen«, das heißt: Dunkel und durch Wolken finster machen. Und in Offenbarung 6,12 spricht er: »Die Sonne ward schwarz wie ein härener Sack.« Ebenso ziehen hier die Tiere auch Säcke an, das heißt, sie müssen mittrauern und unerfreulich aussehen. Gleichwie »Brot und Wasser« in hebräischer Redeweise soviel heißt wie »essen und trinken« und »in der Asche sitzen« heißt »sich hernieder setzen, nicht hoch herfahren oder in Ehren dahergehen«. Nicht daß sie gerade nur Brot und Wasser hätten brauchen müssen und »in der Asche« ein Sitzen vor dem Ofen oder auf dem Herde sei. Weil vielmehr keine geringere Speise ist als Wasser und Brot, kein geringeres Kleid als Sacktuch und kein geringerer Ort als die Asche, werden hiermit bezeichnet mancherlei geringe Speisen, Kleider und Orte, wie Jesaja von Babylon sagt (Jes. 47,1): »Hernieder, Babylon, hernieder, setze dich in die Asche!«

Wer weiß? Gott möchte sich umkehren und gereuen lassen, usw. Jona, 3,9

Da redet der König, als ob er zweifle und nicht gewiß sei, daß Gott gnädig sein wolle, was doch der Glaube fordert oder kein Glaube ist. Aber er zweifelt nicht, sonst hätte er nicht so getan und sich nicht so angestellt. Denn Zweifeln ruft nicht zu Gott und wendet nicht solchen Ernst an. Denn so geht es zu, daß ein recht reuiges Herz aus Furcht im Kampf steht und mit dem Verzweifeln ficht und noch nicht gewonnen hat; darum redet es, als ob es ungewiß sei. Und in Wahrheit klingt es so, als ob es noch nicht hindurch sei, sondern in der Arbeit und Not stecke. Wenn aber nun kein Glaube da wäre, dann hielte es nicht durch in solcher Arbeit und Not. Darum sind diese Worte vielmehr Zeichen dafür, daß Glaube da sei, aber ein solcher Glaube, der in Furcht steht und ficht und doch Gottes Gnade vor Augen hat, wie er hier spricht: »Gott möchte sich umkehren und gereuen lassen« usw. Das bedeutet: Es ist ja noch Güte im Hintergrund und nicht nur Zorn.

Es ist nicht nötig, hier die spitzfindige Frage zu behandeln, inwiefern sich Gott umkehre und gereuen lasse und sich etwas leid werden lasse, da er doch unwandelbar ist; damit quälen sich einige sehr und machen sich draus eine schwere Sache. Laßt uns vielmehr darauf sehen, was für ein trefflicher Glaube in den Leuten gewesen ist, die nicht alleine das glaubten, was Jona predigte, daß die Stadt untergehen würde, sondern die auch wagten, sich der Gnade Gottes zu trösten, obwohl sie darüber von Jona keine Verheißung hörten, sondern nur die Drohworte. Das erste Stück ist groß, daß so eine mächtige Stadt und ihr König so schnell erschrecken und sich vor Gott so sehr fürchten und so tief demütigen durch eines Mannes Predigt und nicht denken, weshalb sie vor allen anderen Städten in der Welt gerade Sünder sein sollten und verdammt. Wie starr standen Sodom und Gomorrha gegen Lot? Wie fest blieb Pharao gegen Mose und Aaron? Wie verstockt blieb Jerusalem gegenüber Christus und den Aposteln? Wie tobte und wütete Rom gegen die Christen allzumal? Wie trotzig sind noch jetzt Fürsten und Bischöfe gegen das Evangelium? Fürwahr, die ganze Welt enthält eitel Buben, ja Teufel gegenüber diesen Leuten zu Ninive und sie sind eitel Engel gegenüber der Welt.

Das zweite Stück ist noch größer: Daß sie in solcher Furcht und Angst nicht verzagen, aber doch keine Verheißung haben. Lieber, woran halten sie sich, daß sie nicht verzweifeln? So viele Propheten, so viele Apostel, so viel Schrift, so viele Bücher, Prediger, tröstliche Worte haben wir und können dennoch Gott nicht gut trauen, so daß unser Reichtum an Gottes Wort durchaus ein Meer heißen könnte gegenüber dem Tröpflein, das sie gehabt haben. Denn sie haben ja nichts mehr haben können als das einzige Wort, daß Gott Himmel und Erde geschaffen habe und rechter Gott sei, das ist, daß er gütig und gnädig sei. Dies Stücklein machen sie sich so trefflich nutzbar zu ihrer Seligkeit, uns Juden sowohl als Christen zu aller Schande, die wir uns so reichlichen Überfluß an Gottes Wort nicht zur Hälfte so nutzbar machen können. Darum rückt sie auch Christus Matth. 12,41 den Juden und uns allen vor und spricht: »Die Leute zu Ninive werden auftreten am Jüngsten Gericht und dies Geschlecht verdammen; denn sie taten Buße durch die Predigt Jonas, und siehe, hier ist mehr als Jona.« Und das ist nicht unbillig, da wir nicht die Hälfte des Ernstes aufwenden, mit so viel tausend Drohungen und Verheißungen Gottes vermahnt, den die Nineviten, von einem Drohwort erschreckt, ohne Trost einer einzigen Verheißung, in so reichem Glauben beweisen. Aber so geht es zu: Wo wenig Gotteswort ist, da ist großer Hunger und Ernst danach; wo es überreichlich ist, da ist man seiner überdrüssig und verachtet es.

Da sah Gott ihre Werke an, daß sie sich bekehrten von ihrem bösen Wege, usw. Jona 3,10

Hier, hier werden die Werke gepriesen. Was wollen wir dagegen sagen? Hier haben die Werkheiligen gewonnen, ja trefflich gewonnen. Sieh auf den Text! Er spricht: »Gott sah ihre Werke an«, das ist, sie gefielen ihm gut. Aber was für Werke waren das? Er deutet sie selbst und spricht: »Sie kehrten sich ab von ihrem bösen Wege.« Tu und lehre solche Werke, dann gönnen wir dir nicht nur den Ruhm der Werke, sondern wollen helfen, sie zu rühmen. Sich abkehren von bösen Wegen ist kein geringes Werk. Es begreift in sich nicht Fasten und Säcke, sondern von Herzen an Gott glauben und den Nächsten lieben wie sich selbst, das ist: es erfordert den ganzen Menschen als fromm und gerecht, sowohl innerlich als auch äußerlich, an Leib und Seele. Denn Gott fordert den ganzen Menschen und mag die Halben und Heuchler nicht.

Das vierte Kapitel

Das verdroß Jona gar sehr und er ward zornig und er betete zum Herrn, usw. Jona 4,1–2

Das ist mir ja fürwahr ein wunderlicher, eigentümlicher Heiliger, der da zürnet, weil Gott den Sündern gnädig ist, und gönnt ihnen nichts Gutes, sondern lauter Unglück – gegen die Art der Liebe, die auch den Feinden alles Gute wünscht und tut. Und noch mehr ist dies, daß er solches tut, nachdem er den großen Ernst des göttlichen Willens im Meer und Walfisch erfahren hatte. Dazu vergibt er dennoch nicht, als ihn Gott deshalb tadelt, weil er unbillig zürne; aber daneben steht er doch auf solchem großen Glauben, daß er Gott um den Tod bittet und nicht leben will, was er nicht bitten könnte, wenn er nicht Gott aufs allerhöchste vertraut hätte. Was wollen wir hierzu sagen? Wie können solcher Glaube und solche Untugend beieinander bestehen? Hiernach sollte man fragen, darin läge Nutzen. Leugnen können wir nicht, daß Jona unbillig zürnt und Unrecht tut, weil Gott ihn deshalb tadelt mit Worten, mit der Tat und mit einem Zeichen der wilden Rübe. Ebenso müssen wir auch bekennen, daß er im Glauben gewesen sei und Gott angenehm, weil Gott so freundlich mit ihm redet und ein Zeichen gibt und sich darstellt wie ein Mensch, der mit seinem Nächsten freundlich redet und handelt.

Und wenn ihm solches alles nachzusehen wäre, so ist das doch wahrlich über alles Maß, daß er sogleich seinen vorigen Ungehorsam und die Flucht, für die er so greulich bestraft ist, jetzt auch noch billigen und verteidigen will und die Schuld der Güte Gottes zurechnen; denn er spricht: »Ach Herr, das ist's, was ich sagte, als ich noch in meinem Lande war, weshalb ich dem auch zuvorkommen wollte und aufs Meer fliehen« usw. Was ist denn damit anderes gesagt als etwa: Ich tat recht damit, daß ich floh und nicht hierher wollte, und es ist die Schuld deiner Güte, wenn da Schuld ist? Was beabsichtigte Jona damit? Trotzte er nicht Gott? Strebt er nicht danach, daß er aufs neue in tausend Meere und Walfische geworfen werde als einer, der gegen Gottes Güte murrt und sich selber rechtfertigt? Wenn so etwas Saul oder vielleicht ein anderer täte, was sollte dem wohl begegnen? Sollten bei Gott die Werke gelten oder vergolten werden, dann müßte Jona hier in den Abgrund der Hölle fahren als einer, der mit seinem Zorn ganz halsstarrig tobt gegen Glauben und Liebe.

Denn Gottes Güte beschuldigt er und mißgönnt seinem Nächsten Gnade und alles Gute. Sind das gute Werke? Ja, ist da nicht alle Untugend, wo wäre Untugend dann? Ich wüßte eigentlich nicht, was ich hier antworten sollte.

Das erste ist aber, daß wir hier merken, wie Gott ganz und gar wunderbar ist in seinen Heiligen, damit niemand leichtfertig sei, jemanden um eines einzigen Werkes willen zu richten oder zu verdammen. Das Werk kann böse sein und ist auch böse, dennoch soll ich die Personen nicht verachten oder verwerfen. Denn wenn wir hier Jona ansehen, dann ist sein Werk hier wahrlich unrecht, weil Gott selbst es tadelt. Dennoch ist er das liebe Kind und redet mit Gott so frei, als fürchte er sich nicht vor ihm (wie es auch wahr ist), und traut ihm wie einem Vater. Das zweite, was wir lernen, ist, daß Gott seine lieben Kinder in guten, großen, groben Stücken närrisch sein und fehlgreifen läßt, wie es Christus den Aposteln tut im Evangelium zum Trost allen Gläubigen, die zuweilen sündigen und fallen. Das dritte, was wir sehen, ist, daß Gott ganz freundlich, väterlich und lieblich mit denjenigen handelt und umgeht, die ihm in Nöten vertrauen, daß der Vater nach der Rute und Züchtigung so lieb wird, wie es der Hebräerbrief (12,11) sagt: »Die Züchtigung bringt die allerlieblichste Frucht denen, die darin geübt werden.« Denn hier, siehst du, muß das gar nichts schaden oder als Sünde gerechnet werden, was doch in Wahrheit Sünde und strafbar ist, sondern es ist eine tägliche Kindersünde, die der Vater willig und gütig trägt. Aber mit den Gottlosen geht er nicht so um, sie können sich auch nicht darein schicken, sondern werden ganz und gar allzu frech und wild, wenn sie fühlen, daß Gott gnädig ist und schont, gerade als ob er sich auch ihr gottloses Wesen gefallen lassen sollte und dulden.

Es ist aber kein Wunder, daß Jona den Heiden Gottes Gnade nicht gönnen will. Denn rechne du selbst: Bei den Juden war es ein beständiger Glaube, daß alleine Israel Gottes

Volk wäre, wie ich es oben auch angezeigt habe, und alle Heiden unter Gottes Zorn wären, wie der Vers Psalm 79,6 lautet: »Herr, schütte deinen Zorn über die Heiden, die dich nicht kennen, und über die Königreiche, die deinen Namen nicht anrufen.« Darum bestanden sie darauf, daß kein Mensch der Gnade Gottes teilhaftig werden sollte, wenn er nicht vorher die Gesetze Moses annähme und Jude würde. Denn die Apostel und ersten Christen verstanden es auch nicht anders, wie es Lukas (Apg. 8) beschreibt, daß sie umhergingen und predigten das Evangelium niemandem als allein den Juden, und sie zürnten S. Petrus, weil er den Heiden gepredigt hatte (Apg. 10 u. 11). Und wenn Jona von den Juden nicht deshalb verfolgt und getötet ist, weil er zu Ninive den Heiden predigte und Ninive eine Stadt Gottes nannte, so wäre das ein großes Wunder. Denn es war den Juden unerträglich, daß irgendwo ein Volk Gottes sein sollte, aber nicht das Gesetz Moses hätte und hielte, wie hier die Nineviten von Jona gepriesen werden. Was müssen jetzt und allezeit diejenigen erwarten, die da lehren, es seien irgendwo Christen und könnten auch Christen sein, die dennoch die Gesetze des Papstes und die Glaubensweise und Gebote der Römischen Kirche nicht haben und halten? Allesamt Ketzer, Ketzer und verbrannt.[16]

Und es könnte wohl sein, daß dies der rechtmäßige Grund dafür war, daß Jona nicht nach Ninive gehen wollte und erst recht murrte, daß die Stadt nicht untergehe, und lieber tot wäre, als sehen zu müssen, daß jemand Gottes Gnade kriege und Gottes Volk würde ohne die Gesetze Moses und die Glaubensweise der Juden. Was ist das anderes als eine Schande für das Volk Israel, als ob es unnötige und zwecklose Gesetze hätte, da doch die Menschen gut ohne dieselben selig werden können? Mußten sie hier nicht sagen: Was machen wir denn mit so großer Mühe und Arbeit, wenn »diese Letzten nur eine Stunde arbeiten und gleichen Lohn wie wir kriegen, die wir des Tages Hitze und Last tragen«, wie es im Evangelium steht (Matth. 20,12)? Sollte das nicht neidische Augen machen? Sollten sie nicht besser sein? Sollten sie nicht mehr kriegen? Ebenso geht's auch hier zu, daß die Niniviten Gnade kriegen ohne Gesetz und Propheten, und die Juden mit ihrer großen Mühe im Gesetz nicht mehr kriegen als sie, ja zuletzt auch die ganz verfehlen und verlieren, weil sie mit ihrem Murren und Neid etwas Besseres wollen, als das Evangelium haben, und den Heiden nicht gönnen wollten, Christen zu werden. Solches mußte Jona ganz widerwärtig sein, da er für das alles eine Ursache ist mit seinem Predigen zu Ninive. Und er sollte der erste sein, der das Judentum verächtlich und überflüssig machte? Wie hätte er im Lande bleiben dürfen? Er ist nicht ohne Grund geflohen, um solche Predigt zu verweigern. Denn ein Jude sein und doch predigen, daß das Judentum unnötig sei und Gottes Gnade ohne dasselbe durchaus zu kriegen sei, das ist ebenso viel, wie wenn ein Jude seine eigenen Juden zunichte und unnötig machen wollte und die Heiden heiligsprechen, gleichwie es S. Paulus erging in gleicher Lage, wie es Lukas beschreibt in der Apostelgeschichte (13,45ff.).

Damit nun Jona befriedigt würde und auch etwas hätte, das er seinen zornigen Juden darauf antwortete, spielt Gott mit ihm und gibt ihm ein Zeichen, wie er es S. Petrus gab Apg. 10,11ff., da dieser auch ähnlich dachte wie Jona; und Gott gab ihm eine Erscheinung vom Himmel, ein Leinentuch mit allerlei Tieren, und sagte zu ihm, es wäre alles rein, obwohl es doch reine Heiden waren, ohne die Gesetze Moses usw. Ebenso gibt Gott hier Jona ein Zeichen und ließ eine wilde Rübe wachsen, damit Jona eine anmutige Laubhütte dadurch hatte. Als er sich nun sehr freute über solche Hütte, verschaffte der Herr frühmorgens einen Wurm, was Jona nicht vorhersah; der stach die wilde Rübe, so daß sie verdorrte, und der gute Jona war des schönen Vergnügens beraubt. Dazu ließ er ihm die heiße Sonne auf den Kopf stechen, da er keine Hütte mehr hatte, so daß er abermals mißmutig wird und ein Unheil das andere erhöht und nirgends dasjenige vorangeht, was er gerne hätte. Darum bittet er abermals um den Tod, damit er das Unheil loswerde. Da kommt nun Gott und beschwichtigt ihn und zwingt zu dem Schluß, daß er – Gott – »tun könne, was er wolle«, wie es der Hausvater im Evangelium sagt (Matth. 20,15), und beweist auch, daß Jona unbillig zürne. Siehe, spricht er, du zürnest um einen geringen Strauch, weil derselbe nicht geblieben ist, sondern verdorrte. Wieviel weniger ist aber ein solcher Strauch als ein Mensch, geschweige denn eine solche Stadt! Solltest du denn nicht auch wünschen und gerne sehen, daß die Stadt bliebe, der du die wilde Rübe so gerne bleiben sähest? Was konnte Jona dagegen sagen? Er mußte verstummen, weil mit seinem eigenen Urteil überwunden, zu dem er sicher geführt worden war mit Hilfe der wilden Rübe, noch ehe er sich umsah. So gar nichts ist menschlicher Verstand gegenüber Gott.

Über die wilde Rübe, die auf hebräisch »kik« heißt und hier »kikajon«, das ist ein kiklein oder kleines kik, haben vorzeiten die Lehrer viel untersucht. Die ältesten haben's einen Kürbis genannt. Danach ist S. Hieronymus gekommen und übersetzte »hedera«, das ist Efeu, und spricht, das gäbe es nicht in lateinischen Ländern, sondern in Syrien. Es sei aber ein solcher Strauch, der sehr geschwind wächst und schnell so groß wird, daß er eine Hütte bildet und dichten Schatten gibt; er hat Blätter wie Weinreben. Daher haben es die Alten vielleicht zum Kürbis machen wollen. Wir meinen, es sei der Strauch, den die Naturkundigen auf lateinisch »vitis alba« nennen, was auf Deutsch heißt »wilde Rübe«. Unser Pfarrherr, Herr Johann Pommer, meint, es heiße bei seinen Pommern »heilige Wurzel«, und wachse so hoch, daß es über ein Haus hinausrage, welches dem Nachtschatten ähnelt. Denn Efeu, wie es Hieronymus nennt, kann's nicht gut sein, wie er selbst bekennt, weil dieser Busch nicht auf seinem Stengel steht, wie der kikajon, sondern sich an Mauern und Bäume hängt, so daß diejenigen es viel richtiger getroffen haben, die es als Kürbis gedeutet haben, obwohl Hieronymus sie verspottet und »Kürbisser« nennt.[17]

Nun, darauf kommt es nicht so sehr an und wir sollen uns nicht so sehr um die Worte streiten, wenn wir der Sache gewiß sind. Das ist wahr, daß dieser Strauch, obwohl er von Natur eigenartig schnell wächst, so ist er hier doch in einer Nacht wunderbar bereitet worden um Jonas willen. Und Jona hat lange darunter gesessen, vielleicht bis die vierzig Tage umgewesen sind. Denn der Text spricht, er sei zur Stadt herausgegangen, als er sah, daß sie sich bekehrten, und hat sich hingesetzt, um zu sehen, ob die Stadt untergehen werde. Denn es verdroß ihn bereits schon, daß er sie sah Buße tun, und er war wohl besorgt, daß sie nicht untergehen würde. Aber nach den vierzig Tagen, als er sah, daß die bestimmte Zeit vorüber war, erhebt sich sein Zorn, weil nichts aus seiner Predigt werden sollte. Da murrte er gegen Gott und mußte sich meistern lassen und so mit Schanden und gedemütigt wieder heimziehen, doch mit großer Furcht und mit Nutzen seines Verstandes.

Aus dem allem lernen wir, daß Gott ein Helfer aller Menschen ist, nicht alleine der Juden, wie S. Paulus spricht 1. Tim. 2,4: »Gott will, daß alle Menschen genesen und zur Erkenntnis der Wahrheit kommen«, und daß wir Heiden, die zur letzten Stunde gekommen sind und gar nicht gearbeitet haben, ganz unwürdig zu Gottes Gnade kommen, weil uns dieselbe nicht verheißen war wie den Juden. Wollte Gott, daß wir dankbar wären und uns die Gnade zunutze machten, wie es diese Leute zu Ninive getan haben, damit wir nicht zuletzt auch durch Undankbarkeit schlimmer umkämen, wie es denen zu Ninive später geschah. Denn darum ist diese Geschichte Jonas geschrieben, damit Gott uns seine Wunder zeige, nämlich daß sein Wort am allerersten dort Frucht schafft, wo man's am wenigsten erwartet, wiederum da am wenigsten schafft, wo man's am meisten vermutet. Denn hier glauben die Heiden zu Ninive, die vorher kein Gotteswort hatten, und die Juden werden ungläubig, die täglich Gottes Wort hatten, damit wir an niemandem verzweifeln sollen, umgekehrt auch niemanden überschätzen.

Er spricht hier, daß zu Ninive mehr als hundertzwanzigtausend Menschen gewesen seien. Daraus kann man ganz nebenher folgern, wie groß die Stadt gewesen ist. Denn weil er hundertzwanzigtausend nennt und einige mehr, zeigt er ausreichend an, daß nicht hundertdreißigtausend darin gewesen sind. Denn er hätte sonst wohl gesagt: Mehr als dreißig- oder vierzigtausend oder zweihunderttausend. Nun ist's noch nicht eine übermäßig große Stadt, wo zweihunderttausend Menschen drin sind, besonders wenn's ihr wohlgeht und sie ausgebreitet ist, wie hier Ninive als königliche Stadt stand, das Haupt im Kaisertum von Assyrien. Es sei denn, man solle so deuten, daß die Menschen, die nicht wußten, was rechts oder links wäre, so viele waren wie junge Kinder und Unmündige, alte Leute aber viel mehr. Aber solche Deutung halte ich nicht fest, sondern daß sie allesamt nicht gewußt haben, was links oder rechts sei, das bedeutet, wie wir sagen, daß sie weder dies noch das wußten in göttlichen Sachen, da sie kein Gesetz Moses und keine Propheten hatten, welche sie gelehrt hätten, wie sie sich vor Gott verhalten sollten sowohl in geistlichen als auch in leiblichen, in äußerlichen wie in innerlichen Dingen, so wie die Juden sie hatten. Denn so kann man die Rechte deuten auf das inwendige Geistliche und die Linke auf das äußerlich Leibliche. Denn man muß Gott mit Leib und Seele dienen. Das sei davon genug. Nun müssen wir auch die geistlichen Deutungen behandeln; derer sind drei.

Jona heißt auf hebräisch eine Taube. Nun ist im Neuen Testament die Taube des heiligen Geistes Gestalt (Luk. 3,22 und Joh. 1,32) und besonders der offfenbarende heilige Geist, der gegeben ist, Christus in aller Welt zu verkündigen durch's Evangelium, so daß Jona mit seinem Namen eine anschauliche Darstellung des heiligen Geistes und seines Amtes ist, nämlich des Evangeliums, so daß alle Apostel und Prediger auch Jona und die Taube sein sollen, das ist, den heiligen Geist haben und nichts von sich selbst aus ohne den Geist lehren oder tun, wie auch Christus selbst Matth. 10,16 seinen Jüngern befiehlt, daß sie sein sollten »ohne Falsch wie die Tauben und vorsichtig wie die Schlangen«, das ist, daß sie das Wort Gottes lauter und rein, ohne jeden Zusatz, einfältig lehren, wie es der heilige Geist gibt, und mit niemand heimtückisch umgehen in Werken sowohl als auch in der Lehre. Ninive heißt auf hebräisch die Schöne oder Hübsche, so wie eine hübsche, wohlgebaute Stadt schön ist. Das ist die Welt, die in ihrem Reichtum, Vergnügen, Weisheit, Stärke, Heiligkeit und Ehren lebt und hochragt aufs allerschönste und feinste. Aber darunter ist lauter Greuel und Sünde vor Gott. Daß sie nun das Wort hört und annimmt, fastet und Säcke anzieht und sich in die Asche setzt, das bedeutet, daß Gottes Wort Frucht bringt und alles umkehrt und schafft, daß sie ihre Heiligkeit, Stärke, Reichtum, Lust, Ehre und Gut für Sünde, Schwachheit, Armut, Ekel, Schande und Schaden hält und alles verachtet. Das heißt recht in der Asche sitzen, Säcke anziehen und fasten, so daß auch die Tiere, das ist ihre Leiber, müssen fasten und Säcke anhaben, daß ist sich kasteien und züchtigen.

Daß Jona auch aus dem jüdischen Lande alsbald in ein fremdes Land gesandt wird, das bedeutet, daß der Geist und Gottes Wort von dem jüdischen Volk weggenommen und den Heiden gegeben werden sollte, wie Christus Matth. 21,43 sagt: »Wahrlich, ich sage euch, das Reich Gottes wird von euch genommen werden und den Heiden gegeben, die damit Frucht bringen« usw. Daß er aber flieht und im Meer solche Gefahr erleidet, bedeutet Kreuz und Verfolgung, die dem Evangelium in der Welt widerfahren, so daß es aussieht, als fliehe das christliche Predigtamt und werde untergehen und verloren sein; so ganz schwach erscheint es gegenüber solchem Wesen deshalb, weil die Personen, die es führen, flüchtige, das heißt schwache, geringe Menschen sind. Das Meer – das ist die Welt – ist groß und mächtig mit ihrem Wüten und Toben. Ebenso ist der Walfisch grausam und schrecklich mit seinem Rachen und den Zähnen; das ist: der Welt Fürst und Gott, der Teufel, ist grausam durch seine Fürsten und großen Herren mit Würgen und Töten usw. Aber dennoch wird Jona erhalten mächtig durch Gottes Kraft, und seine Predigt kann weder durch seine eigene Flucht noch durch des Meeres Toben verhindert werden, sondern dringt fort und kommt trotzdem nach Ninive. Obwohl also die Prediger schwach, die Welt gewaltig ist, so ist doch Gottes Wort, das heilige Evangelium, mächtiger, dringt hindurch und ist ungehindert. Und wenngleich die Prediger alle verschlungen werden, geht es nur desto stärker und kommt doch in die Welt und kehrt sie um, wie wir sehen, daß es bei den Aposteln gegangen ist, uns zum Trost, daß auch wir nicht erschrecken vor dem Meer und Walfisch, gewiß, daß unser Wort oder Evangelium mächtiger ist als das alles.

Die zweite geistliche Deutung

Handelt von geistlicher Verfolgung, wie es mit einem Sünder zugeht, wenn er geistlich stirbt und lebendig wird, das ist, wenn er gerecht und von Sünden frei werden soll. Das gehet so zu: Das erste ist die Sünde, in die wir alle gefallen sind durch Adams Ungehorsam und haben sie ärger und größer gemacht durch unsern eigenen Ungehorsam und sind somit von Gottes Angesicht geflohen, daß wir nicht tun, was Gott will. Und besonders, wenn wir in die schöne Sünde fallen, das ist in Heuchelei und falschen Gottesdienst, weg vom rechten Gotteswort. Das ist der Ungehorsam und das Fliehen Jonas vor Gottes Angesicht. Denn weil wir in Sünden sind, sehen wir Gott nicht und sind weit weg wie der verlorene Sohn im Evangelium. Daß er aber aufs Meer flieht und an keinen gewissen Ort, das bedeutet, daß der Sünder, wenn er vor Gott flieht, nirgends etwas Gewisses vornimmt, sondern nach dem Fleisch und der Welt hingeht und -fährt, wo der Teufel ihn hinführt und treibt, auch nicht danach fragt, wo er hinkäme, ausgenommen daß er nicht im Lande und unter Gottes Gehorsam sein dürfe, sondern seinem Gutdünken folge.

Er kommt hinab gen Jaffa und findet ein Schiff, das aufs Meer fährt, gibt Fahrgeld und tritt drein, legt sich, schläft und fährt so dahin. Jaffa heißt hübsch oder fein, das ist die gottlose Menge, die da ein glänzendes Leben führt im Ungehorsam vor Gott. Diese Stadt ist dann geradezu bedeutsam für den Ungehorsam, Gutdünken und selbsterwählte Gerechtigkeit. Denn da findet er ein Schiff, das ist, wie ihn dünkt, eine gute Weise und Lehre, die ihn führen solle, wobei das Gesetz Gottes verstanden ist nach menschlichem Gutdünken. Da sind Schiffsleute, das bedeutet: Lehrer solchen Gesetzes und eigener Werke, die führen, so daß man nicht weiß wohin, sondern nur aufs Meer. Denn da ist kein gewisses oder sicheres Gewissen vor Gott, sondern man fährt, wie das Meer geht usw. Diesen gibt Jona Fahrgeld. Denn solche Lehrer sind Bauchdiener, für Geld lehren und führen sie, man gibt's ihnen auch gerne und macht sie reich, gleichwie Gott dem Volk Israel auch das Land Kanaan gab für ihre Werke. Aber den Aposteln und Evangelisten gibt man nichts, sondern nimmt ihnen noch dazu was sie haben. Da tritt Jona in das Schiff und begibt sich in die Lehre, liegt unten im Schiff und schnarcht. Das ist, er ist sicher und meint, er sei nun gut dran, und fährt in dem Zustand immer weiter, wie es denn alle Werkheiligen tun, die in ihrem Gleißen so tief drunten liegen und schlafen und nicht fühlen, was für Übel sie tun, wie Salomo sagt (Pred. 4,17): »Gehorsam ist besser als Opfer der Gottlosen, die nicht wissen, was für Übel sie tun.«[18] Siehe da, das heißt richtig hinab gen Jaffa und hinunter in das Schiff gehen, wahrlich tief herab von Jerusalem, vom Gehorsam vor Gott in die Tiefe des Ungehorsams und Eigendünkels.

Aber da kommt nun Gott und will den ungehorsamen Heiligen aufwecken und seine Heiligkeit öffentlich als Sünde aufweisen und läßt ein Unwetter kommen, das ist, er läßt seinen Zorn und sein Gericht fühlen. Da geht dann alle eigene Heiligkeit unter. Da verzweifeln dann sowohl Lehrer als auch Schüler und die Werke wollen dann nicht Halt oder Bestand geben. Da will das Schiff zerbrechen und untergehen. Da ruft ein jeder seinen Gott an, das meint, er will sich trösten mit seinem guten Leben. Aber da hört und hilft keiner der Götzen; denn den rechten Gott kennen sie nicht. Da wecken sie auch Jona auf, das ist, da werden sie rechte Gesetzeslehrer, da kommt das Gesetz zu seinem rechten Amt und lehrt nicht mehr Werke oder falsches Wissen, sondern es zeigt die Sünde und Gottes Zorn und erschreckt das Gewissen. Das ist's, daß sie losen und die Sünde suchen und Jona treffen. Denn das Gesetz läßt nicht ab, das Gewissen zu suchen und zu martern, bis es den Sünder finde und zwinge ihn, zu bekennen, wie David spricht Psalm 32,3: »Da ich's verschweigen wollte, da veralteten meine Gebeine« usw. Das Losen aber bedeutet, daß sich die Sünde zufällig findet und das Gesetz uns trifft, nicht wenn wir's erwarten, sondern wenn wir's am wenigsten denken, dann kommt der Hausvater und findet uns. Da muß Jona heraus und dem Gesetz bekennen und recht geben, daß er ein Sünder sei, sonst, spricht er, hört das Meer nicht auf. Und obwohl sie sehr antreiben und rudern, damit sie ans Land kommen könnten, hilft's doch nicht. Das ist: Obwohl ein solches Gewissen überwunden ist, will es doch nicht gerne das Todesurteil erleiden, obschon es eingesteht, es solle und müsse es leiden und es ganz verdient habe. Darum springt Jona nicht selbst ins Meer, sondern wird hineingeworfen.

Zuletzt werfen sie Jona ins Meer, weil es nicht anders sein will, bitten aber Gott, daß er's ihnen nicht zurechne, und fürchten und dienen Gott, das ist wie es S. Paulus sagt Röm. 7,12: »Das Gesetz ist gut, gerecht und heilig«, und dennoch tötet es und macht mir Gott zornig. Davon ist jetzt nicht weiter zu reden. Daß sie nun aber Gott fürchten und ihm dienen, das bedeutet, daß das Gesetz, wenn es zu seinem rechten Amt kommt, dann dient es Gott, das ist, es macht furchtsame, demütige Diener Gottes, welches vorher, als es noch in Jaffa war, im Mißbrauch der Werke und des Eigendünkels dem Bauch diente und Fahrgeld nahm und schnarchende, sichere, falsche Werkheilige machte. Hier kommt nun der Walfisch und verschlingt Jona, das ist der Tod und die Hölle. Denn so geht es nacheinander: Zuerst das Gesetz, danach die Sünde, zuletzt der Tod, wie S. Paulus sagt 1. Kor. 15,56: »Das Gesetz ist die Kraft der Sünde, der Tod aber der Stachel der Sünde.« Das ist: Wenn im Gewissen nicht Sünde wäre, da könnte der Tod nichts tun, weder stechen noch hauen, weder würgen noch martern, hätte weder Spitzen noch Schneiden, sondern wäre stumpf und nichts. Wenn aber die Sünde da ist und im Gewissen gefühlt wird, hat der Tod sogleich Spieß und Schwert und will den Menschen geradewegs erwürgen und erwürgt ihn auch, wenn ihm nicht Hilfe käme. Ebenso: Wenn kein Gesetz wäre, das heißt, wenn nicht ein rechtes Gesetz und in seinem rechten Amt erginge, da wäre auch keine Sünde, das heißt, man fühlte die Sünde nicht und die Sünde wäre kraftlos und würde nicht beißen, wie sie tut, wo die Jonas und sicheren Werkheiligen im Schiff schlafen. Wie es denn auch in der Natur ist, daß wo kein Gesetz ist, da kann keine Sünde sein. Aber wenn das Gesetz kommt, ist alsbald die Sünde da und fühlt sich im Gewissen. Wie greulich nun der Walfisch mit seinem Rachen dem Jona gewesen ist, so greulich ist des Todes Drohen in einem sündigen, erschrockenen Gewissen.

Da stirbt nun Jona drei Tage und Nächte im Walfisch. Das ist, der Sünder liegt in solchem Schrecken und Todesnöten und ringt mit dem Tode, bis er ganz verzweifelt. Denn innerhalb von drei Tagen kann man wohl spüren, ob einer tot sei. Und wer den dritten Tag im Tod erreicht, – da ist keine Hoffnung mehr. Selbst wenn er nicht ganze drei Tage läge, das meint, wenn er mehr als eine ganze Nacht und einen Tag liegt, dann ist er dahin. Denn derselbe kann wohl eine Stunde des vorigen Tages und eine Stunde des folgenden Tages erreichen. Solche drei Tage sind nicht lang in diesem geistlichen Sterben. Denn es ist schnell geschehen, daß ihn Tod und Angst ins Verzweifeln treiben. Danach kommt das lebendige Gotteswort, das Evangelium der Gnade, und spricht zum Fische, das ist, es gebietet dem Tode, daß er den Menschen lebendig lasse. Da fängt der Glaube an und der Mensch wird sowohl von Sünden als auch vom Tode ledig und los und lebt somit in Gnade und Gerechtigkeit mit Christus. Da lernt nun Jona das Stücklein singen: »Ich will mit Dank opfern« usw. und schilt diejenigen, die sich auf Eitelkeit verlassen und die Gnade nicht achten. Denn solche Leute erfahren, daß Werk- und Gesetzesleben ganz unnützige Dinge seien und allein Gottes Gnade helfen muß. Und so werden dann Leute daraus, die in der Welt großen Nutzen schaffen; denn sie können recht lehren, beraten und regieren, weil sie es nicht alleine aus den Büchern oder Worten, sondern aus dem Geist und eigener Erfahrung haben. Was sie lehren, das schneidet dann und ist kräftig, wie es Jona hier mit seiner Predigt zu Ninive andeutet.

Die dritte geistliche Deutung

Hat Christus selbst auf sich gedeutet Matth. 12,39f., obwohl es nicht eine vollständige Allegorie oder Deutung ist, sondern ein Beispiel. Denn Christus nimmt von Jona nur vor, wie er im Walfisch gewesen ist, und spricht, er werde ebenso auch tot in der Erde liegen, und nennt's ein Zeichen Jonas, das ist ein Zeichen, das Jona gleich sei. Denn er macht die drei Tage nicht geistlich, wie es geistlichen Deutungen angemessen ist; darum ist's mehr ein Gleichnis als eine Allegorie, und niemand dürfte es so deuten, wenn es nicht Christus selbst getan hätte. Nun, davon ist hier nicht viel zu sagen, weil es alles selbst am Tage und in aller Welt bekannt ist, wie Christus gestorben und auferstanden ist, und daß dies das Wunderzeichen sei, das den ungläubigen Juden gegeben ist, ja, aller Welt vorgetragen wird durchs Evangelium, damit sie wissen sollen, wie sie allzumal durch dasselbe Wunderzeichen und trefflich göttliche Werk erlöst sind und sich daran mit rechtem Glauben halten sollen. Es stößt sich aber die ganze Welt an dem Zeichen, besonders die Juden, und es ist ihnen ein Ärgernis und eine Torheit. Aber es muß gleichwohl sein, ihnen wird dennoch kein anderes gegeben, wie sie's gerne wollten. Denn da steht's, wie Christus sagt: »Dieser bösen Art wird kein anderes Zeichen widerfahren als das Zeichen des Propheten Jona« (Matth. 12,39). Darüber ist anderswo auch ausführlicher gehandelt.

Zuletzt ist da die wilde Rübe mit dem Wurm, der sie sticht in der Morgenröte. Die Geschichte entspricht nicht nur Jonas

Zorn und Gedanken, wie der Text lautet, sondern auch dem Judentum, welches eine rechte wilde Rübe gewesen ist. Zuerst hat sie große Blätter, das ist das Beste daran, von denen Jona guten Schatten und darunter eine Hütte hat gegen die Sonnenhitze. Aber nichts wird da gemeldet und ist auch nichts da von Früchten. Die Blätter sind die Worte und Gottesgesetze, wie S. Paulus sagt Röm. 3,2: »Gottes Reden sind ihnen vertraut gewesen.« Unter diesen Blättern sitzt Jona, das ist, die Propheten und heiligen Väter sind unter dem Judentum gesessen wie unter einer zeitlichen Hütte und in äußerlichem Gottesdienst bis zur Zeit Christi. Denn es war eine Sommerlaube oder Laubhütte, die zeitlich war und aufhören sollte. Aber Früchte trug es nicht. Denn das Gesetz konnte ohne Geist von sich selbst her niemand helfen, obwohl viele solcher im Geist heiligen Leute darunter waren. Darum verflucht auch Christus den Feigenbaum mit den Blättern ohne Frucht (Matth. 21,19), so daß er verdorrt, was dem Ding mit dieser wilden Rübe ganz ähnlich ist. Doch Jona freut sich über solche Laubhütte und wartet aufs Verderben der Stadt Ninive. Denn es gefiel den Juden gut und sie rühmten sich auch, daß sie alleine Gottes Wort und Gottesdienst haben sollten, und sie hielten die Heiden allzumal für verloren, so wie Jona hier die Niniviten hält.

Indem sie sich nun aufs sicherste darauf verlassen, daß sie alleine Gottes Volk seien, und zugleich der Jona am fröhlichsten ist über diese wilde Rübe, verschafft Gott ein Würmlein, das die wilde Rübe sticht. Das ist: Christus kam mit seinem Evangelium gerade, als die Juden am allermeisten stolz waren, daß sie alleine Gottes Volk wären, und stach die wilde Rübe, das ist, er predigte dagegen und hob das Gesetz auf durch seinen heiligen Geist und machte uns alle frei vom Gesetz und seiner Kraft. Daher ist verdorrt und zunichte geworden das Judentum bis auf diesen Tag in aller Welt und grünt und blüht nicht mehr; es sitzt auch kein Heiliger oder

Prophet mehr unter seinem Schatten. Es ist aus mit ihnen. Denn Christus ist ein Wurm, wie er sagt in Psalm 22,7: »Ich bin ein Wurm und nicht ein Mensch«, nämlich deshalb, weil er so jämmerlich gekreuzigt und verachtet ist. Aber dennoch sticht der arme gekreuzigte Wurm einen so feinen Strauch, daß er verdorrt, und macht mit dem geringen Stich, das ist mit dem verachteten Evangelium, ein so feines Reich und Volk zunichte.

Daß aber der Wurm den Schaden nicht des Abends tut, sondern frühmorgens, als die Morgenröte anbricht, das bedeutet, daß solcher Fall des Judentums geschehen sei, als die Zeit der Gnade, das Neue Testament, aufging durchs Evangelium in aller Welt. Denn der die wilde Rübe wunderbar hatte wachsen lassen, derselbe ließ sie auch durch den Wurm stechen und verdorren. Ebenso ging auch das Judentum schnell auf durch große und viele Wundertaten aus Gottes Gewalt, nicht aus seiner eigenen Kraft oder Macht, wie das die Historien klar ausweisen im zweiten Mosebuch und beiden Königsbüchern usw. Ebenso ist's auch verdorrt und untergegangen aus Gottes Willen und Befehl, als das Stündlein des Evangeliums kam. Hier murrte nun Jona aus zwei großen Ursachen. Eine, daß die wilde Rübe verdorrt und er nicht mehr unter ihrem Schatten sitzen kann. Die zweite, daß Ninive nicht untergehen solle. Das ist: Es war ja auch für einige große Heilige unangemessen anzusehen, daß die Juden sollten so verlassen werden und verdorren und versiegen, und die Nineviten, die Heiden, sollten das Evangelium annehmen und Gottes Volk werden. Da sticht die Sonne Jona heiß auf den Kopf und kommt ein trockner Ostwind, so daß er matt wird. Denn auch S. Paulus quält sich sehr darüber Röm. 9,3, daß die Juden so verderben und »wollte gerne verbannt sein von Christus um ihretwillen«. Aber ihm wird geantwortet, es wäre billiger zu zürnen, weil Ninive untergehen sollte als weil die wilde Rübe verdorrte, und billiger bliebe Ninive bestehen als die wilde Rübe. Das ist's, was S. Paulus Röm. 11,11 sagt: »Aus der Juden Verderben kommt der Heiden Heil«, das ist: Besser und billiger ist's, daß das Judentum verginge (welches doch ohne Geist und nur Blätter ohne Frucht war), als daß durch ihr Bleiben die ganze Welt verderbe. Das Urteil gefiel Gott und es ist auch recht, daß wir Heiden seiner Gnade durchaus danken müssen. Denn den Juden, wenn sie auch glauben wollten und das Judentum fahren lassen, würde damit kein Schaden geschehen, und für uns liegt doch alle Seligkeit daran. Dazu helfe uns Gott. Amen.

DER PROPHET HABAKUK AUSGELEGT

1526

Aus: Bibel 1545

Zur Einführung in Luthers Habakuk-Auslegung

Um 600 v. Chr. prophezeite Habakuk die Eroberung des Landes Juda durch die Chaldäer (Hab. 1,6), die Großmacht Babylon. Es galt, im politischen und wirtschaftlichen Zusammenbruch des Gottesvolkes den Glauben an Gottes Lenkung der Geschichte und an die trotz aller Veränderungen unverändert in Kraft bleibende Verheißung des Kommens Christi aufrecht zu erhalten. Daher ist Habakuk für Luther »Trostprophet«, und er deutet den Namen als »Herzer«, der den in Schicksalsschlägen verzweifelnden »Schwachgläubigen« wie ein weinendes Kind »in die Arme nimmt«.

Trost heißt hier: In der politischen Katastrophe Gott vertrauen. Die Juden konnten im Frieden kaum glauben, daß Gott Jerusalem zerstören, Teile des Volkes vertreiben lassen und alles der Tyrannei Babylons preisgeben wolle. Noch weniger konnten die Eroberer glauben, daß ein Gott, der seinen Tempel plündern ließ, ihre Weltmacht stürzen und die Juden befreien könne. Man müßte schon im Widerspruch zur erlebten Geschichte und den schmerzlich spürbaren Machthabern, in wahrem »Kampfglauben« dem unsichtbaren »rechten Schutzherrn« trauen und sich »über alle Vernunft und Erfahrung des Verstandes« allein an seine Zusage halten – das wäre Trost und gäbe »großen Mut« in den politischen Pressionen. Doch weil Gott nicht eingreift, erscheint sein Prophet als Lügner. Wenn er nach Gerechtigkeit schreit, da »Gewalt vor Recht geht«, dann »kracht« auch sein Kampfglaube und »beißt sich mit der Gottlosen Glück«. Daß er trotzdem »nicht weicht noch wankt« und für die mit ins Verhängnis gerissenen »Unschuldigen« bittet (Kap. 3), verdankt er dem ihm gesagten Gotteswort, das er als »Meisterspruch« bekannt macht: »Der Gerechte wird seines Glaubens leben« (Hab. 2,4).

Zugleich sieht der gegenwartskritische Kampfglaube den Herrscher-Tyrannen in anderem Licht. Wer seine Macht vergöttert, Gottes Gnade am zeitlichen Glück oder Unglück mißt und Gott verachtet, »als sei er kaum eine matte Fliege«, der wird maßlos in Machtgier wie in Angst um Machtverlust. Gott aber stürzt den Herrscher bei Machtmißbrauch in ein Ende mit Schrecken und Schande und setzt neue Personen ins Regierungsamt, das so notwendig ist »wie Essen und Trinken«. Er lenkt die Weltgeschichte und rettet im Weltgericht nach derselben Devise: »Er stößt die Gewaltigen vom Stuhl und erhebt die Niedrigen.« Das läßt seine Mittel zum Sturz der Tyrannen ahnen. Denn sie leben vom »Schweiß und Blut der Armen«, ihren Steuern und Frondiensten. Aber Gott gefallen selbst größte und beste Taten nicht, die »dem Nächsten Leid antun«. Wird das Volk bei den Zwangs- und Unrechtstaten der Herrscher unzufrieden, hat es für ihn »kein gutes Gebet« mehr, verachtet und haßt ihn, dann wäre Aufruhr unnötig; denn wenn »sein Stündlein kommt«, wird er wie der Babylonier leichtes Opfer auswärtiger Mächte. Mit dieser aus älteren Staatstheorien übernommenen Weisheit zielt Luther weniger auf demokratische Abwehr der Tyrannei als vielmehr auf Gottes geheimnisvolles Wirken in der Geschichte, das Tyrannenherrschaft sich selbst untergraben läßt.

Diesen roten Faden seiner Auslegung illustriert Luther mit zahlreichen Anspielungen aus dem Bauernkrieg und auf »unsere Fürsten und weltlichen Bischöfe«. Dazu weiß er die Macht in dichterisch wie psychologisch eindrucksvoller Weise zu veranschaulichen, so das heranziehende Chaldäerheer oder den hinter dicken Mauern der Angst verfallenden Tyrannen.

Der hebräische Originaltext des Habakuk-Büchleins ist

stellenweise unsicher und vielleicht verderbt. Luthers möglichst genaue Übersetzung wirkt daher manchmal unverständlich und bekommt erst Sinn durch die Auslegung. – In der Weimarer Gesamtausgabe der Werke Luthers steht die Habakuk-Auslegung in Band 19, Seite 337–435.

VORREDE
AUF DEN PROPHETEN HABAKUK

Diesen Propheten Habakuk habe ich mir vorgenommen auszulegen, damit er auch einmal an den Tag komme und sich sehen lasse, was er in sich habe und was uns der Heilige Geist durch ihn sage und lehre. Denn ich meine, daß er seit der Apostel Zeit noch nie das Licht gesehen habe. Zum Teil deswegen, weil die hebräische Sprache unbekannt gewesen ist, ohne die es nicht möglich ist, die Schrift, besonders die Propheten an einigen Stellen, klar zu verstehen. Dazu haben die alten und früheren Lehrer, welche die Sprache kannten, durch anderes Unglück verhindert, wenig Fleiß daran gewandt, obwohl es doch sehr billig und recht, auch nutz und not gewesen wäre, daß dieser Habakuk klar ausgelegt wäre, weil das letzte Kapitel, sein Gebet, täglich in Gebrauch gewesen ist, sowohl gesungen als auch gelesen in allen Kirchen, doch sehr nach dem Sprichwort »wie die Nonnen den Psalter lesen«.[1] Ebenso ehrt ihn S. Paulus hoch und führt mehr als einmal diesen seinen Spruch an: »Der Gerechte lebt seines Glaubens«, und legt ihn zugrunde seiner allerschönsten Epistel an die Römer; dazu bringt ihn Lukas in der Apostelgeschichte auch zweimal vor, so daß es scheint, er habe nicht ein geringes Ansehen bei den Aposteln gehabt. Obwohl wir uns nicht gegenüber den alten Vätern rühmen mögen (denn Gott will solch Urteil über Personen alleine fällen, 1. Kor. 3,21), so müssen wir doch das bekennen, können's auch nicht leugnen, daß wir mehr Licht und Klarheit an vielen Stellen der Schrift durch Gottes Gnade haben, als sie gehabt haben. Gott gebe, daß wir auch dankbar und desto mehr fruchtbar seien. Amen.

Aber ehe wir mit dem Text anfangen, muß ich vorher den Weg bauen und einen allgemeinen Eingang machen, der nicht nur diesen, sondern beinah alle Propheten zu verstehen, nötig und nützlich ist. Denn das hat bisher viele in den Propheten irre gemacht, daß wenn sie vom jüdischen Reich reden, sie mitunter kurz abbrechen und von Christen reden. Und jedermann meint, der ihre Weise nicht kennt, sie hätten eine schwierige Art zu reden, als ob sie keine Ordnung halten, sondern das Hundertste ins Tausendste werfen, so daß man sie nicht erfassen und sich nicht in sie einfügen könne. Nun ist's ein sehr widerwärtig Ding, ein Buch zu lesen, das keine Ordnung hält, weil man nicht eins zum andern bringen kann und aneinander hängen, so daß es sich fein nacheinander spinne, wie es sich gehört, wenn man richtig und gut reden will. Daher hat der Heilige Geist müssen schuld haben, weil er nicht gut reden könne, sondern wie ein Trunkenbold oder ein Narr rede; denn er mische es ineinander und führe wilde, eigentümliche Worte und Sprüche. Es ist aber unsere Schuld, weil wir die Sprache nicht verstanden und nicht die Weise der Propheten gekannt haben. Denn es kann doch nicht anders sein: Der heilige Geist ist weise und macht die Propheten auch weise. Ein Weiser aber muß gut reden können; das kann niemals ausbleiben. Wer aber nicht gut hört oder die Sprache nicht genügend kennt, dem kann's wohl scheinen, es werde schlecht geredet, da er kaum die Hälfte der Worte hört oder vernimmt. Ebenso ist's uns bisher ergangen in der Schrift. Darum haben wir auch so herumgetappt und nachgesucht und sehr oft daneben gegriffen und falsch getroffen, wie man sagt: Wer nicht gut hört, der dichtet gut.

Zuerst ist's gewiß, daß alle Propheten ihre Weissagung vornehmlich auf Christus richten, wie es S. Paulus zeigt Apg. 3,24, daß alle Propheten geredet haben von der Zeit des Neuen Testaments. Denn das ganze Alte Testament ist auch nichts anderes gewesen als eine Zubereitung und ein Vorlauf zum Neuen Testament; gleichwie ein Zuchtmeister den Sohn des Herrn aufzieht und vorbereitet, daß er ein geschickter Hausherr und Vater werde, wie es S. Paulus Gal. 3,24 sagt: »Das Gesetz ist unser Zuchtmeister gewesen auf Christus hin« usw. Wenn die Propheten nun dazwischen das Volk strafen und vieles weissagen, was nur zu ihrer Zeit gegolten und gedient hat, auch so, daß sie Königreiche und Herrschaften der Heiden mit hineingemengt, auch Wunderzeichen getan haben, dann ist das alles geschehen, um das jüdische Volk in der Zucht zu halten und auf die Ankunft Christi vorzubereiten. Gleichwie ein Christ viel tun muß, essen und trinken und andere leibliche Werke ausrichten, nicht in der Meinung, daß der Leib alleine damit gesucht werde, sondern damit der Leib erhalten und erzogen werde, so daß der Geist hier auf Erden Gott diene im Glauben und Evangelium. Denn ebenso müssen auch wir in der Christenheit und im Neuen Testament tun, daß wir die Leute lehren, recht zu leben, und doch sowohl unser Lehren als auch unser Leben darauf gerichtet ist, daß wir auf den Jüngsten Tag und das ewige Leben warten und mitnichten daran denken, mit dem allem hierzubleiben.

Zweitens: Als nun die Zeit herbeikam, daß Christus und das Neue Testament kommen sollten, wie die Propheten alle gesagt und das Volk darauf gerichtet hatten, da tat Gott, wie es seine göttliche Art ist, und stellte sich geradezu so, als ob nichts daraus werden sollte, und gibt sich den Anschein, als ob er in allen Propheten zum Lügner werden wollte, und verwüstet das Land und die Leute durch die Assyrer und Babylonier. Da mußten dann die Propheten herhalten und bestraft werden, wie wenn sie nicht aus Gott, sondern aus dem Teufel geredet hätten, weil die Wirkung und Erfüllung ihrer Worte so ganz anders und gleichsam widerspruchsvoll sich einstellen zu dem, wie das Volk sie verstanden hatte. Dafür nimm dies Beispiel: Als das Volk im Lande saß und Könige und Fürsten hatte und nun wartete und gaffte auf den

Messias und sein neues Königreich, von dem die Propheten so prächtig geredet und damit das Volk vertröstet hatten, – genau als sie am sichersten sind und meinen, es habe keine Not und Christus werde kommen, da kommt der König von Assyrien und gewinnt das ganze Land und führt alles Volk weg nach Assyrien. Wie trefflich ist da Christus und sein Königreich gekommen! Meinst du nicht, daß da viele gesagt haben werden: Nun glaube der Teufel keinem Propheten mehr, es sind allesamt Buben und Lügner durch und durch? »Denn wir warteten darauf, daß es gut werde« (wie Jeremias 14,19 von ihnen sagt), »da wird's böser; wir meinten, es solle Friede sein, da wird's lauter Unglück.« Haben sie uns nicht fein betrogen mit ihrem Weissagen von dem Messias?

Doch eine Hoffnung war noch da, weil der Stamm Juda im Lande blieb und Gott Jerusalem wunderbar bewahrte durch den König Hiskia. Da bestand noch die Hoffnung, Christus solle kommen in dieser Zeit und Frieden. Aber da verdirbt's unser Herrgott doch ganz und gar, weil er auch Juda und Jerusalem zerstören ließ, viel schlimmer als Israel. Und als sie auf Christum harren, kommt der König von Babylonien und macht's mit Juda ärger, als es der König von Assyrien mit Israel gemacht hatte. Lieber, wer sollte da länger den Propheten glauben? Was war nun noch für Hoffnung da, als das Land völlig verdorben und wüste war, Könige, Fürsten, Priester, Propheten und alles weggeführt war, nur die Ackerleute im Lande blieben und fremde, heidnische Fürsten im Lande regierten, wie sie wollten? Heißt das, Christus komme, und ein neues, großes, mächtiges Königreich anfangen, das in aller Welt herrschen solle? Wahrlich: Es heißt, Königreiche verderben und verwüsten. Siehe da, solche Werke Gottes verstanden sie nicht; denn es ist dem Fleisch und der Vernunft unmöglich zu verstehen, daß dort Leben anfangen solle, wo das Leben endet, und da Ehre kommen, wo Schande kommt, und da ein Königreich werden, wo Gefangenschaft wird. Denn das ist zu sehr gegen und über Sinn, Brauch und Erfahrung aller Welt. Aber Gott tut nichts anderes und kann nichts anderes tun, wie die Schrift von ihm sagt 1. Sam. 2,6f.: »Der Herr tötet und macht lebendig. Er stößt in die Hölle und führt gen Himmel. Er macht arm und macht reich« usw.

Hier mußten nun die Propheten arbeiten. Da war's Zeit, zu predigen und zu trösten, daß die Juden nicht verzagten an der Ankunft des Messias und seines Reichs. Hier mußte Jeremias, Hesekiel, vorher auch Jesaja und viele andere mehr sein, solches verkündigen, daß es die Ankunft Christi nicht hindern sollte, und wenn sie es nicht alle glaubten, doch einige im Glauben erhalten und des kommenden Christus teilhaftig würden. Einer von denen ist auch dieser Prophet Habakuk, dessen Weissagung ganz und gar dahin geht, daß er predigt, wie der König zu Babylon kommen werde und das jüdische Land verwüsten um des Volkes Sünde willen, die Gott ganz so strafen werde. Aber dennoch werde deshalb Christi Ankunft nicht verhindert oder verzögert werden, sondern es sei Gottes Werk, der es so betreibe, daß der König von Babylon solche Strafe, obwohl er's nicht weiß, vollbringe und danach selber auch umkomme, wie man spricht: »Der Vater braucht die Rute, das Kind zu strafen, und wirft sie danach ins Feuer.« Denn so wie Gott mit einem jeden Menschen eigenartig wirkt, daß er ihn dann am höchsten hebt, wenn er ihn aufs tiefste hinunter stößt, ebenso tut er's auch mit einem ganzen Königreiche, ja mit der ganzen Welt. Da gehört nun Glaube und Gottes Wort dazu, daß man solches ertragen und erwarten könne. Ebenso ist's diesem jüdischen Volk auch ergangen, daß sein Königreich unterging, als Christus in Aussicht war. Denn alles, was nach der Babylonischen Gefangenschaft mit diesem Volk geschehen ist, das ist nichts anderes als eine kurze und eilende Zubereitung, daß Christus käme, als das Land ein wenig wieder bebaut und das Volk zusammengebracht war, nachdem es zerstört war, einzig damit er nur Raum und Leute fände, um zu predigen und sein Reich anzufangen.

Ebenso ist dieser Habakuk ein Trostprophet, der das Volk stärken und zurückhalten soll, daß es nicht verzweifle an Christi Ankunft, es stelle sich dar so schwierig, wie es wolle. Darum gebraucht er auch alle Kunst und Beispiele, die dazu dienen, daß in ihren Herzen der Glaube fest bleibe von dem verheißenen Christus, und er predigt also: Es sei zwar wahr, daß um ihrer Sünde willen das Land zerstört werden müsse vom Könige zu Babylon; aber dennoch solle deshalb Christus und sein Reich nicht ausbleiben, sondern es solle auch der Zerstörer, der König zu Babylon, nicht viel Glück davon haben und auch untergehen. Denn es sei Gottes Werk und Art gerade so, daß er helfe, wenn es not tue, und er komme zur Mitte der rechten Zeit und, wie sein Lied singt: »Er gedenkt an Barmherzigkeit, wenn Trübsal da ist« (Hab. 3,2), und wie man spricht: »Wenn der Strick das Schwerste hält, dann reißt er.« Gleichwie auch wir die Christen mit Gottes Wort aufbewahren müssen zum Jüngsten Tage, obwohl es scheint, daß Christus sich verzögere und nicht kommen wolle, wie er auch selbst sagt, daß er kommen werde, wenn man's am wenigsten denkt, wenn sie bauen, pflanzen, kaufen, verkaufen, essen, trinken, freien und heiraten werden usw., – damit doch einige, wenn schon nicht alle es können, im Glauben erhalten werden. Denn hier ist's not, zu glauben und zu predigen, wie man täglich klar vor Augen sieht.

Aus dem allen sieht man gut, daß dieser Habakuk vor der babylonischen Gefangenschaft gelebt habe, vielleicht um die Zeit Jeremias, und es auch leicht zu verstehen ist, was er will und meint. Daß aber einige Bücher von dem Habakuk berichten, er habe dem Propheten Daniel nach Babylon Essen gebracht zu den Gefangenen aus dem jüdischen Lande, das hat weder Grund noch Wahrscheinlichkeit; ebenso stimmt's auch nicht gut zusammen mit der Zeitrechnung. Denn nach dem, was die Weissagung Habakuks ergibt, ist er älter als Jeremia, welcher die Zerstörung Jerusalems erlebt hat. Aber Habakuk weissagt von ihr. Daniel aber lebte nach Jeremia und auch lange, bevor er in das Gefängnis geworfen wurde. Habakuk aber hat einen passenden Namen für sein Amt. Denn Habakuk heißt auf deutsch ein Herzer oder einer, der sich mit einem andern herzt und ihn in die Arme nimmt. Ebenso tut er auch mit seiner Weissagung, indem er sein Volk herzt und in die Arme nimmt, das ist, er tröstet es und hebt es auf, wie man ein armes, weinendes Kind oder Menschen herzt, daß es schweigen und zufrieden sein solle, weil es, so Gott will, besser werden wird.

DER PROPHET HABAKUK

Das erste Kapitel

Dies ist die Last, welche der Prophet Habakuk gesehen hat: Herr, wie lange soll ich schreien und du willst nicht hören? Wie lange soll ich zu dir rufen über Frevel und du willst nicht helfen? Warum lässest du mich sehen Mühe und Arbeit? Warum zeigst du mir Raub und Frevel um mich? Es geht Gewalt über Recht. Darum muß das Gesetz wanken und kein Recht kann zum Ende kommen. Denn der Gottlose übervorteilt den Gerechten, darum ergehen verkehrte Urteile.

Schauet hin unter die Heiden, sehet und verwundert euch! Denn ich will etwas tun zu euern Zeiten, welches ihr nicht glauben werdet, wenn man davon sagen wird. Denn siehe, ich will die Chaldäer erwecken, ein grimmiges und schnelles Volk, das hinziehen wird, so weit die Erde ist, um Wohnungen einzunehmen, die nicht sein sind, und wird grausam und schrecklich sein. Es wird richten und drücken nach seiner Art. Seine Rosse sind schneller als die Panther und bissiger als die Wölfe am Abend; seine Reiter kommen von ferne und werden daherfliegen, wie ein Adler eilet zum Aas. Sie werden kommen nur zum Freveln, wie ein Ostwind werden sie daherfahren und werden Gefangene zusammenraffen wie Sand. Sie werden über die Könige spotten und über die Fürsten lachen, alle Festungen werden ihnen ein Scherz sein. Denn sie schütten Erde auf und erobern sie. Alsdann werden sie einen neuen Mut nehmen, werden fortfahren und sich versündigen. Dann wird ihr Sieg ihres Gottes sein.

Aber du Herr, mein Gott, mein Heiliger, der du von Ewigkeit her bist, laß uns nicht sterben, sondern laß sie, o Herr, nur eine Strafe sein, und laß sie, o unser Hort, uns nur züchtigen. Deine Augen sind rein, daß du Böses nicht sehen magst, und dem Jammer kannst du nicht zusehen. Warum siehst du denn zu den Verächtern und schweigst, wenn der Gottlose den verschlingt, der frommer als er ist? Du läßt es den Menschen gehen wie Fischen im Meer, wie dem Gewürm, das keinen Herrn hat. Sie ziehen's alles mit der Angel heraus und fangen's mit ihrem Netze und sammeln's mit ihrem Garn. Darüber freuen sie sich und sind fröhlich. Darum opfern sie ihrem Netze und räuchern ihrem Garn, weil durch diese ihr Anteil so fett und ihre Speise so üppig geworden ist. Deshalb werfen sie ihre Netze noch immer aus und wollen nicht aufhören, Völker zu erwürgen.

Das zweite Kapitel

Hier stehe ich auf meiner Warte und stelle mich auf meinen Turm und schaue und sehe zu, was mir gesagt werde und was ich antworten solle dem, der mich schilt. Der Herr antwortet mir und spricht: Schreib das Gesicht und streich's aus auf eine Tafel, daß es lesen könne, wer vorüberläuft. Nämlich so: Das Geschaute wird kommen zu seiner Zeit und wird endlich frei an den Tag kommen und nicht ausbleiben. Ob's aber verzöge, so harre sein. Es wird gewißlich kommen und nicht verziehen. Wer aber dagegen strebt, dessen Seele wird nichts gelingen. Denn der Gerechte lebt seines Glaubens.

Aber der Wein betrügt einen stolzen Mann, so daß er nicht bleiben kann, welcher seine Seele aufsperrt wie die Hölle und ist gerade wie der Tod, der nicht zu sättigen ist, sondern rafft zu sich alle Heiden und sammelt zu sich alle Völker. Was gilt's aber? Diese werden alle einen Spruch von ihm machen und eine Sage und Sprichwort und werden sagen:

Weh dem, der sein Gut mehret mit fremdem Gut. Wie

lange wird's währen? Und ladet nur viel Schlamm auf sich. O wie plötzlich werden aufwachen, die dich beißen, und erwachen, die dich wegstoßen, und du mußt ihnen zuteil werden. Denn du hast viele Heiden geraubt; so werden dich wieder rauben alle übrigen von den Völkern um des Menschenbluts willen und um des Frevels willen, im Lande und in der Stadt und an allen, die darin wohnen, begangen.

Weh dem, der da geizet zum Unglück seines Hauses, auf daß er sein Nest in die Höhe lege, damit er dem Unfall entrinne. Aber dein Ratschlag wird zur Schande deines Hauses geraten. Denn du hast zu viele Völker zerschlagen und hast mit allem Mutwillen gesündigt. Denn auch die Steine in der Mauer werden schreien und die Balken am Gespert[2] werden ihnen antworten.

Weh dem, der die Stadt mit Blut bauet und die Stadt aufrichtet mit Unrecht. Ist's nicht so, was vom Herrn Zebaoth geschehen wird: Was dir die Völker gearbeitet haben, muß mit Feuer verbrennen, und woran die Leute müde geworden sind, muß verloren sein. Denn die Erde wird voll werden von Erkenntnis der Ehre des Herrn, wie Wasser, das das Meer bedeckt.

Weh dem, der seinem Nächsten einschenkt und mischt seinen Grimm darunter und macht trunken, daß du seine Scham sehest. Man wird dich auch sättigen mit Schande für Ehre. So saufe du nun auch, daß du taumelst. Denn dich wird umgeben der Kelch in der Rechten des Herrn, und mußt schändlich speien für deine Herrlichkeit. Denn der Frevel, am Libanon begangen, wird dich überfallen, und die verstörten Tiere werden dich schrecken um des Menschenbluts willen und um des Frevels willen, im Lande und in der Stadt und an allen, die drinnen wohnen, begangen.

Was wird dann helfen das Bild[3], das sein Meister gebildet hat, und das falsche gegossene Bild, auf das sich verläßt sein Meister, der stumme Götzen machte? Weh dem, der zum

Holze spricht: Wach auf! und zum stummen Steine: Stehe auf! Wie könnte es lehren? Siehe, es ist mit Gold und Silber überzogen und es ist kein Odem in ihm. Aber der Herr ist in seinem heiligen Tempel. Es sei vor ihm stille alle Welt.

Das dritte Kapitel

Dies ist das Gebet des Propheten Habakuk für die Unschuldigen.

Herr, ich habe dein Gerücht gehört, daß ich mich entsetze. Denn du machst dein Werk lebendig mitten in den Jahren und läßt es kundwerden mitten in den Jahren; wenn Trübsal da ist, so denkst du der Barmherzigkeit.

Gott kam vom Mittage und der Heilige vom Gebirge Paran. Sela. Seines Lobes war der Himmel voll und seiner Ehre war die Erde voll. Sein Glanz war wie Licht, Glänzen ging von seinen Händen. Daselbst war heimlich seine Macht.

Vor ihm her ging Pestilenz, und Plage ging aus von seinen Füßen. Er stand und maß das Land. Er schaute und zertrennte die Heiden, daß der Welt Berge zerschmettert wurden, und sich bücken mußten die Hügel in der Welt, als er ging in der Welt.

Ich sah der Mohren Hütten in Mühe und der Midianiter Gezelte betrübt. Warst du nicht zornig, Herr, in der Flut, und dein Grimm in den Wassern und dein Zorn im Meer?

Als du auf deinen Rossen rittest und deine Wagen das Heil waren. Du erwecktest den Bogen, wie du geschworen hattest den Stämmen, Sela. Und teiltest die Ströme ins Land.

Die Berge sahen dich und ihnen ward bange. Der Wasserstrom fuhr dahin, die Tiefe ließ sich hören, die Höhe hob die Hände auf.

Sonne und Mond standen in ihrer Wohnung. Deine Pfeile

fuhren mit Glänzen dahin und deine Speere mit Blinken des Blitzes.

Du zertratest das Land im Zorn und zerdroschest die Heiden im Grimm.

Du zogst aus, deinem Volk zu helfen, zu helfen deinen Gesalbten. Du zerschmissest das Haupt im Hause der Gottlosen und entblößtest die Grundfeste bis an den Hals. Sela.

Du wolltest fluchen dem Zepter des Hauptes samt seinen Flecken, die wie ein Wetter kommen, mich zu zerstreuen, und freuen sich, als fräßen sie den Elenden verborgen.

Deine Pferde gehen im Meer, im Schlamm großer Wasser.

Weil ich solches höre, ist mein Bauch betrübt, meine Lippen zittern von dem Geschrei, Eiter geht in meine Gebeine. Ich bin bei mir betrübt. O daß ich ruhen möchte zur Zeit der Trübsal, da wir hinauf ziehen zum Volk, das uns bestreitet.

Denn der Feigenbaum wird nicht grünen, und wird kein Gewächs sein an den Weinstöcken. Die Arbeit am Ölbaum fehlt, und die Äcker bringen keine Nahrung. Und Schafe werden aus den Hürden gerissen, und werden keine Rinder in den Ställen sein.

Aber ich will mich freuen des Herrn und fröhlich sein in Gott meinem Heil.

Denn der Herr ist meine Kraft und wird meine Füße machen wie Hirschfüße und wird mich in die Höhe führen, hochsingend auf meinem Saitenspiel.

Ende des Propheten Habakuk.

Dies ist die Last, die der Prophet Habakuk gesehen hat. Hab. 1,1

Gerade aus diesem Text ist's klar, daß Habakuk längst vor der Babylonischen Gefangenschaft gewesen sei, weil er sagt, er habe die Last gesehen. Denn in der hebräischen Sprache heißen die Propheten Seher oder Schauer, darum weil sie im Geist vorhersehen und -schauen, was künftig kommen soll. Darum nennt auch Jesaja sein Buch »ein Gesicht über Juda und Jerusalem«, weil er von den zukünftigen Dingen redet, die er gesehen habe. Und Obadja nennt sein Buch »das Gesicht Obadjas«. Und Amos schreibt, daß Amazja ihm wegzugehen befohlen habe und gesagt: »Du Schauer oder Seher, troll dich ins Land Juda.« An solche Worte müssen wir uns gewöhnen, weil auf hebräisch ein Prophet ein Seher heißt, der verborgene und zukünftige Dinge sieht, welche die andern nicht sehen. Ebenso hat auch hier Habakuk gesehen das künftige Unglück über Jerusalem durch den König zu Babylon und tröstet und herzet das Volk zum Glauben und Hoffen.

Warum sagt er aber »die Last«, da es ein Trost sein soll? Denn er tröstet ja viel mehr, als daß er drückt. Es ist der Propheten Art, daß sie ihre Weissagung »Last« nennen, auf hebräisch »Mascha«. Und das ist, wie Jeremia ausführt, daher gekommen, daß die Propheten gewöhnlich das Volk gestraft und mit Gottes Zorn bedroht haben, wie es denn auch vonnöten ist, daß ein Prediger im Volk immer wieder strafe, weil es wenig Fromme gibt und viele Böse. Als sie das nun taten, wurde ein Sprichwort daraus, das das Volk sagte: »Was hat er gepredigt?« Da antwortete man dann: »Er hat uns jetzt aber abgekanzelt. Es geht immer über uns her und bedroht uns«, wie man jetzt sagt: »Sie machen uns die Hölle heiß und den Teufel schwarz.« Von demselben nun, daß die Propheten immer etwas predigten, was über sie kommen sollte, nannten sie ihre Predigt eine Last, das heißt etwas, das über sie fallen würde und schon über ihnen hinge und schwebte, das sie bald treffen würde, wie denn Gottes Zorn und Strafe alle Stunde über den Gottlosen hängt und schwebt, obwohl sie es nicht fühlen. Darüber kannst du lesen Jeremia 23,33ff., wie sie Gottes Wort »Mascha« nannten, was auch Gott verdroß und verbot. Weil nun auch Habakuk von der künftigen Strafe über Jerusalem predigt, wiewohl er mehr tröstet als schreckt, nennt er seine Predigt doch eine Last nach allgemeiner Gewohnheit aller Propheten und des Volks; denn darin droht er zuerst ja auch, nämlich darum, damit er sie demütige und erschrecke, ob sie sich bessern und bekehren wollten und die künftige Strafe abwenden.

Herr, wie lange soll ich schreien, und du willst nicht hören? Wie lange soll ich rufen zu dir über Unrecht, und du willst nicht helfen? Hab. 1,2

Hier fängt er an, die Schuld und Sünde des Volkes zu strafen, um welcher willen der Zorn Gottes und die Last über sie kommen mußte. Und er fängt heftig an mit einem Geschrei und Gebet zu Gott und gleichsam, als zürnte er mit Gott, weil er so lange Geduld habe mit der Sünde und lasse die Leute so ganz sicher schuldig werden. Wie wenn er sagen wollte: Ich predige viel; das hilft nichts. Mein Wort ist verachtet und niemand bessert sich, sondern sie werden nur immer schlimmer. Darum weiß ich nirgendwo hin, als daß ich's dir klage. Aber auch du stellst dich, als hörtest du mich nicht, und siehst mich nicht. Dies aber tut Habakuk nicht, um mit Gott zu rechten oder sich mit ihm zu schelten, wie die

Worte klingen und anzuhören sind; sondern um damit das Volk zu erschrecken und zur Buße zu treiben und anzuzeigen, daß der Zorn und die Last ganz verdientermaßen über sie kommen werde, weil sie sich an kein Predigen, Drohen, Ermahnen, auch an kein Gebet, das gegen sie geschieht, kehren. Hiermit gibt er zu verstehen erstens, daß er sehr heftig gepredigt und sich viel gemüht habe, das Volk zu strafen, aber es habe nicht wollen helfen. Zweitens, daß er große Sorge und Angst hat für das Volk um der zukünftigen Strafe und Last willen und er es gerne erretten wollte und sie vermeiden; das Volk aber achtet beides nicht, glaubt weder, daß Last bevorstehe, noch will es von Sünden lassen, wie es der Sünder Art ist: Weil sie es nicht fühlen, so glauben sie nicht, man drohe oder schelte, wie man wolle.

Warum läßt du mich sehen Mühe und Arbeit? Warum zeigst du mir Raub und Frevel ringsum? Hab. 1,3

Da sehen wir, daß er von dem jüdischen Volk redet und noch nicht von dem Könige zu Babylon. Denn er klagt, wie es in seinem Lande so übel stehe und zugehe, daß um ihn und bei ihm viel Bosheit geschieht und er müsse dem zusehen und könne es nicht abwehren. Deshalb wird er seines Predigens müde und verdrossen, wie denn ein jeder frommer Prediger tut, der gerne die Strafe abwenden wollte und die Leute fromm machen. Wenn er dann sieht, daß es so gar nicht weitergeht, sondern geradezu schlimmer wird, bereut er sein Predigen beinah, doch kann und darf er's nicht lassen um einiger Auserwählter willen. Und das ist uns zum Trost und zur Ermahnung geschehen und geschrieben, damit wir uns nicht wundern oder besonders vorkommen, weil unsere Lehre wenige bessert und andere ärger werden. Denn im allgemeinen meinen die Prediger, besonders wenn sie neu sind und eben aus der Schmiede kommen, es solle schnell

Hände und Füße kriegen, wenn sie etwas sagen, und sofort alles geschehen und geändert werden. Aber das ist ein großer Fehler. Es hat selbst den Propheten und Christus gefehlt. Es geht, wie man sagt: »Du bist zu jung dazu, um alte Bösewichte fromm zu machen.« Ebenso geht es hier diesem guten Habakuk auch und es verdrießt ihn sehr, daß seine Lehre nicht lauter Wirkung und Tat werden will.

Die zwei hebräischen Wörter »Aven« und »Amal«, die ich mit »Mühe« und »Arbeit« verdeutscht habe, werden oft, besonders in den Propheten, miteinander gebraucht und wir müssen uns daran gewöhnen. Denn sie haben zweierlei Gebrauch. Der eine: Sie bedeuten Unlust und Beschwerung, wie man im Deutschen redet von schweren Geschäften und böse verworrenen Sachen: »Hier ist Mühe und Arbeit.« So spricht der Psalm 90,10 von allen Leuten: »Wenn's hoch mit ihnen kommt, dann sind es achtzig Jahre, und was darüber ist, das ist Aven und Amal«, Mühe und Arbeit, darum weil das Alter ein schweres und unglückliches Wesen und Leben ist. Der andere Gebrauch ist, was man Unrecht, Untugend und Bosheit nennt. Und so brauchen's die Propheten, wenn sie die Gottlosen und Bösen strafen und nennen ihr böses Wesen »Mühe und Arbeit«, wie Psalm 10,7 vom Antichrist sagt: »Unter seiner Zunge ist Mühe und Arbeit.« Und das deshalb, weil falsche Lehrer und böse Leute mit ihrem bösen Wesen und Lehren anderen viel Unglück machen, wie berauben, schinden, stehlen, drücken, verführen und auch mit unnötigen Gesetzen und unerträglichen Werken beladen und beschweren. Gleichwie wir das Wort »Unglück« auch auf zweierlei Weise gebrauchen. Einmal, daß es einfach Unfall und zufälligen Schaden bedeutet, der ohne Sünde geschieht. Zweitens, daß es auch Untugend und Bubenstück bedeutet; so wenn wir sehen, daß ein Bube etwas Böses vornimmt, sagen wir: »Der wird ein Unglück anrichten«, das ist eine Untugend, durch die andern und zuletzt ihm selbst auch

Unglück zukommen wird. Solche Unterschiede aber und Anwendungen muß man entnehmen aus dem Gebrauch und den Absichten der Sprachen und Geschichten.

So zeigt nun Habakuk hiermit an, wie es im Lande Juda stand, als er predigte, nämlich daß Mühe und Arbeit drinnen gewesen ist, das ist: Keine Liebe, keine Freundschaft, kein Treu und Glaube ist unter den Leuten, sondern jedermann sucht das Seine und übervorteilt den andern, betrügt, raubt und stiehlt, wo er kann, wie er's dann auch selbst auslegt und deutet, wenn er sagt: »Warum zeigst du mir Raub und Frevel um mich her?«, als ob er sagen wollte: Ich meine solche Mühe und Arbeit, wo einer dem andern das Seine nimmt und ihm Gewalt antut. Denn im Hebräischen klingen die zwei Wörter »Raub« und »Frevel« stark. Das erste bedeutet nicht nur rauben, sondern zugleich verderben und verwüsten, wie man ein Haus oder eine Stadt verdirbt und verwüstet. Damit will der Prophet sagen, wie einer den andern verdirbt und zum Bettler macht, daß sie von Haus und Hof und allen Gütern kommen, als wären sie zerstört und verwüstet, wie es denn in Städten und Ländern zu gehen pflegt, wo weder Recht noch Ordnung besteht und die Reichen und Tyrannen machen, was sie wollen. Darum bedeutet auch das andere Wort »Frevel« soviel wie »Gewalt«, weil die nach keinem Recht fragen. Diese beiden Wörter brauchen wir auf deutsch so: Sie treiben nur Gewalt und verderben einander in der Stadt.

Aber hier siehst du dennoch nicht, daß Habakuk die Juden schilt wegen Abgötterei und anderer Sünden, die gegen Gott geschehen, sondern alleine um der Sünden willen, die gegen den Nächsten geschehen; so daß zu der Zeit dennoch fromme Leute dagewesen sein müssen, die den Gottesdienst rein erhalten haben. Aber der Menge hat es gefehlt an Glauben und Liebe und sie sind von Geiz, Wucher und Unrecht besessen gewesen. Nun gefällt Gott kein Dienst, er sei wie groß er wolle, wenn man dem Nächsten Leid antut, wie er Hosea 6,6 spricht: »Ich will nicht Opfer, sondern Wohltat«, und Matth. 5,24: »Laß dein Opfer vor dem Altar und gehe zuvor hin und versöhne dich mit deinem Bruder.« Weil sie nun untereinander sich verderben und Gewalt tun, droht er ihnen, daß sie umgekehrt verderbt werden sollen und Gewalt erleiden durch den König von Babylon, wie's denn Gottes Art ist, zu richten und zu strafen so wie es ein jeder verdient.

Es gehet Gewalt über Recht. Hab. 1,3

Da deutet er selbst, was er Mühe und Arbeit nennt, Frevel und Verderben, nämlich daß man kein Recht schützt oder handhabt und mit reiner Gewalt verfährt. Damit berührt er die großen Hansen[4] und Obersten im Lande und wagt es mit seinem Predigen und Schelten gefährlich genug, indem er die Gewalthaber so angreift. Er würde wohl auch als aufrührerisch verurteilt worden sein: Einer, der die Obrigkeit wolle verächtlich machen bei den Untertanen. Denn das pflegt man aufrührerisch zu nennen, wenn man die Herren mit Gottes Wort straft und sie nicht frei tun läßt, was sie wollen, und lobt und ehrt sie nicht obendrein mit ihren bösen Vorhaben. Nun ist's aber niemandes Schuld, wenn Unrecht im Lande geschieht, als der Obrigkeit, weil ihr von Gott das Schwert und die Bestrafung des Unrechts befohlen ist, und sie nicht nur das Unrecht überhandnehmen läßt, sondern es auch selber tut. Denn wo strenge Obrigkeit ist und das Recht handhabt, da muß bei den Untertanen durchaus unterbleiben, was sonst wohl geschehen würde.

Aber Habakuk greift durch und fürchtet sich nicht, daß man ihn als aufrührerisch schelte, und straft die Sünde unter den Gewalthabern am meisten und gibt ihnen die Schuld für alles Unglück, das über das Land kommen würde. Denn wie gesagt: Er straft sie nicht wegen Abgötterei und Götzen, auch nicht wegen allgemeiner Sünde im Volk, wie Lüge, Betrug, Ehebruch, Schlemmerei usw., sondern wegen Gewalt und Unrecht des Gerichtes, so daß alle seine Predigt die Herren und Richter angeht. Das beweist nachher auch die Strafe. Denn der König von Babylon führte alles, was groß war im Lande, fort und ließ nur die Armen, Geringen, Ackerleute und Gärtner im Lande zurück (2. Kön. 25,11f.), wie wenn Gott mit dieser Tat sagen wollte: Die Großen haben's allein verdient, darum sollen sie auch die Strafe erleiden. Und im allgemeinen geht es auch mit aller Bestrafung durch Gott so, daß die Obrigkeit am meisten gestraft und gestürzt wird und das Volk im Lande bleibt. Denn das Volk muß doch Obrigkeit haben und unterstellt sein, wie das Roß einem Herrn. Nun liegt ihm nicht viel daran, wenn seine Obrigkeit und Herren böse Buben sind, daß ein anderer Herr komme und ihn wegstoße, Gott gebe, er sei frömmer oder ebenso böse; daß daher Gottes Strafe auf Erden ganz und gar das Spiel sei, von dem Maria singt (Luk. 1,52): »Er stößt die Gewaltigen vom Thron und erhebt die Niedrigen.« Denn von Anbeginn der Welt sehen wir bis jetzt, wie er immer einen König durch den andern, einen Herren durch den andern wegstößt und andere einsetzt und läßt Land und Leute bleiben, außer wenn er das Land mit den Leuten verderben will, wie Sodom und Gomorrha und dergleichen.

Ebenso stieß er den König Israels weg durch den König von Assyrien, und wieder den König von Assyrien durch den König von Babylon, den König von Babylon durch den König von Persien, den König von Persien durch Alexander, den König der Griechen, das Königreich der Griechen durch die Römer, die Römer durch die Goten und Türken.[5] Die Türken werden auch ihren Stößer finden, wenn die Welt länger bestehen sollte. Und so fort, sowohl in großen wie kleinen Herrschaften als auch in Kaisertümern und Königreichen sieht man nichts anderes als herunterfallen und heraufgesetzt werden, gerade als sei die ganze Welt mit ihrer Obrigkeit Gottes Turnier und Reiterei, so daß sich's untereinander sticht und bricht, und's gilt nichts anderes als wer da liegt, der liegt, wer da sitzt, der sitzt. Und das alles um ihres Unrechts und um der Gewalt willen, die ihre Schuld sind, wenn's übel und rechtlos zugeht im Lande. Aber der Teufel, der oberste Fürst der Welt, treibt sie so, daß sie das Schwert, von Gott befohlen, nicht recht gebrauchen, gleichwie die Welt auch alle andern Güter Gottes mißbraucht. Und doch muß das Schwert sein, gleichwie Essen und Trinken. Aber Gott nimmt's immer einem nach dem andern aus der Hand und gibt's einem andern um seines Mißbrauchs willen. So bleibt immer das Schwert und die Obrigkeit in der Welt; aber die Personen, die in der Obrigkeit sitzen, müssen sich immer überpurzeln und taumeln, nachdem sie's verdienen.

Das hat aber die Juden getäuscht und verstockt, Habakuk nicht zu glauben, daß sie dazumal nicht Abgötterei und Götzen hatten und sich vorkamen, als ob sie fromm wären und einen gnädigen Gott hätten, so daß sie solchen seinen Zorn gar nicht erwarteten; wie es denn des Volkes besondere Art ist bis auf den heutigen Tag, ebenso aller Heuchler und Werkheiligen, daß sie immer denken, sie seien die lieben Kinder vor allen andern, und können nicht glauben, daß sie Zorn verdienen, wie's bei Micha (2,7) steht, daß sie sagen: »Sollte Gott solches im Sinn haben? Sollte sein Geist so kurz geworden sein?« usw. Denn wenn sie sich als Sünder erkannt hätten, dann hätten sie Habakuk gehorcht und sich mit Furcht und Demut gebessert, so daß die Strafe nicht über sie gekommen wäre, wie es die Niniviten tun. Aber da sie das nicht tun, ist's gewiß, daß sie Habakuk für einen Narren und unnützen Prediger, sich aber für fromm, unschuldig und rechte Kinder Gottes gehalten haben. Ebensogut sehen wir, daß noch heutigentags auch unsere Geistlichen das tun, die in den allergreulichsten Sünden und Lästerungen meinen Gott zu dienen und angenehm zu sein.

Darum will dieser Spruch Habakuks »Gewalt geht über Recht« durchaus in der Welt bleiben, und er ist auch ein allgemeines Sprichwort, mit dem jedermann über Gewalt klagt und schreit. Aber es soll uns nicht wundern. Es muß und soll so gehen und ist die rechte Farbe der Welt. Denn wo es recht zugeht, da ist nicht mehr Welt oder Regiment[6] der Welt, sondern Gottes selber. Und wenn nicht Gewalt über Recht gehen sollte, dann könnte der Teufel nicht mehr der Fürst der Welt sein, und es würde nur Gottes Regiment sein. Aber dennoch läßt es Gott nicht ungestraft, sondern so wie die Welt nicht abläßt zu sündigen, so hört auch Gott nicht auf zu strafen und stößt immer einen nach dem andern weg und setzt andere ein, wie Daniel (2,21) sagt: »Er setzt Königreiche ab und richtet andere auf«, und Salomo in seinen Sprüchen (28,2): »Um der Sünde willen im Lande muß es viele Herren haben. Aber wo die Leute vernünftig und klug sind, lebt ihr Herr desto länger.«

Darum muß das Gesetz wanken und kein Recht kann zur Ausführung kommen. Hab. 1,4

Das ist: Es geht nicht nach dem Gesetz Gottes, sondern das Gesetz muß sich beugen und lenken nach ihrem Mutwillen. Denn er trifft hier diejenigen, die sich des Rechtes rühmen und in keiner Weise gesehen werden wollen damit, daß sie gegen das Recht handeln, sondern sie greifen einige Buchstaben und zwingen sie, daß sie das bedeuten und hergeben müssen, was sie wollen. Gleichwie auch zu unsern Zeiten die gestrengen Juristen es mit ihrem strengen Recht tun, wenn sie böse, windige Fälle haben, aber doch das Recht verdrehen, so daß die Sache recht und gut werden muß. Das nennt dann Habakuk hier, daß Gesetze wanken und daß alle guten Sachen verhindert werden und nicht zur Ausführung kommen können. Denn da wird das rechte Verständnis des Gesetzes in den Wind geschlagen und verachtet und weggenommen; sie haben dann gewonnen durch ein Recht, das für ihre Absicht zurechtgebogen ist. Von diesen ist nun die Welt voll und sie heißen fromme Leute, man darf auch nicht wagen, sie anders zu schelten. Aber Gott richtet und straft sie gleichwohl und droht ihnen, daß ihnen nichts geschenkt werden solle. Summa: Es kommen wenig gute Sachen unter die Juristen oder Rechtsprecher, wie sie selbst fühlen und bekennen; sie bringen auch kein Geld. Und sie müßten wohl Bettler sein, die jetzt, weil doch böse Sachen im Recht vorkommen, ganz aus Gold und Seide sind.

Denn der Gottlose übervorteilt den Gerechten. Darum gehen verkehrte Urteile. Hab. 1,4

Da siehst du, daß er die bösen Tücken meint, die einer gegen den andern in Rechtssachen braucht. Davon spricht auch Micha (7,3): »Was der Obenstehende fordert, das spricht ihm der Richter zu. Und die großen Hansen reden alle ihren Mutwillen und betrüben damit das Land.« Denn was er hier sagt: »Der Gottlose übervorteilt den Gerechten« – ist das, was Paulus zu den Thessalonichern sagt mit »circum venire« (1. Thess. 4,6), wenn einer den andern hintergeht und so mit List umgibt, daß der Gerechte unrecht haben muß. Das sind nun viel schlimmere Buben als die öffentlichen Diebe und Bösewichte. Denn die öffentlichen Bösewichte handeln offen gegen das Gesetz, so daß es jedermann begreift und fühlt. Aber jene wollen fromm sein und Unrecht für Recht gehalten haben, und sind also in zweifachem Sinne Buben. Einmal, sofern sie Unrecht tun, zweitens, sofern sie dies Unrecht mit dem Recht schmücken und schützen, was böser ist als das erste. Denn weil hier Habakuk meldet, daß das Gesetz wanken müsse und falsche Urteile ergehen, deutet er klar auf diejenigen, die mit Recht und Urteil falsch umgehen, im ihr Unrecht zu beschönigen. So wissen wir nun, wie es im Lande stand, daß es voller böser Buben gewesen sei, besonders unter den großen Hansen, aber doch so, daß sie nicht Buben sein wollten, und haben damit die andern mit zweierlei Bosheit geschädigt: eine, indem sie ihnen unrecht tun; die zweite, indem sie auch das Recht jener Leute schänden und daraus Unrecht machen und unter dem Schein frommer Leute heillose Buben sind. Das ist dann ganz verdrießlich vor Gott wie vor der Welt. Darum kann es Gott auf die Dauer nicht leiden, sondern straft, wie folgt.

Schauet unter die Heiden. Sehet und verwundert euch. Denn ich will etwas tun zu euern Zeiten, welches ihr nicht glauben werdet, wenn man davon sagen wird. Hab. 1,5

Hier fängt er an, den vorerwähnten Buben mit der Strafe zu drohen. Und zuerst nimmt er weg ihren Trotz und die Sicherheit, auf die sie sich verließen. Denn sie verließen sich darauf, daß sie Gottes Volk waren und Gott zu Jerusalem wohnte in seinem heiligen Tempel, welche Stadt auch gar manchmal bis auf die Zeit durch große Wunderzeichen Gottes beschirmt war, nicht nur vor umliegenden Ländern, Fürstentümern und Königreichen, sondern auch vor dem Kaisertum von Assyrien selbst, welches doch ganz Israel früher zerstört und weggeführt hatte, aber vor Jerusalem zur Zeit des Königs Hiskia mit aller Schande bestand und in einer Nacht hundertfünfundachtzigtausend Mann verlor und davon fliehen mußte. Deshalb war es den Juden eine ganz lächerliche Rede und leeres Geschwätz, wenn hier Habakuk und andere Propheten mehr sagten, daß Jerusalem zerstört werden sollte. Sie konnten's auch noch nie glauben bis zu der Stunde, in der es geschah, so ganz fest stand ihr Trotz auf dem

Stück, daß Gott bei ihnen wohne zu Jerusalem. Und ist auch wahrlich nicht ein geringer Trotz gewesen, worauf die Vernunft nicht verzichten konnte. Da sind dann falsche Propheten dazu gekommen, welche die Sprüche der Schrift hervorgezogen haben, in denen Gott den kommenden Christus verheißt und wie herrlich Davids Thron werden sollte und dergleichen. Darüber haben Habakuk und seinesgleichen, die ganz das Gegenteil sagen, alle müssen Lügner sein. Denn es wollte gar nicht zusammen passen, daß ein herrliches Königreich werden sollte und dennoch zerstört werden.

So trifft nun Habakuk ihr Trotzen und Prahlen und spricht: »Schauet unter die Heiden, sehet und verwundert euch«, als ob er sagen wollte: Ihr schaut auf euch, seht alleine euch an, haltet viel von euch, seid ganz sicher und gewiß, daß Gott alleine mit euch große Dinge tue, über die sich alle Heiden verwundern sollen, wie er's denn bisher getan hat. Aber nun schauet darauf und seht zu, was ich durch Heiden tun werde. Ich will es einmal umkehren und auch durch die Heiden ein solch Ding tun, das auch euch wunderbar und selten sein soll, so daß ihr's nicht glauben werdet, bis ihr's erfahren und fühlen werdet, sondern ihr werdet meine Propheten Habakuk, Jeremia und dergleichen für Narren und Lügner halten und nicht denken, daß es mein Wort sei, das sie darüber zu euch reden, gleichwie der König Zedekia nicht glauben konnte, was Jeremia davon sagte, und ihn zu sich forderte und fragte, ob es Gottes Wort wäre (Jer. 37,17; 38,14ff.). Was konnte Gott auch Verwunderlicheres tun, als daß er durch seine Feinde, die Heiden, sollte seinen Thron, seinen Tempel, seine Stadt, sein Volk zerstören, die er bisher gegenüber allen Heiden herrlich gemacht und erhalten hatte und zugesagt, daß er wollte ewig ihr Gott und Schutz sein?

Aber damit zeigt er genügend an, daß er uns auf gar kein Ding will trotzen lassen, als allein auf seine Gnade und

Barmherzigkeit. Denn hier siehst du, daß den Juden nichts hilft, daß sie Gottes Volk sind, daß sie Nachkommen der Väter sind, daß sie Gottes Gesetz, Tempel, Thron, Stadt, Land und Volk innehaben, auch nicht daß so viele Wunderzeichen bisher an ihnen geschehen, auch nicht daß sie Gottes Verheißungen haben. Warum das? Darum, weil solches alles gehabt werden kann ohne Glauben und Geist, wie es denn die Juden zum größeren Teil hatten. Wo es aber ohne Glauben und Geist gehabt wird, da tut's nichts anderes, als daß es vor Gott größere Schuld macht. Denn wer viel hat, von dem wird man viel fordern (Luk. 12,48). Darüber hinaus macht es stolze, trotzige, sichere, vermessene, hoffärtige Leute, die sich erheben über die andern alle, die es nicht haben, und alleine Gottes Volk und eigen sein wollen, alle anderen verachten und verdammen. Das kann dann Gott nicht leiden, daß man auf etwas anderes trotzt als auf seine Gnade, und läßt darüber scheitern alle, die darauf trotzen. Das kann aber Fleisch und Blut nicht glauben, ist ihm viel zu wunderbar, sein Trotz ist zu sicher, bis sie es erfahren, wie's den Juden hier geschieht. Denn sie achteten des Glaubens und Geistes nicht und meinten, solche Stücke sollten genügen, daß sie Gottes Volk hießen und beschirmt waren; darüber verdarben sie ganz. Dies alles ist auch uns gesagt, die wir den Namen und Schein der Christen haben, rühmen uns der Taufe oder geistlichen Standes und Amtes gegenüber Heiden und Juden, und sind doch ohne Glauben und Geist so gut wie sie; daß freilich wir auch zuletzt umkommen müssen durch die, welche wir jetzt verachten und für ärger halten als uns; wie's den Juden geschehen ist durch die Chaldäer.

Hier will sich's fragen, wie es zu diesem Text stimmt, wo S. Paulus Apg. 13,40f. diesen Spruch so einführt: »Sehet zu, daß nicht über euch komme, was gesagt ist in den Propheten: Schauet, ihr Verächter, und verwundert und verderbt euch. Denn siehe, ich tue ein Ding zu euern Zeiten, welches ihr nicht glauben werdet, wenn's euch jemand sagen wird.« Dies sagt Paulus ohne Zweifel von Christi Auferstehung, wie es der Text daselbst beweist, was die Juden bis auf den heutigen Tag nicht glauben. Habakuk aber sagt es von der Zerstörung des Landes durch den König von Babylon, die wegen der Sünde des Volkes kommt, wie wir's klar sehen aus seiner Rede. Darauf ist zu antworten, daß dieser Spruch von S. Paulus verwendet wird als eine allgemeine Rede in gleichem Vorfall. Denn man kann von einem jeden Gotteswerk, das zukünftig ist, gut ebenso sagen: Siehe da, Gott wird etwas tun, was niemand glaubt, man singe oder sage es; denn die Welt glaubt Gottes Wort nicht, bis sie es durch Erfahrung finde. Darum braucht Habakuk den Spruch richtig für das große Werk Gottes, als das Land zerstört werden sollte. Und Paulus braucht ihn auch recht für das größte Werk Gottes, die Auferstehung Christi, welche geschehen war. Denn beide wurden nicht geglaubt. Gleichwie wir noch täglich alle Sprüche der Schrift brauchen können gegen den Papst und die Gottlosen, welche die Propheten von der Zerstörung der Juden gesagt haben, wie wenn ich sage: Gott hat am Papsttum getan, was niemand geglaubt hätte, wer's auch gesagt hätte; und er wird weiter an ihm tun, was jetzt niemand glaubt, wenn man's schon sagt, aber man wird's erfahren. So will auch hier Habakuk sagen: Wohlan, Gott wird etwas tun, das ihr nicht glaubt, wenn man's sagt, bis ihr's innewerdet. Daß aber S. Paulus sagt: »Seht, ihr Verächter«, und Habakuk: »Seht unter die Heiden« usw., das kommt daher, daß Paulus eine andere Übersetzung benutzt; da liegt nichts dran: Die Summe des Sinnes ist doch gleich.

Denn siehe! Ich will die Chaldäer erwecken, ein grimmiges und schnelles Volk, welches ziehen wird, so weit das Land ist, Wohnungen einzunehmen, die nicht sein sind. Und es wird grausam und schrecklich sein. Hab. 1,6f.

Das ist die Drohung über die ruchlosen, verstockten Sünder. Aber sie haben's ihren Spott gehabt und gelacht, wie gesagt ist, gleichwie die Schwiegersöhne Lots 1. Mose 19,14 auch taten. Obwohl der Prophet es heftig und groß macht und sie gerne erschrecken und zur Buße treiben wollte. Denn er spricht, Gott werde nicht schlichte Feinde über sie erwekken, sondern die Chaldäer, das meint den Kaiser von Babylonien; denn dies Kaisertum war dazumal im Aufschwung und nahm immer zu; und ist ebenso geredet, wie wenn man uns jetzt mit dem Türken drohen möchte, welcher uns zu mächtig und zu böse wäre, was sehr viel schrecklicher klingt, als wenn es sonst ein kleiner Fürst tun sollte in der Nähe bei uns. Dazu sagt er, es sei ein grimmiges Volk, das ist ein böses, heftiges Volk, das zornig und tyrannisch mit Land und Leuten umgeht. Denn es will gefürchtet und unverachtet sein, und wo man sich weigert, da wird es ärgerlich und rennt mit dem Kopf hindurch. Deshalb sollten sich die Juden durchaus fürchten und sich nicht verlassen, als ob die Chaldäer faul und nachlässig wären. Darüber hinaus sind sie auch schnell, eilen sofort, so daß abermals die Juden nicht meinen durften, sie seien zu weit weg und würden noch lange nicht kommen. Als wollte er sagen: Bessert euch, liebe Kinder, und verlaßt euch nicht auf eure Gedanken, die da meinen, die Chaldäer seien nicht so heftig oder noch ferne. Sie sind euch Juden besonders grimmig und feindselig vor allen andern und können bald kommen.

Drittens zeigt er ihre Menge an. Denn sie werden ziehen, so weit das Land ist, das bedeutet, das Land wird voll Chaldäer sein, so daß es wimmelt von Feinden im Lande. Wie wenn er sagen wollte: Wenn euch das nicht schreckt, daß ein so mächtiges Kaisertum gegen euch erweckt wird, dann sollte euch doch das erschrecken, daß es so grimmig und zornig und euch besonders feindlich ist. Wenn auch das nicht, dann laßt euch das erschrecken, daß es so schnell, gerüstet und tüchtig ist euch gegenüber. Wenn auch das nicht, so bedenkt doch, daß es so viele sind und ihr so wenig, so daß sie euch leicht mit Füßen zu Tode treten. Die Juden müssen gar sicher und unachtsam gewesen sein, weil der Prophet sie so heftig und mächtig schreckt. Denn sie verließen sich darauf, daß sie alleine Gottes Volk wären und nicht so untergehen würden, wie gesagt ist. Darum fährt der Prophet fort und macht's noch größer: »Es wird Wohnungen einnehmen (spricht er), die nicht sein sind«, das bedeutet: Alle eure Städte und Häuser, die nicht sie, sondern ihr für euch gebaut habt; und wird nicht danach fragen, wird euch auch nicht helfen, ob Jerusalem Gottes Stadt und Wohnung ist, worauf sich das jüdische Volk so hoch verließ. Aber es ist umsonst, das babylonische Volk wird's alles einnehmen, obwohl's nicht sein ist. Denn es ist ein grausam schreckliches Volk. Und treffend setzt Habakuk das Wort »Wohnungen, die nicht sein sind«, wollte nicht sagen, auch die Wohnung Gottes, wie Jerusalem und den Tempel. Denn es war zu der Zeit sehr gefährlich, ärgerlich und große Lästerung, wenn man sagte, daß Jerusalem verloren sein sollte, wo Gott selber wohnte; und der gemeine Mann konnte solches gar nicht hören. Darum vermeidet auch Habakuk solche Worte und sagt doch gleichwohl soviel, so daß solches alles darunter begriffen wird.

Denn es wird richten und drücken nach seiner Art. Hab. 1,7

Da setzt er die Ursache, weshalb das babylonische Volk so grausam und schrecklich sei; denn es richtet oder urteilt nach keines Landes Rechten oder Sitten, wird sich auch nicht nach euerm Gesetz halten, sondern wird mit euch umgehen nach seinem Mutwillen und wird den Sieg gebrauchen nach seinem Wohlgefallen, wird sich kein Maß noch Ziel setzen lassen; sondern wie es euch gram ist und grimmig auf euch, so wird es auch nach seinem grimmigen Groll über euch urteilen. Und wie es urteilt, so wird's auch Nachdruck verschaffen und sein Urteil an euch vollbringen. Das nennt er hier »richten und drücken nach seiner Art«, das meint, nach keinem Gesetz, sondern wie es gesonnen ist und wie es ihm gutdünkt. Denn so pflegen die Wüteriche zu tun, wenn sie den Sieg haben, da ist keine Barmherzigkeit, kein Recht, keine Gottesfurcht, keine Billigkeit, keine Geduld, keine Erkenntnis eigener Sünde und verdienter Strafe; sondern nur wie die wilden Wölfe nach bösem, zornigen Willen das Mütlein gekühlt und sich aufs allergreulichste gerächt. Dafür nimm aus unserer Zeit ein Exempel von den Bischöfen und vom Adel, wie sehr sie sich mit allem Mutwillen gerächt haben und noch täglich rächen an den Bauern, und es muß der Unschuldige mit dem Schuldigen leiden und sie lassen sich nicht damit genügen, daß sie den Sieg haben und wieder eingesessen sind. Daß sie sich aber auch erkennten, wie sie schuldig sind und mit ihren Sünden auch sehr verdient haben, nicht nur einen zeitlichen Schaden von Gott her zu erleiden als eine kleine Strafe, sondern auch den Tod und die Hölle als eine verdiente Strafe, – da wird nichts draus. Bis zum letzten Heller alles zurückgefordert und keine Strafe nachgelassen, als hätten sie nie etwas vor Gott verschuldet. Warum das? Darum, damit sie vor Gott auch keine Gnade für ihre Sünde haben sollen, sondern daß ihnen das Herz verstockt damit sie ihre Sünde nicht sehen, und das Maul verstopft, damit sie nicht beten können: vergib uns unsere Schuld, wie wir vergeben usw., und so zuletzt auch ohne alle Barmherzigkeit zugrunde gehen. Darum ist's nicht ohne Grund, daß der Adel im allgemeinen Löwen, Bären, Wölfe und andere wilde Tiere im Wappen führt: Es bedeutet ihre Art.

Seine Rosse sind schneller als Panther und bissiger als die Wölfe am Abend. Hab. 1,8

Panther habe ich nie gesehen, die Landfahrer aber schreiben, es sei ein Tier, das viele Flecken auf dem Fell habe, und die weiblichen sind greulicher als die männlichen. »Abendwölfe«, was einige übersetzen mit »Wüstenwölfe«, denn es kann beides im Hebräischen aus den Buchstaben entnommen werden. Doch ich meine, daß es »Abendwölfe« seien in der Meinung: Der Wolf, der von Natur ein reißendes, raubendes, mordendes Tier ist, aber am Abend viel raublustiger ist, weil er den Tag über nicht gelaufen und daher auf den Abend hungrig ist, so daß eben dies gesagt sei: Abendwölfe als hungrige Wölfe, die lange nichts gegessen haben, wie auch Zephanja 3,3 spricht von den falschen Lehrern: »Ihre Hirten sind Abendwölfe und lassen nichts übrig zum Morgen.« So will nun Habakuk, daß die Panther oder Wölfe schnell sind, nicht daß sie von Art schnelleren Laufes seien als andere Tiere, sondern daß sie eilen und sie jäh versessen sind auf Raub, wenn sie hungert, und unbarmherziger reißen und rauben. So vergleicht er die Babylonier den Panthern und hungrigen Wölfen, indem sie eilen und jagen, um das jüdische Land zu rauben und zu verderben, damit er sie mit solchen Gleichnissen abermals erschrecke und zur Besserung reize.

Und seine Reiter kommen von ferne und fliegen daher, wie ein Adler eilet zum Aas. Hab. 1,8

Hier ist im Text ein Stücklein ausgelassen.[7] Denn so sollte er lauten: Seine Reiter breiten sich aus, und seine Reiter kommen von ferne usw. Und der Prophet bildet hier das babylonische Heer den Juden vor Augen, wie wenn er's sähe daherziehen. Denn so läßt sich's ansehen, wenn ein Heer von ferne kommt, daß zuerst der Reiterhaufen gesehen wird, aber je länger sie ziehen, desto mehr werden sie und kommen hervor, als ob sie sich im Zuge vermehrten. Das meint er damit, wenn er sagt: »Seine Reiter breiten sich aus«, das bedeutet, im Ziehen werden sie je länger desto mehr, wenn man zusieht, wie sie kommen. »Und kommen von ferne«, das läßt auch den Haufen als größer ansehen, wenn sie von ferne daherziehen und einem dünkt, es wolle kein Ende nehmen und sei noch immer mehr dahinten in der Ferne. Ebenso auch fliegen sie daher wie ein Adler zum Aas. Das betrifft den schnellen Zug und Lauf, wie es denn auch demjenigen dünkt, der das Heer kommen sieht; besonders wenn er weiß, daß es ihm gilt, dann dünkt es ihm gleich, als ob sie fliegen und allzu schnell kommen, bevor man sich zur Abwehr rüsten könne. So bedient sich Habakuk hier der Malerkunst, indem er den Einzug der Feinde vor die Augen malt und dabei anzeigt, wie denen zumute ist, denen es gilt, nämlich daß sie meinten, es sei mit ihnen nicht anders, als daß sie sich fressen lassen müßten, wie der Adler ein Aas frißt, das sich seiner nicht erwehren kann.

Da sehen wir, wie fein und passend die Propheten reden können und wie sie kurz und doch reichlich ein Ding ausmalen. Denn was ein anderer mit einem Wort gesagt hätte, etwa so: »Die Babylonier werden kommen und Jerusalem zerstören«, das sagt Habakuk mit vielen Worten und führt es alles nachdrücklich aus und schmückt es mit Gleichnissen, wie man's dann auch tun muß, wenn man der groben, harten Menge predigt; der muß man es vormalen, einbläuen und vorkauen und in jeder Weise versuchen, wie man sie erweichen könne. Es hilft denn doch, was es kann. Aber einem Verständigen ist schnell gepredigt. So hält er auch noch mehr an und spricht weiter:

Sie kommen nur zum Freveln. Wie ein Ostwind fahren sie daher. Hab. 1,9

Oben habe ich gesagt, was »Frevel« heißt; in dem Sinne ist's auch hier zu verstehen, so daß der Prophet sagen will: Die Babylonier kommen, um nichts anderes zu tun, als um lauter Gewalt zu üben, Recht oder Gnade achtet man da nicht. Es wird – schuldig und unschuldig – einer mit dem andern leiden müssen, wie es denn allewege zugeht bei einer allgemeinen Landesstrafe, daß man da die Unschuldigen nicht absondern kann. Ja, es geht wohl am allermeisten über die Unschuldigen. Und hier läßt Habakuk merken, daß der König zu Babylon kein Recht habe auf die Juden oder auf andere Länder, die er verdirbt, denn er spricht: »Sie kommen nur zum Freveln.« Wer aber frevelt und mit Gewalt vorgeht, der tut nicht recht und hat auch nicht recht. Und das ist offenbar der Titel aller Kaisertümer auf Erden, insbesondere derer, die durch Krieg entstehen, wie sie denn auch Psalm 76,5 »Raubeberge« nennt. Darum müssen sie andererseits zuletzt auch zerstört werden, wie's Babylon und Rom geschehen ist, so daß S. Augustin gut und treffend sagt: »Was sind große Kaisertümer anderes als große Räuberei?«[8] Aber Gott gebraucht dennoch ihren Frevel so, daß er dadurch bestraft, welche er will.

Der Ostwind ist derjenige Wind, der vom Sonnenaufgang herkommt, den die lateinische Bibel »ventum urentum« nennt (2. Mose 10,13; 14,21), das bedeutet, der da trocknet und ausdörrt und viel schädlicher ist als die Sonnenhitze. Umgekehrt ist der Wind vom Sonnenuntergang (Abend) her feucht und fruchtbar. Der Wind vom Mittag (Süden) bringt Wetter. Der Wind von Mitternacht (Norden) macht's schön und vertreibt die Wolken, – ein jeder nach seiner Art. Gleichwie nun der Ostwind ausdörrt und der Erde Kraft und Saft nimmt und was da wächst: So werden die Babylonier auch kommen und alles verderben in allen Ländern. Und wie dem Ostwind niemand wehren kann, so kann auch dem Babylonier niemand widerstehen. Grausam macht's der Prophet und malt ausführlich das babylonische Heer, um die halsstarrigen Juden zu erweichen und zu erschrecken.

Es wird Gefangene zusammenraffen wie Sand. Hab. 1,9

Das ist: Es wird viele Leute im Lande gefangennehmen und wegführen mit allem, was sie haben, ohne Unterschied sowohl der Reichen als auch der Gewaltigen, unbarmherzig alle auf einen Haufen miteinander, wie man Heu und Stroh zusammenrafft. Es ist hebräische Redeweise, wenn sie eine Sache als zahlreich darstellen will, daß sie sie dem Sande vergleicht. 1. Mose 22,17 spricht Gott zu Abraham, daß seine Nachkommen so zahlreich werden sollen wie die Sterne am Himmel und der Sand am Meer. Richter 7,12 waren so viele Midianiter im Lande »wie Sand am Meer« und so weiter. Ebenso auch hier: »Es wird Gefangene zusammenraffen wie Sand«, das bedeutet: über die Maßen viel.

Es wird der Könige spotten und wird der Fürsten lachen. Alle Festungen werden ihm ein Scherz sein. Denn es wird Erde aufschütten und sie doch gewinnen. Hab. 1,10

Allen Trost und Trotz nimmt er weg, damit sich die Juden nicht verlassen sollen auf irgendeine menschliche Hilfe.

Denn wenn sich gleich Könige, Fürsten und feste Städte gegen ihn setzen, wie Jerusalem und Tyrus, so ist doch die Macht und Gewalt der Babylonier zu groß, daß nichts helfen wird. Ja, es wird so leicht zugehen, daß er einen Spott daraus machen wird, wenn man sich ihm entgegensetzen und sich zur Wehr stellen wird. So hilft hier keine Menge oder Macht der Leute, schützt auch keine Mauer oder Festung. Wo er die Mauern nicht umstoßen kann, wird er einen so hohen Erdwall um sie aufwerfen, daß er über die Mauern hineinschießen und -laufen wird. Damit berührt der Prophet besonders die Stadt Jerusalem, auf welche sich die Juden auch verließen, weil sie so fest und gut in Wehr gesetzt war, daß viel darüber gesagt und geschrieben ist.

Alsdann wird er einen neuen Mut nehmen, wird fortfahren und sich versündigen. Dann muß sein Sieg seines Gottes sein. Hab. 1,11

Hier beschreibt er nun, wie die Babylonier ihren Sieg mißbrauchen werden zu ihrem Übermut und zur Lästerung Gottes; womit sie dann sich versündigen, so daß sie Gott zuletzt umgekehrt auch stürzen und zerstören muß. Denn das vermag kein menschliches Herz, daß es sich nicht erheben und rühmen sollte, wenn's ihm wohlgeht und es Glück hat, wie das alles nicht nur die heilige Schrift ausweist, sondern auch die Heiden aus Erfahrung bezeugen und bekennen, wie der Dichter Virgilius spricht: »Nescia mens hominum servare modum rebus sublata secundis«[9], das heißt: Ein menschlich Herz kann nicht Maß halten, wenn Glück da ist. Andererseits kann's auch ebensowenig Maß halten, wenn's übel zugeht, so daß es nicht verzagen und absinken würde. Es ist zu weich und schwach auf beiden Seiten, doch viel schwächer, Glück zu ertragen als Unglück. Wie man sagt: »Ein Mensch kann alle Dinge vertragen außer guten Tagen.«

Und wiederum: »Es müßten sehr starke Beine sein, die gute Tage tragen könnten.« Das sieht man auch in der Erfahrung. Wenn einem Gut, Ehre und allerlei Glück nach seinem Sinne zufällt, dann kann der nicht aufhören zu prassen, zu trotzen, zu stolzieren, zu rasen, bis Unglück kommt und ihm wehrt. Wie man spricht: Gut macht Mut, Mut macht Hochmut, Hochmut macht Armut, Armut aber wehtut, Wehtun sucht wieder Gut. Das ist der Welt Lauf in ihrem Ring und Kreis und der Menschen Art; da wird nichts anderes draus.

Dafür nimm ein Beispiel aus dem jüngsten Aufruhr unter den Bauern. Denn das leidvolle Exempel verdient, ewig daran zu denken und es nimmer zu vergessen. Als den Bauern das geriet, was sie wollten, hilf Gott, welch ein Trotz, Stolz, Ruhm, Pracht und jeder Mutwille und Übermut war da. Da war kein Hören noch Sehen mehr, kein Maß noch Weise, sondern mit dem Kopf hindurch, oben heraus und nur das. Dasselbe war andererseits Unglück: Wie matt, verzagt und vernichtet machte es die Oberherren, die vorher lauter Löwenherzen hatten; da war kein Mut noch Ruhm, sondern lauter Flucht und Zagen. Aber als sich's Rad gewendet hat und die Oberherren oben liegen und Glück haben, die Bauern aber erschlagen sind: Da ist ebenso kein Maß oder Weise auf beiden Seiten. Die Oberherren wissen nicht, was sie tun sollen. Gott gebe, daß nichts Schlimmeres draus werde, daß nicht Herren sowohl wie Untertanen untergehen, so wie es diesen Babyloniern auch zuletzt erging, wie wir nachher hören werden.

Denn als der König mit seinem Volk sah, daß es ihm so schnell ging und glückte mit seinem Königreich, und kein König, Fürst, Stadt noch Land ihnen widerstehen konnte, da wuchs ihm der Mut und »sie nahmen einen neuen Mut«, wie hier Habakuk sagt; das bedeutet: da wurden sie allererst trotzig und noch stolzer, als sie vorher gewesen waren, wegen des großen Glückes konnten sie auch kein Maß halten oder sich selbst erkennen oder Gott die Ehre geben, da doch all sein Glück eine reine, unverdiente Gabe Gottes war. Gleichwie auch jetzt unsere Fürsten und Bischöfe nicht Gott die Ehre geben dafür, daß sie geblieben sind, oder sich erkennen und demütigen können, sondern »sie fahren fort«, spricht Habakuk, »und versündigen sich«, das ist, sie gehen hindurch, rühmen und trotzen, stolzieren und gehen daher, als wären sie nun gewiß und über alle Berge gesprungen. Und sie versündigen sich so mit zwei greulichen Sünden, die sie zuletzt ganz scheußlich stürzen werden. Eine Sünde ist derselbe Übermut, den sie an den Leuten ausüben, die sie überwältigt haben, und sie treiben ihre Tyrannei mit ihnen nach allem Mutwillen. Die andere ist Gotteslästerung, sofern sie nicht Gott die Ehre geben, sondern sich dünken lassen, sie seien vor Gott so fromm und würdig; sie verachten und lästern die, welche sie überwunden haben, als ob die von Gott verdammt und verworfen wären und solches verdient hätten. Da laufen sie dann den Kopf ein und versündigen sich auch an Gott, so daß sie so beide, Gott und Menschen, unrecht tun und beiden unerträglich werden und wahrlich bald zugrunde gehen, was sie sich denn auch zuziehen.

Die erste Sünde, der an den Leuten begangene Übermut, tut menschlichem Herzen wehe. Aber dem Propheten wie allen Heiligen tut die andere Sünde viel mehr weh, die Lästerung, die sie an Gott begehen; darum deutet und malt er dieselbe weiter aus und antwortet darauf. Die erste nennt er einfach und mit allgemeinem Namen und spricht: »Sie versündigen sich mit dem Übermut.« Aber die andere greift er mit bitteren und scharfen Worten an und spricht: »Dann muß sein Sieg seines Gottes sein.« Das bedeutet: Er hat nicht genug an seinem Übermut, der die Leute überwindet und beschwert. Er muß auch seinem Abgott zu Babylon die Ehre geben, als ob ihm derselbe solche Kraft und Sieg gegeben habe. Wahrhaftig, das darf der rechte Gott zu Jerusalem nicht getan haben, der gleichwie ein viel schwächerer und geringerer Gott samt seinem Volk, den Juden, überwunden ist und seinem babylonischen Gott unterlegen war. Der ist's, dem solcher große Sieg gehört und eignen muß. Wo ist nun der Juden Gott? Gleichwie auch 2. Könige 18,33ff. der Erzschenke des Königs von Assyrien sprach, sein Herr hätte alle Götter in den Ländern umher überwunden, der Juden Gott würde ihm auch nicht widerstehen können. Das verdrießt nun den Propheten aufs höchste, daß die Gottlosen ihre Kraft und ihren Sieg nicht nur nicht erkennen, von wem sie die haben, sondern sich auch in ihrer Bosheit verstocken, Gott ganz offen und sicher lästern, dem Teufel geben, was sie von Gott haben, und ihre Bosheit zur Tugend machen und das Volk Gottes zu Sündern und Buben. Darum zieht und plagt sich der Prophet mit dieser Sünde hin bis zum Ende dieses Kapitels und wird eigentlich zornig und ungeduldig darüber, daß die Babylonier recht haben sollen und darauf trotzen, und daß Gottes Volk unrecht haben soll, weil es Unglück erleidet und jenes Glück hat.

Ebenso trotzten die Juden auch über Christus, als sie oben lagen und ihn gekreuzigt hatten, lästerten und sprachen: »Ist er Gottes Sohn, so helfe er sich nun«, gerade als wäre Gott auf ihrer Seite und sie hätten in allen Dingen recht und Christus unrecht. Da mußte ihr Sieg und ihre Kraft auch ihres Gottes sein, das ist ihres Teufels und Abgotts; sie wußten und meinten nicht, daß der rechte Gott Christum so verlassen und in ihre Hände gegeben hätte, und doch Christum lieb hatte und auf sie zornig wäre. Wie es denn alle gottlosen Tyrannen tun und Gottes Gnade nach dem leiblichen Glück oder Unglück messen, gleichwie jetzt unsere Bischöfe und Fürsten auch tun: Weil Gott ihnen den Sieg über die Bauern gegeben hat und sie dabei viele unschuldige Christen martern und verfolgen läßt, meinen sie nichts anderes, als daß ihre Sache gut und recht sei und Gott wohlgefalle; sie sind trotzig und frech, »meinen Gott einen Dienst damit zu tun« (Joh. 16,2), denken nicht, daß ihr Gott und ihre Sache lauter Teufelswesen sei, weil sie sehen, daß sie Glück haben und das Evangelium Unglück, wissen aber nicht, daß derselben verfolgten Christen Gott und Sache recht ist, und Gott sie in ihre Hände gegeben hat, wie er's mit Christus selbst und mit allen Heiligen getan hat. Darum fahren sie auch fort und gehen einher, lästern und sprechen: Wo ist nun dein Christus? Laß ihn dir helfen. Da muß ihre Gewalt und ihr Sieg auch ihres Gottes sein und sie müssen recht haben. Das ist das rechte christliche Kreuz, daß man nicht nur Böses erleidet, sondern auch Unrecht haben muß und zu den Übeltätern, wie Christus, gerechnet werden.

Aber es wird ein wüstes Ende mit ihnen nehmen und es wird sehr saurer Senf aufgehen, nachdem sie nun ihren Honig ausgesät haben. Denn weil sie Gott nicht fürchten in seinen Gerichten und Werken und sich nicht demütigen, läßt er sie getrost anstürmen; damit sie die Fülle von Glück und Sieg haben, macht er sie so zu Narren in ihrer Klugheit und ihrem Gutdünken, daß sie ihre Sünde vollmachen und sich verstocken, bis das Stündlein kommt, daß er mit ihnen umgehe wie mit den Babyloniern und mit den Juden und allen dergleichen Tyrannen. Denn wo sind sie nun, die zu Christus sprachen: »Er hoffte auf Gott, der erlöse ihn nun, wenn er Gefallen an ihm hat« (Matth. 27,43)? Wo ist ihr Gott, dem sie den Sieg gaben? Christus ist geblieben, sie aber sind zerstoben und zerflogen wie Staub auf dem Felde. Das kann uns auch jetzt trösten, denn das Stündlein wird auch sehr bald kommen, daß man von unsern Tyrannen, Bischöfen und Pfaffen sagen wird: Wo sind sie? Wo ist ihr Gott nun? Wo ist ihre köstliche, rechte Sache? Wo ist ihre christliche Kirche? Wo sind sie, die da sagten: Laß dir dein Evangelium und Christum helfen? Aber daß sie jetzt siegen und rasen, trotzen und stolzieren und den Sieg ihrem Gott geben, als ob

Gott mit ihnen gegen uns sei, das dient dazu, daß sie getrost zuschanden werden, Narren werden, verstockt und gut reif werden zur Strafe; und wenn man's ihnen schon sagt, sollen sie es nicht glauben, sondern verlachen, damit sie sich nicht bekehren und erhalten werden.

Aber du Herr, mein Gott, mein Heiliger, du bist's von Ewigkeit. Laß uns nicht sterben, sondern laß ihn, o Herr, nur eine Strafe sein, und laß ihn, o unser Hort, uns nur züchtigen. Hab. 1,12

Hier schilt er sich mit der Sünde der Lästerer und straft sie und tröstet die Seinen. Will also sagen: Daß die Babylonier obliegen und siegen, wir aber leiden und unterliegen, das hat nicht zur Ursache, daß der Babylonier Gott ein rechter Gott sei, dem sie solche Gewalt zuschreiben, auch nicht, daß sie so fromm und gerecht oder wir Sünder und ungerecht sind; sondern du bist's, Herr, der solches alles tut und uns verläßt und sie erhebst. Dein Wille ist so. Das wissen sie nicht und fechten mit dem gegen dich, was du ihnen gibst, nämlich Gewalt und Sieg, und schreiben's ihrem Gott zu. Es sind aber zwei Ursachen, aus denen du solches zu tun pflegst. Die erste, daß du ihre Bosheit gebrauchst als eine Rute, um deine Lieben zu züchtigen, wie Jesaja 10,5 sagt: »Assur ist meine Rute«, und Offenbarung 3,19: »Wen ich liebe, den züchtige ich.« Die zweite Ursache ist, daß sie zuschanden und Narren werden durch solchen deinen Rat, den sie nicht kennen und danach zugrunde gehen, wie oben gesagt ist und nachher im dritten Kapitel weiter gesagt wird. Denn so spricht man: »Wenn der Vater das Kind genug gestraft hat, wirft er die Rute ins Feuer.«

So bittet nun der Prophet, daß Gott es bei der Strafe bleiben lassen wolle und das jüdische Volk nicht ganz zu Boden gehen lasse; er spricht anstatt des Volkes und mit dem Volk: »Herr, mein Gott, mein Heiliger.«[10] Denn kein Volk unter der Sonne hatte oder kannte den rechten Gott außer allein das jüdische Volk; darum konnten sie auch alleine sagen: »Mein Gott.« Er nennt ihn aber seinen Heiligen, wie die Propheten pflegen Gott »den Heiligen in Israel« zu nennen, so Jeasaja 1,4 »sie lästern den Heiligen in Israel«, Psalm 89,19 »der Herr ist unser Schild und der Heilige in Israel ist unser König«. Ebenso auch hier »mein Gott, mein Heiliger«. Und das darum, weil sie durch ihren Gott und sonst nichts heilig waren, wie er spricht 3. Mose 20,8: »Ich bin's, der euch heiligt«, gleichwie auch wir jetzt alleine durch Christum und sonst nichts »Christen«, das ist »Heilige« werden, nicht durch unser Werk oder Verdienst usw. Weiter spricht er: »Herr, bist du nicht von Ewigkeit her?« – als wollte er sagen: Ach Herr, es ist ja kein anderer Gott als du, der alte, rechte, ewige Gott, und nicht ein neuer, falscher Gott, wie der zu Babylon und andere mehr, die mit der Zeit hergekommen und erfunden sind. Damit tröstet er sich und die Seinen, trotzt auch und spottet über den babylonischen Gott, den die Babylonier so hoch erheben. Denn es macht großen Mut, wenn einer weiß und gewiß glaubt, daß nur ein Gott sei und derselbe unser Gott, unser Heiliger sei, und es mit uns halte. Was können dann tun alle Götter auf Erden? Weil du denn alleine Gott und unser Heiliger bist, wir aber dein Volk, das ganz in deinen Händen steht, so sei uns gnädig und laß uns nicht sterben oder ganz verderben durch die Babylonier, sondern nur gestraft und gezüchtigt werden, damit doch Nachkommen übrigbleiben deinem Volk, wie du verheißen hast. Denn dies Gebet gründet sich auf Gottes Verheißung, die er dem Volk gesagt hatte, daß er sie nicht ganz verlassen wolle, wiewohl er sie nicht alle behalte, Röm. 9,27ff. (Jes. 10,7).

Im Hebräischen klingt dieser Text besser, als man auf deutsch wiedergeben kann, nämlich so: »Ist's nicht also,

Herr, daß du von alters her mein Gott, mein Heiliger bist, daß wir nicht sterben?« Darin erfaßt und begreift der Prophet kurz alle Gottesverheißungen und Wunder, dem jüdischen Volk widerfahren, als wollte er so sagen: Weißt du auch oder gedenkst du nicht, daß du uns verheißen hast, unser Gott zu sein, und hast uns bisher noch nie verderben lassen. Denn du bist unser Gott, in dem wir leben und nicht sterben, wie du uns gesagt hast. Und was hernach folgt, hängt im Hebräischen an diesem Stück und kann auch so in Frageform gelesen werden: »Ist's nicht also, Herr, daß du von alters her mein Gott, mein Heiliger bist, daß wir nicht sterben, sondern wirst du ihn zur Strafe brauchen, o Herr, und ihn zur Züchtigung setzen, o unser Hort?« Er redet in Frageform mit Gott, ob er das auch tun und nur strafen werde. Nicht daß er daran zweifle, sondern daß er anzeige, wie der Glaube in der Anfechtung stehe, daß er so schwach scheint, als glaube er nicht und wolle bald sinken und zweifeln vor dem großen Unglück, das ihn drückt. Denn obwohl der Glaube fest bleibt, so kracht er doch und redet ganz anders, wenn er im Kampf steht, als er's tut, wenn er gewonnen hat. So war es dem Volk gar schwer zu glauben, daß es erhalten werden sollte in diesem Fall der babylonischen Gefangenschaft oder immer noch zurückkommen, und daß solches nur eine Strafe sein sollte. Darum folgt weiter:

Deine Augen sind rein, daß du das Übel nicht sehen magst.
Und dem Jammer kannst du nicht zusehen. Hab. 1,13

Wie wenn er sagen wollte: Wohlan, sei du gleichwohl mit deinen reinen Augen so, daß du das Übel nicht leiden magst, wie von dir gepredigt wird, daß du gerecht seist und kein Böses ungestraft läßt; wie geht es denn nun zu, daß du ganz anderes tust und leidest solch Übel und strafst es nicht? Im Hebräischen lautet es so: »Mundare oculis« vel »sis plane mundus oculis«.[11] Et est amara concessio in opere contrario (d. h.: Gottes Reinheit ist ein widersprechendes Zugeständnis angesichts seines entgegengesetzten Handelns). Wie wir auf deutsch sagen könnten von einem, der einen guten Ruf hätte und doch anders handelte: »Wohlan, du bist fromm, aber wie handelst du denn so? Soll das ein frommer Mann tun? Ebenso auch hier: Wohlan, Herr, du bist gerecht, so sagt man von dir; aber wo ist nun deine Gerechtigkeit? Mit solchen Worten zeigt Habakuk an, was dem kämpfenden Glauben für Gedanken einfallen. Der behauptet, daß Gott gerecht sei. Aber weil Gott so lange zögert und dem Bösen zusieht, möchte einer beinah denken, er wäre nicht gerecht, sondern hätte Lust an den Buben. Gleichwie wir jetzt auch denken möchten, da Gott unser Evangelium so jämmerlich verfolgen und lästern läßt, daß sowohl Gewalt als auch Sekten sich dagegen täglich mehren, möchten wir auch sagen: Du bist zwar reiner Augen und siehst nicht gerne Gewalt und Unrecht. Wann beweist du es auch mit der Tat? Uns dünkt, du wollest uns für ungerecht und jene für gerecht halten, obwohl wir doch gewiß sind, daß wir recht und sie unrecht haben.

Solche Schwachheit oder Anfechtung des Glaubens hat nicht nur das allgemeine Volk gehabt, sondern auch der Prophet selbst, wie auch alle anderen Propheten, wie Jeremia 12,1ff. auch also tut und spricht: »Herr, du bist ja gerecht, wenn ich mit dir rechten würde. Aber dennoch muß ich mit dir reden vom Recht. Wie geht's denn zu, daß es den Gottlosen so wohlgeht und alle Verächter so glückselig sind? Du hast sie gepflanzt und sie schlagen gut Wurzeln, wachsen und sind fruchtbar; du bist nahe in ihrem Munde und ferne von ihren Herzen.« Und Psalm 73,2f.: »Meine Füße wären fast geglitten und mein Gang hätte beinahe gestrauchelt, als ich sah, daß es den Gottlosen so gut ging« usw. Denn es tut über die Maßen weh, daß die Ungerechten so lange oben liegen und gleichsam mit Unrecht so großes Glück verdienen sollen, und die Gerechten mit ihrer Frömmigkeit soviel Unglück verdienen. Aber es geschieht alles darum, damit jene gut anrennen sollen und unser Glaube gut ausgedehnt, stark und reich werde in Gott, wie denn auch Habakuk hier nachher vom König zu Babylon sagt, wie es auch der oben genannte Psalm 73,18 spricht, daß Gott die Bösen hochhebe, um sie tief zu stürzen. Und bei Jeremia folgt gleich auf die vorigen Worte, daß er spricht (Jer. 12,3): »Sammle sie wie Schafe zur Schlachtbank und bereite sie zum Tage des Würgens.«

Warum siehst du denn zu den Verächtern und schweigst, daß der Gottlose verschlingt den, der frömmer als er ist? Hab. 1,13

Da beißt sich der Kampfglaube mit dem Glück der Gottlosen und erzählt es nacheinander daher. Als ob er sagen wollte: Ich glaub es und bin gewiß, daß du alleine Gott bist und die Gottlosen ohne deinen Willen nichts tun können; warum siehst du denn zu und schweigst? Und er gebraucht heftige Worte; er nennt die Gottlosen »Verächter«. Das bedeutet: die ruchlosen, sicheren, freien Menschen, die von Gottes Wort und Werk so gar nichts halten, wie kein Mensch von irgendeinem Ding so völlig nichts halten kann. Diese nennt S. Paulus Epheser 4,19 »apelgekotes«, was wir verdeutscht haben durch »Verruchte«, lateinisch »qui non solum contemnunt, sed etiam negligunt, quasi indignos habeant quos contemnant« (d. h.: die nicht nur verachten, sondern außer acht lassen, gleichsam die Verachteten für unwert halten); hebräisch: »boged«, gleichwie wir von den Juden und die Juden von uns halten, da einer den andern für lauter nichts hält. Gerade wie auch jetzt einige Gottlose so gar nichts vom Evangelium halten, daß es ihnen ein bloßer Scherz ist und nichts ihnen gewisser ist, als daß es nichts sei.

Solche Leute, die so gar nichts fühlen oder sich um etwas bekümmern, die heißen rechte »bogdim« und »apelgekotes«, »verrucht«, so daß da kein Geschmäcklein oder Gerüchlein geblieben ist, und alles weg ist aus ihren Herzen. So schreiben die Heiden von dem Tyrannen Dionysius, als er den Tempel beraubt hatte und gutes Wetter zur Schiffahrt bekam, daß er sich rühmte und sprach: »Seht, wie gutes Wetter Gott den Kirchendieben gibt.«[12] Wenn hier nicht christliche Geduld ist, da sollten Fleisch und Blut wohl wünschen, daß einem solchen zehn Donner auf den Kopf fielen und ihn neun Ellen tief in die Erde schlügen. Wir nennen einen solchen »verwegen«, der es ohne Scheu erwogen hat und ganz mit dem hebräischen »boged« (oder woged) übereinstimmt.

Zweitens: Daß Gott solchen Verwegenen, Verruchten so gar nichts tut, daß er einfach schweigt und sie gleichsam damit stärkt, als sei das so gar nichts, wie sie es halten; und daß er auch »verrucht« über sie ist, gleichwie sie über ihn, auch nicht fühlt und sich nichts drum kümmert, so daß da zwei Verwegene gegeneinander sind, Gott und die Gottlosen, – o das ist ein verdrießliches Schweigen an Gott und eine unleidliche Verachtung an den verwegenen Leuten. Ebenso zeigt er hier auch die Babylonier, daß sie ihrer Sache so gewiß und verwegen gewesen sind, daß sie alles andere eher hätten glauben können, als daß sie geglaubt hätten, Gott halte die Juden für sein Volk und die Babylonier für seine Feinde. Da war nichts gewisser als: Wir Babylonier sind Gottes Kinder, die Juden sind seine Feinde. So hoch betrog sie das Glück, wie es denn geht bei allen Gottlosen. Nun, das ist noch nicht übermäßig schwer, wenn ein Prophet für sich selbst in solchem Kampfglauben stehen würde. Aber wenn er in sein Amt tritt und ein ganzes Volk in gleichem Kampf mit sich trösten und erhalten soll, da ist Mühe, Jammer und Not. Da zappelt das Volk und werden kaum zwei oder drei vom ganzen Haufen mit ihm glauben und kämpfen. Die andern ärgern sich alle an dem verwegenen Tyrannen und denken: Ach, es ist nichts mit uns. Gott ist gegen uns, siehst du nicht, wie er jene erhebt und trägt, uns aber verläßt und verachtet? Ja, predige, was du willst, ich sehe gut, was die Meinung ist. Da geht's dann, wie Moses am Roten Meer (2. Mose 14) und zu Paran (4. Mose 16) mit Korach: Da hilft kein Reden noch Raten. Darum treibt Habakuk dies Stück mit so wichtigen und vielen Worten, das Volk mit sich zu stärken und zu trösten.

Drittens: Daß Gott dem Gottlosen so großes Glück gibt, daß er die verschlingt, die frömmer sind als er ist, das ist den Juden absonderlich; außerdem sind auch viele andere Länder und Leute frömmer gewesen als die Babylonier. Denn so geht's zu: Wo groß Reichtum und Gewalt ist, da sind auch große Sünde und Unrecht. Geld macht Diebe; Glück macht Bösewichte, wie gesagt ist, das große Glück ist einem Menschen zu schwer zu tragen. Nun wäre es noch etwas leichter, wenn die Bösen nicht die Frommen, sondern die da ärger oder gleich böse sind, fressen. Nun aber läßt's Gott gehen, daß sie die Frommsten fressen. Abermals wäre es leichter, wenn die Bösen nur straften oder den Frommen ein kleines Leid täten. Aber das ist besonders erbärmlich, daß die Gottlosen die Frommen fressen und ganz verschlingen, nichts übrig lassen, sondern alles verderben, wie Psalm 79,7 sagt: »Herr, sie haben Jakob aufgefressen und seine Stätte wüst gemacht« usw. Und zu alledem: Noch den Ruhm und die Ehre dazu haben, wie wenn Gott mit ihnen wäre und sie völlig wohlgetan hätten, was Habakuk oben mit bitteren Worten sagt: »Dann muß sein Sieg seines Gottes sein.« Das ist alles ein rechtes Kreuz der Kinder Gottes. Ebenso muß ihr Leiden gestaltet sein, daß sie unterliegen und dazu unrecht haben müssen und ansehen, wie ihre Feinde den Sieg über sie ausüben und sich dazu noch Gottes rühmen, wie auch Christus spricht Johannes 16,2: »Es kommt die Stunde, daß wer euch tötet, der wird meinen, er tue Gott einen Dienst damit.« So ging es Christus selbst am Kreuze. Aber da liegt die hohe und tiefe Weisheit Gottes verborgen, da ist er »wunderbar in seinen Heiligen«, wahrlich auch in seinen Feinden; das alles geht über alle Vernunft und Erfahrung menschlichen Verstandes.

Du läßt die Menschen gehen wie Fische im Meer, wie Gewürm, das keinen Herren hat. Hab. 1,14

Das ist alles noch geredet im Kampfglauben über das Glück der gottlosen Babylonier über andere Länder und Leute. Wie gehen die Fische im Meer? Sie haben kein Regiment noch Ordnung, sich zu wehren gegen jemand, sondern sie schweben daher; wer da fängt, der fängt; wer sie hascht, der hat; da ist niemand, der da abwehrt oder verteidigt; so daß solche Fische nicht anders sind als den Fressern vor die Augen gelegt. Menschen fangen und fressen sie, große Fische und Fischotter fressen sie, Adler, Weih und andere Vögel fressen sie, Biber und andere Tiere fressen sie. Sie sind nur Speise, sowohl der Menschen, als auch der Vögel, Tiere und Fische. Ebenso läßt du alle Länder und Leute den Chaldäern sein, was sie nur fangen, fressen und verschlingen. Ist's nun nicht verdrießlich, daß alle frommen Länder und Leute sollen diesen bösen, gottlosen Leuten sein wie Küchenfische, die sie fangen, schlachten und fressen, wie sie wollen, gleichwie Paulus auch den Spruch aus dem Psalter anführt (Ps. 44,23; Röm. 8,36): »Wir müssen täglich sterben um deinetwillen, wir sind doch geachtet wie Schlachtschafe.« Das andere: »wie Gewürm, das keinen Herrn hat«, ist genau dasselbe. Denn er spricht nicht (meines Erachtens) vom Gewürm auf dem Lande, sondern im Meer, wo die kleinen Fische sind, wie Psalm 104,35 sagt: »Da ist Gewürm ohne Zahl im Meer.« Denn »Remes« heißt auf hebräisch alles, was da kriecht und schleicht, was ich Gewürm nenne, obwohl das Wort zu eng ist. Aber ich habe kein besseres; wir sagen: Es krimmelt und wimmelt. Und Habakuk setzt das hinzu, um zu erklären, von welchen Fischen er rede, nämlich von den kleinen, die ganz arme Würmlein gegenüber ihren Fressern sind. Denn da hat der Mensch Angel, Netze, Garn, Körbe, Reusen und mancherlei Gerät, so daß man sie fängt und frißt, ohne das, was Vögel und große Fische mit Schnäbeln und Klauen tun. Diese alle haben keinen Herren, das heißt, sie haben keine Ordnung, wissen sich auch an niemand zu halten, sondern fahren in die Irre, nur zur Speise den andern.

Er zieht's alles mit der Angel und fängt's mit seinem Netze und sammelt's mit seinem Garn. Hab. 1,15

Er macht aus den Chaldäern Fischer, gleichwie 1. Mose 10,9 aus Nimrod einen Jäger macht. Und wie ich gesagt habe: Der Mensch hat mancherlei Gerät, die Fische zu fangen, so schreibt er hier dem König zu Babylon auch zu, daß er ein gewaltiger, geschickter Fischer sei, der mit mancherlei Gewalt alles an sich ziehe, fange und sammle. Diese Angelhaken, Netze, Garn sind nichts anderes als seine großen, mächtigen Heere, mit denen er alle Länder und Leute gewonnen und aller Welt Güter, Kleinode, Silber und Gold, Zinsen und Renten an sich nach Babylon gezogen hat, wie er auch die Gefäße aus dem Tempel zu Jerusalem wegführte. Denn was ist's anderes, wenn solch ein großer König sein Heer ausschickt in ein Land und gewinnt es, so daß er alle Barschaft an Geld und Kleinoden nimmt, dazu die Leute wegführt, zuletzt auch Zinsen und Renten aus demselben Lande einbehält, als ein Fischer, der seine Netze auswirft und alles an sich zieht, was er fängt, und behält, was gut ist?

Darüber freut er sich und ist froh. Hab. 1,15

Wie verdrießt es den Propheten, daß die gottlosen Chaldäer solch Glück haben und daß sie darüber fröhlich sind, wenn alle Länder und Leute weinen und betrübt sind. Sie sind guter Dinge, meinen, es sei ganz wohlgetan. Ei, wie kitzelt sie solch Sieg und Glück, und wie fühlen sie sich wohl; aber sie wissen nicht, daß Gott sie damit zur Schlachtbank mästet. Das ist aber alles auch um unsertwillen geschrieben, daß dies und dergleichen Beispiele unser Trost sein sollen, wenn auch wir sehen, daß es den Gottlosen so wohlgeht und sie rühmen und fröhlich sind über uns in unserm Elend; dann sollen wir nur denken: Es ist gemästet Vieh. Denn welches Vieh man mästet, das zieht man nicht zur Lust und zum Gebrauch, sondern zur Fleischbank in der Küche. Welches man aber zur Lust und zum Gebrauch zieht, das hält man mager und schlank. Gott ist ein großer Koch, hat auch eine große Küche, drum mästet er große Tiere, das heißt mächtige Könige und Fürsten, und mästet sie gut, daß sie mehr als die Fülle an Gut, Ehre, Lust und Gewalt haben, läßt sie fröhlich sein und tanzen, auch über die Hälse und Leiber seiner Kinder, wie die Tochter des Herodes über S. Johannes tanzte (Matth. 14,6), und die Welt fröhlich war, wie Christus sagte (Joh. 16,20), als die Apostel betrübt waren. Ebenso kitzelte es den König von Babylon und sein Volk über die Maßen sehr, besonders daß er die Juden gewann, welche berühmt waren, weil sie wegen ihres Gottes unüberwindlich wären. Und er ging auch greulicher mit ihnen um als mit anderen.

Darum opfert er seinem Netze und räuchert seinem Garn, weil durch diese sein Anteil so fett und seine Speise so üppig geworden ist. Hab. 1,16

Oben sagte er: »Alsdann muß sein Sieg seines Gottes sein«, das bedeutet, er gibt die Ehre seinem Abgott Bel und Nebo (denn so nennt Jesaja 46,1 den Gott zu Babylon) und nicht dem rechten Gott zu Jerusalem. Hier spricht er, daß er seinem Netze opfere und seinem Garn räuchere, obwohl wir doch eben gesagt haben, daß sein Netz und Garn zu verstehen sei als seines Heeres Kraft. Wie opfert er denn diesen und gibt doch zugleich seinem Gott die Ehre? Antwort: Der Prophet ist über die Chaldäer entzündet, daß er aus großem Eifer für Gott und sein Volk über den König zu Babylon und die Seinen spottet, mit ihnen zusammen über ihren Gott und Gottesdienst. Wie wenn er sagen wollte: Wem räuchert und opfert ihr? Ist doch kein Gott da. Ebenso ist der Götze auch nichts, wie S. Paulus sagt 1. Kor. 10,19. Ich will euch klar sagen, wem solch Opfern und Räuchern geschieht, nämlich euerm Netze, eurer eigenen Macht. Denn wer sich eines Dinges rühmt und fröhlich und froh darüber ist, wie ihr es seid über dies Glück, dankt aber dem rechten Gott nicht, wie ihr's auch nicht tut: Der macht sich selbst zum Abgott, gibt sich selbst die Ehre, freut sich nicht in Gott, sondern in seiner Kraft und seinem Werk. Darum, wenn ihr schon mit dem Munde Gott nennt und mit der Hand vor dem Götzen opfert und räuchert, so ist's doch im Grunde eures Herzens nichts, sondern ihr haltet von euch selbst viel und gefallt euch selbst so gut, weil ihr solches vermochtet, und meint, ihr seid's wert und habt es verdient; darum ist euer Netz, das ist eure Macht und Gewalt, euer Gott, dem ihr opfert und räuchert. Denn auf eure Gewalt verlaßt ihr euch, trotzt, rühmt, freut euch derselben; wenn die nicht wäre, würde euch euer Götze wenig helfen oder erfreuen. Auf die Weise redet auch Jesaja

2,8: »Sie beten an ihrer Hände Werk, und das Werk, das ihre Finger gemacht haben.« Und Apostelgeschichte 7,41 spricht Stephanus: »Sie freuten sich der Werke ihrer Hände.« Denn woran man sich freut, worauf man sich verläßt, das ist sein Gott, weil man sich auf niemand als auf Gott allein verlassen soll, sich auch sonst keines Dinges freuen als Gottes. Die Gottlosen aber müssen sich ihrer Werke und Gewalt trösten, das ist ihr Gott, sie können nicht anders.

So will der Prophet nun sagen: Wie feinen Gott habt ihr! Euer Netz, eure eigne Gewalt ist euer Gott, die ihr doch nur habt von unserm Gott. Er tadelt aber daneben auch die Lästerung, daß sie nicht Gott die Ehre geben, und verklagt sie vor Gott wegen solcher großen Undankbarkeit und wegen des verkehrten, lästerlichen Götzendienstes, wie wenn er sagen wollte: Das ist die Frucht dessen, daß du sie nicht strafst, und läßt sie solch Glück haben, daß sie nicht allein die Menschen unterdrücken, sondern auch dich selbst antasten und deine Ehre ihrem Netze, der Gewalt, die sie von dir haben, geben. »Das macht, daß sein Teil so fett davon geworden ist und seine Speise so völlig.« Das bedeutet: Mit solcher Gewalt hat er so viel Güter und Königreiche erworben und ist gut gemästet. Aber gut gemästet sein macht Abgötterei, wie Moses in seinem Gesang sagt (5. Mose 32,15): »Er ist fett und dick und völlig geworden, darum ist er ein Widersprecher geworden.« Die zwei Gottesdienste: Opfern und Räuchern, sind in der Schrift beinah allgemein und kommen aus dem Gesetze Moses. Ob aber die Babylonier die zwei auch gehabt haben, oder ob der Prophet mit diesen Namen ihren Gottesdienst habe deuten wollen, das laß ich jedem nach seinem Gutdünken bleiben. Es liegt nichts daran.

Deshalb wirft er sein Netz noch immer aus und will nimmer aufhören, Leute zu erwürgen. Hab. 1,17

Je mehr Geld, desto größer wird der Geiz, daß man ihn mit Gütern nimmermehr sättigen kann, sondern nur weitermacht. Ebenso steht's auch mit allen andern bösen menschlichen Gelüsten. Je größere Ehre einer hat, desto mehr will er haben; je mehr Land und Gewalt, desto größere Begierde, sie zu vermehren. So schreiben die Heiden vom großen Alexander, daß er nicht gesättigt war von einer ganzen Welt. Denn als er von einem Philosophen hörte, daß es viel mehr als nur eine Welt gäbe, seufzte er und sprach: »Und ich habe noch nicht eine gewonnen.«[13] Ebenso tadelt hier Habakuk den unersättlichen Geiz des Königs von Babylon, daß er sich nicht genügen läßt, sondern weil sein Teil so fett ist, wirft er sein Netz noch immer aus, mehr Land und Leute zu gewinnen. Und nennt das »Leute erwürgen«. Denn Land und Leute gewinnen, geht nicht anders zu, als daß man Leute dabei erwürgt. Aber danach fragt der mörderische Geiz nicht, wenn er nur reich und fett wird. Und hier siehst du selbst, daß mit dem Netz seine Gewalt gemeint sei, durch die er die Leute erwürgt und ihr Gut an sich zieht.

Das zweite Kapitel

Hier stehe ich auf meiner Warte und trete auf die Feste und schaue und sehe zu, was mir gesagt werde und was ich antworten solle dem, der mich schilt. Hab. 2,1

Hier kommt und fängt recht an, wovon ich oben gesagt habe, daß der Prophet nicht nur für sich selbst im Kampfglauben stehe gegen der Babylonier Glück, sondern daß er auch kämpfen und fechten muß gegen den Unglauben seines

Volkes, dem er predigt, und es trösten und stärken muß. Bevor er darum gegen die Babylonier weissagt und ihr Unglück verkündigt, muß er vorher sein ungläubiges Volk tadeln, damit er sie doch in der Predigt behalte und sie ihm zuhören. So wie wenn jetzt ein Prediger von einem künftigen oder gegenwärtigen Übel predigt und das Volk anfinge, zu verzweifeln und wegzulaufen, als wäre keine Hoffnung mehr da. Der müßte wahrlich lebendig sein und sein Amt preisen und vermahnen, damit sie standhielten und zu Ende hörten, wie es ausgehen würde und wie Gott solchen Frevel wieder strafen und sie erlösen würde. Ebenso muß hier Habakuk auch tun um derer willen, welche die Zukunft der babylonischen Tyrannei, von der er geredet hat, erleben und erfahren sollten, damit sie nicht verzagten, als wäre deshalb alle Hoffnung aus. Denn dem Volk war von Gott verheißen, daß Christus kommen sollte und zu Jerusalem ein herrlich Königreich anfangen; dazu waren sie nun überredet und darauf warteten sie. Darum meinten sie auch, Jerusalem müsse bleiben vor aller Welt und auch sie im Lande bleiben, so daß sie der Weissagung Habakuks von der Ankunft der Babylonier nicht glauben konnten. Als die aber kamen und sie des Propheten Weissagung mit der Tat erfuhren, da glaubten sie diese allzu sehr, so daß sie auch an dem künftigen Reich Christi verzagten, weil es nicht kam, als Jerusalem stand und sie im Lande wohnten. Da werden diese und ähnliche Worte ins allgemeine Geschrei gekommen sein: »Ja, wo sind nun die Propheten, die uns Christus verheißen haben? Wie fein haben sie uns genarrt! Ja, glaube nur, wer da will, daß er komme. Wie sollte er kommen? Jerusalem liegt in der Asche und wir sind weggeführt in fremde Länder. Pfui über euch Propheten alle auf einen Haufen, ihr seid doch nichts als lauter Buben, die Land und Leute verführen.«

So tut die Vernunft, wenn Gott sein Wort auf andere Weise erfüllt, als sie sich eingebildet hatte. Denn sie will ja immer Gott Maß, Zeit und Weise bestimmen, wie er seine Gelübde halten solle, oder sie will nicht mehr glauben. Da kann Gott nichts anderes tun, als daß er sein Wort wunderbar und ganz anders erfülle, als wir denken. So kommt es dann, daß man Gott zu keiner Zeit glauben will. Droht er, dann hindert uns das gegenwärtige Glück und daß wir das kommende Unglück noch nicht fühlen, daß wir seinem Drohen nicht glauben. Verheißt er Gnade, dann hindert uns das gegenwärtige Unglück und daß wir die künftige Gnade noch nicht fühlen, daß wir seinem Verheißen auch nicht glauben. Da bekommen dann die Propheten allererst zu schaffen mit dem zaghaftigen, ungläubigen Volk. Denn wie konnte Gott das verheißene Reich Christi närrischer und wunderbarer anfangen als damit, daß er Jerusalem, wo es sein sollte, zerstören ließ durch gottlose Verächter und seine Feinde, und sein eigenes Volk wegführen ließ? Wie konnten sie glauben, daß Jerusalem zugleich in der Asche liege und zugleich dennoch das herrlichste Königreich werden sollte? Vernunft mußte da sinken und verzweifeln; und wer bleiben sollte, der mußte über alle Sinne und Vernunft allein in Gottes Wort schweben und hängen, so daß er ein neues Jerusalem sähe, das noch nirgends zu sehen war, und ein unsichtbares Jerusalem für ganz gewiß halten, als stünde es da, wo das sichtbare in der Asche lag vor seinen Augen. Desgleichen findest du ein schönes Beispiel von ebendieser Sache Jeremia 32,24f., wo sich der Prophet hoch verwundert, wieso es Gott möglich sei, daß Jerusalem zugleich wüst sein sollte und doch wieder aufgerichtet werden, so daß man darin kaufe und handle. Lies dieses Kapitel, denn es gehört hierher als die passende Erklärung.

Denn ebenso tut hier Habakuk auch, daß er die Zerstörung verkündigt und doch andererseits verheißt: Es sollen alle Prophezeiungen von Christus erfüllt werden gegen und über alle Sinne und Vernunft. Darum spricht er nun: »Hier stehe ich auf meiner Hut und trete auf die Festung.« Er stellt sich wie ein Kriegsmann, der auf eine Warte tritt, sich zu wehren. Wem gilt aber solches Warten und Hüten? Gegen wen streitet er? Gegen den Unglauben und die Ungeduld des Volkes, als sollte er sagen: Ihr murrt und seid ungeduldig und macht auch viele andere ungläubig, daß sie mir und allen Propheten nicht glauben, sondern verzweifeln an dem verheißenen Christus. Wohlan, ich will darum nicht ablassen, sondern mich rüsten und gegen euch setzen und nun desto mehr predigen, ob sich doch einige im Glauben aufrecht erhalten könnten. Darum stehe ich als einer, der auf der festen Warte und Hut steht und ficht, so hüte und fechte ich auch stark und fest für die Schwachen im Glauben gegen euch Ungläubige und Verzagte. Und ich stehe so, daß ihr mich nicht umstoßen sollt. Denn ich stehe auf der Feste, das ist, ich habe Gottes Wort für mich, darauf ich mich verlasse und glaube, darum rede ich auch und predige den anderen. Das ist, wie ich gesagt habe, sehr vonnöten, wenn das Volk zagt, daß der Prophet wirklich fest stehe auf seinem Wort, fest darauf bestehe, nicht weiche noch wanke, weder um des Unglücks willen, noch um des Unglaubens, Murrens, Lästerns willen im Volk. Denn wenn der wankt und weicht, der das Wort und den Trost führen soll und behaupten, dann fällt's ganz dahin, dann liegt das Banner am Boden und der Wächter ist tot. Wenn er aber steht, dann bleiben doch einige an ihm hängen und sehen auf ihn.

»Ich schaue«, spricht er, »was mir gesagt werde und was ich antworten solle dem, der mich schilt«, das bedeutet: Ich warte auf die Püffe von den Ungläubigen und Lästerern, wie ich denen antworten solle, die da die Schwachen verführen und abschrecken und tadeln mich und alle Propheten, als seien wir Lügner, weil Gottes Wort und Werk anders geht, als sie dachten. Denn wenn ich ihnen nicht antwortete und gegen sie predigte, sondern schwiege still und litte ihr Tadeln, würden sie mir wohl das Volk ganz und gar von Gottes Wort abwenden, daß keiner mehr auf Christi künftiges Reich harrte, sondern alle daran verzweifelten. Darum will ich unentwegt meines Amtes warten und hüten, wen ich behüten kann. Und hier siehst du, daß den Propheten alles zu tun gewesen ist, daß sie das Volk im Glauben hielten auf den künftigen Christus und haben es so mit dem Wort an Christus gehängt, daß es an ihn glaubte, so gut wie wir jetzt an ihm hängen und glauben. Deshalb will der Prophet auch das Tadeln und Lästern nicht leiden, obwohl wir doch gerne Schmach und Lästerung leiden sollen um Gottes willen. Denn wenn es uns angeht, sollen wir es leiden. Aber wenn es die Lehre betrifft, die soll man verantworten und entschuldigen, wie's Christus tat (Joh. 8,14f.), auch vor dem Priester Hannas (Joh. 18,19f.). Denn wer die Lehre und das Wort in Verlästerungen stecken läßt, wo er's abwehren kann, der hilft dazu, daß die Schwachen zum Unglauben gestürzt werden. Darum muß immer auf der Hut gestanden werden, gelehrt, vermahnt, gestraft, gepredigt und verbreitet, um die Auserwählten zu erhalten. Welche aber nicht glauben, die lasse man fahren nach zwei oder drei Vermahnungen, wie S. Paulus lehrt Titus 3,10.

Das Stück »was mir gesagt werde« könnte vielleicht so zu verstehen sein: Ich will schauen, was Gott mir sagen werde, weil es im Hebräischen lautet: »Was man in mir sagen wird«, so daß also diese Wendung von Gottes Wort und die andere nachher vom Wort der Lästerer zu verstehen wäre. Aber mich dünkt, es sei beides von den Lästerern zu verstehen, die zu Habakuk reden und tadeln, das ist, gegen ihn und sein Wort reden und nennen es Lüge, wie auch Sacharja 3,2 steht: »Der Herr schelte in dich, Satan«, das ist, der Herr wolle dir einreden, dir in dein Vorhaben greifen und dir wehren. Denn weil Habakuk auf der Hut und Feste steht, hat er schon Gottes Wort bereit, auf dem er steht. Und weil er sich umsieht und schaut, was man ihm einrede, ist's gut zu merken, daß solch Schauen und Zusehen auf Menschen gerichtet ist, die gegen ihn reden; und darum steht und schaut er, daß er die Schwachen tröste und bewahre gegen die Einreder und Tadler. Ebenso folgt auch hernach das Wort Gottes, das er sowohl den Schwachen als auch den Scheltern vorhalten soll, und spricht:

Der Herr aber antwortete mir und sprach: Schreibe das Gesicht und streich's aus auf eine Tafel, daß es lesen könne, wer vorüberläuft. Hab. 2,2

Er führt des Herren Namen ein, seine Schelter zu schrekken und die Schwachen desto mehr zu stärken damit, daß nicht er selbst, sondern Gott solches sage und zu tun befehle. Hier ist zu merken: Weil es in göttlichen Sachen allezeit so hoch und wunderbar zugeht, daß ein Mensch alle Sinne und Vernunft fahren lassen muß und allein am bloßen Wort Gottes hängen, – sonst ist's lauter Narrenwerk und Torheit, was Gott vornimmt, 1. Kor. 2,4ff. –, darum pflegt Gott neben dem Wort auch eine äußerliche Gebärde oder ein Zeichen zu geben, gleichwie man ein Siegel an einen Brief hängt, den Glauben zu stärken. So mußte Jeremia eine hölzerne Kette am Halse tragen zu dem Wort, welches die Gefangenschaft aller Länder verkündigte, die der König zu Babylon ausüben werde (Jer. 28,10ff.). Und Jesaja mußte nackend gehen, als er verkündigte, wie Ägypten beraubt werden sollte (Jes. 20,2). Weiter mußte Jeremia (32,8) einen Acker von seinem Freunde kaufen zu dem Wort, als er verkündigte, daß Jerusalem wieder gebaut werden sollte. Und so fort an viel mehr Stellen, wie auch im Neuen Testament neben dem Evangelium die Taufe als Sakrament und äußerliches Zeichen eingesetzt ist. Ebenso tut hier Habakuk auch aus göttlichem Befehl: Neben dem Wort, mit dem er die Ankunft des verheißenen Christus und seines Reiches verkündigt und daß Jerusalem wieder gebaut werden solle, gibt er das äußerliche Zeichen oder die Gebärde dazu, daß er eine Tafel nimmt und schreibt darauf mit deutlichen, großen Buchstaben ganz dieselben Worte, daß die Weissagungen von Christus gewiß sein sollen und kommen, ungehindert durch den König zu Babylon, wenn er gleich Jerusalem zu Asche mache und das Volk wegführe aus dem Lande. Diese Tafel hat müssen hängen an einem öffentlichen Ort, wie am Tempel oder auf dem Markt, damit sie jedermann sehen und lesen konnte. Und damit hat er den Tadlern das Maul gestopft und die Schwachen im Glauben erhalten, soweit es möglich gewesen.

Das ist's nun, daß er sagt: »Schreib das Gesicht und streich's aus auf eine Tafel.« Was für ein Gesicht? Nicht eins, das Habakuk gesehen hat, sondern aller Propheten, die von Christus geweissagt haben. Denn in der hebräischen Sprache heißen die Weissagungen »Gesichte« und die Propheten »Seher« oder »Schauer«, wie das 1. Sam. 9,9 klar der Text ausweist. So spricht auch Gabriel Daniel 9,24, »daß erfüllt werde das Gesicht und die Weissagung«, als sollte er sagen: Aller Propheten Gesichte und Weissagungen gehen auf Christus; darum wenn der kommt, dann wird das Gesicht erfüllt. Daraus merkt man wohl, daß im Volk allgemein alle Weissagungen von Christus mit einem gemeinsamen Namen »Gesicht« genannt wurden. So ist's nun soviel gesagt, was Habakuk hier redet: Nimm eine Tafel und schreibe darauf das Gesicht, das ist, schreibe eine Inschrift darauf von der Weissagung, die auf Christus geht, was von der zu halten sei, weil die Juden so zagen und meinen, es sei ganz aus. Denn Habakuk hat nicht das Gesicht, das heißt alle Weissagungen aller Propheten, die von Christus geredet haben, drauf schreiben können, sonst müßte es doch eine große Tafel gewesen sein, besonders weil er's so groß schreiben soll, daß es einer im Vorbeilaufen lesen könne. Sondern das nennt er »das

Gesicht schreiben«, daß davon etwas geschrieben wird, was davon zu halten sei, nämlich die Worte, die da folgen werden. Und daß er's ausstreichen oder auslegen solle, ist nichts anderes, als daß er's deutlich, klar und grob schreiben solle, so grob und klar, daß man nicht davorstehen müsse und sehen und die Buchstaben zählen und zusammenlesen, wie's in kleiner oder abgekürzter Schrift vorkommt, sondern daß ganz große Buchstaben da seien, so daß man's gewiß wie mit einem Blick sehen und lesen könne und gleichsam alles im Lauf erfasse, aber nicht zu sehr laufe, sondern daß man die Buchstaben im Lauf dennoch erkennen könne. Denn es könnte einer so sehr laufen, daß er's nicht lesen könnte, wenn's selbst Buchstaben wären wie die Pfeiler in den Kirchen.

Es ist dem Propheten alles daran gelegen, daß es gewiß gesehen und gelesen werden könne. Das will er mit dem Wort »und streich's aus«, das ist: mach's klar, grob, deutlich und erkennbar genug. Damit will er anzeigen, daß gleichwie diese Tafel klar, gewiß und deutlich gelesen und gesehen wird, wie eine, die auch einem, der vorüberrauscht, erkennbar ist, ebenso soll das auch gewiß sein, daß Christus kommen werde, wie der Propheten Gesicht und Wort von ihm behaupten und sagen, damit sie ja nicht zu sehr erschrekken vor der Zerstörung Jerusalems und ihrer Gefangenschaft, die sie vom König zu Babylon leiden werden.

Nämlich also: Das Gesicht wird kommen zu seiner Zeit und wird endlich frei handeln und wird nicht ausbleiben. Ob's aber verzöge, so harre sein. Es wird gewißlich kommen und nicht lange machen. Wer aber dagegen strebt: Dessen Seele wird nichts gelingen. Denn der Gerechte lebt seines Glaubens. Hab. 2,3–4

Dies ist der Text, der auf der Tafel grob und klar geschrieben gewesen ist. Denn das ist's, was er von dem

Gesicht schreiben sollte. Und wir sehen, daß seine Trostworte und Verheißungen sind für die Schwachen von der zukünftigen Erfüllung aller Prophezeiungen von Christus. Damit ist nun aufrecht gehalten der Glaube an Christus, der da kommen sollte, und ist bewahrt, damit man Gott nicht Lügen strafe in seinen Propheten, als sei seine Verheißung falsch. Denn obwohl Jerusalem zerstört und das Volk weggeführt wurde, so bleibt doch das jüdische Königreich im Wort Gottes verfaßt, und es waren Propheten da, die das Volk retteten und ermahnten, eine bestimmte Zeit solche Strafe zu erleiden. Dies ist den Juden nicht geschehen in der letzten Zerstörung Jerusalems, durch die Römer vollbracht, wo sie auch weggetrieben sind. Aber da ist kein Prophet, der sie tröste und rette, bis auf eine bestimmte Zeit solche Strafe zu leiden. Es ist auch ihr Königreich nicht ins Wort gefaßt, sondern von allen Dingen verlassen, sowohl von Propheten als auch von königlichen Personen, was in der babylonischen Gefangenschaft nicht geschah.

So sagt er nun: Die Weissagungen oder Gesichte vom zukünftigen Christus und seinem Reich sind nicht aus, ob wir gleichwohl jetzt zerstört werden eine Zeitlang, sondern steht und hält noch fest, wie die Propheten davon geredet haben. Sie hat aber ihre bestimmte Zeit, die niemand weiß und Gott befohlen ist. Und wenn sie nun kommt zu ihrer Zeit, wird sie frei handeln und nicht täuschen oder lügen. Denn im Hebräischen lautet's so: »Sie wird frei handeln und nicht lügen«, welches ich verdeutscht habe: »Sie wird nicht ausbleiben.« Denn das will er auch, wenn er sagt, sie solle nicht lügen oder fehlen. Und das »frei handeln« meint er nicht anders als wie Psalm 12,6 das Wort auch braucht und spricht: »Ich will ein Heil aufrichten, das soll frei drinnen handeln«, welches alles ebensoviel sagt: Die Weissagungen von Christus, wenn sie nun erfüllt werden, dann wird frei gehen und bekannt werden, was jetzt verborgen liegt, so daß man in aller Welt davon predigen und sagen wird, so daß sie auch niemand hindern kann, wenn sich selbst die Pforten der Hölle dagegen setzten. Denn das ist die Art dieses hebräischen Wortes »frei handeln«, daß es bedeutet: frei offenbar aus sich herausgehen mit Reden und getrost und lebendig von einem Ding sprechen, ohne Rücksicht auf jemand, wie Lukas schreibt von Paulus, Apollos und andern, daß sie »freidiglich handelten und frei heraus redeten von Christo« (Apg. 28,31; 18,26; 4,13).

Danach vermahnt Habakuk die Schwachen, die diese Verheißung nur schwer glauben. »Ja«, möchten sie sagen, »ich höre wohl, es soll kommen zu seiner Zeit. Wann wird aber die Zeit kommen? Es wird besonders lang, man zieht uns immer auf und sagt uns, wie Jesaja spricht (28,13): ›Harre doch, harre abermals, hier ein wenig und dann wieder ein wenig.‹ Hier befiehlt man, da befiehlt man wiederum. Wann wird's denn einmal? Ich sehe wohl, wenn wir viel hören und harren, dann gehen wir zuletzt unter und werden zerstört.« Auf solche und ähnliche Worte, die alle Propheten viel hören müssen von den Ungläubigen oder Schwachgläubigen, antwortet nun Habakuk und spricht: »Wohlan, wenn sich's ein wenig verzögert, dann harre darauf. Es wird gewiß kommen und nicht ausbleiben oder lange dauern.« Weiter droht er auch über solche Verheißungen und Vermahnungen, um alle Wege zu suchen, sie im Glauben aufzurichten und zu bewahren. Denn man findet keine andere Weisen, den Glauben zu stärken als die drei auf dieser Tafel geschriebenen Stücke, nämlich: verheißen, vermahnen und drohen. Wenn das nicht helfen will, dann kann nichts helfen. Das Drohen aber ist das letzte nach guter Ordnung und das Verheißen das erste. Denn wenn man Gutes verheißt und danach fleht und vermahnt, muß man hernach denjenigen gehen lassen, der nicht bleiben will, und das Drohen zuletzt geben, wie man zu den Ungehorsamen sagt: Wohlan, fahr hin, du wirst's schon finden. Und das ist eine rechte göttliche, natürliche Art zu lehren. Denn diese drei Stücke hält auch Christus fest und die Apostel, wie auch Moses und alle Propheten.

Die Drohworte aber sind diese: »Wer aber dagegen strebt, dessen Seele wird nichts gelingen.« Das hebräische Wort »uphla«, das man lateinisch »contentio et pertinacia« nennt, verdeutschen wir mit »das Widerstreben«, wie die Halsstarrigen sich gegen Gottes Wort setzen und sich einfach nichts sagen lassen. Diese nennt S. Paulus Röm. 2,8 »Zänkische«, wo er sagt: »Die da zänkisch sind und nicht der Wahrheit gehorchen, aber dem Unrecht gehorchen« usw. Mit diesen Worten zeigt er uns gerade diejenigen an, die Habakuk hier meint mit dem Wort »uphla«; immer finden sie etwas, das sie gegen Gottes Wort sagen, damit sie ja nicht glauben müssen. Ein verdrießlich Volk, das weder nach Verheißung fragt, noch nach Vermahnung, noch nach Drohung. Was sie nun auch daran gewinnen, das verschweigt Habakuk nicht und spricht: »Dessen Seele wird nichts gelingen.« So droht Jesaja (7,9) ihnen auch: »Glaubt ihr nicht, so könnt ihr nicht bleiben.« Und Moses spricht an vielen Stellen, daß sie kein Glück haben sollen, wenn sie Gott nicht gehorsam sein würden, wie es denn auch immer geschah und geschieht. Und Christus spricht selbst: »Wer nicht glaubt, der ist verdammt« (Mark. 16,16). Denn wie kann's dem wohlgehen, der gegen Gott streitet und Gott nicht für treu und wahrhaftig hält? Er verdammt Gott, so verdammt ihn Gott wieder. Und wenn's ihm eine kurze Zeit wohlginge, so ist's nur sein großer Schaden und die Verdammnis schlimmer.

Zuletzt schließt Habakuk diese Schrift auf der Tafel ab mit einem Meisterspruch: »Denn der Gerechte lebt seines Glaubens.« Das bedeutet: Soll jemand gerecht sein und leben, so muß er Gottes Verheißung glauben. Da wird nichts anderes draus. Andererseits stirbt der Gottlose durch seinen Unglauben. Ebenso auch hier: Wollt ihr bleiben und erhalten werden, so müßt ihr dieser Inschrift auf der Tafel glauben, daß Christus kommen werde mit seinem Reich, und euch nicht beirren lassen, weil euch äußerlich das Ding ganz anders ansieht, wenn ihr zerstört werdet. Denn das ist die Art göttlichen Wortes, daß es höhere und widersprechende Dinge vorhält, die alle Sinne und Vernunft nicht begreifen und alle Erfahrungen nicht fühlen. Ihr seht und fühlt Zerstörung eures Reichs, darum müßt ihr durch den Glauben über das Fühlen euch erheben und auch mitten in der Zerstörung gewiß sein, daß euer Reich komme und herrlich aufgerichtet werde. Hier sehen wir, wie die Propheten den Glauben auf Christus hin gepredigt und ausgebreitet haben, so gut wie wir im Neuen Testament, und daß Habakuk so kühn ist und es wagt, alle andern Werke zu verdammen und allein dem Glauben das Leben zuzuschreiben. Denn er sagt unverhüllt heraus: Es soll dem Ungläubigen nichts gelingen. Laß ihn nur beten und sich zu Tode mühen und arbeiten, da sind seine Werke schon verurteilt, daß sie nichts gelten oder taugen, sollen ihm auch nichts helfen. Aber der Glaubende soll ohne Werke seines Glaubens leben.

S. Paulus führt diesen Spruch recht gut aus Römer 1,17. Denn es ist ein allgemeiner Spruch von allen Gottesworten, daß man ihn glauben muß, er sei am Anfang, Mitte oder Ende der Welt geredet, wie der Brief an die Hebräer (11,4ff.) viele Beispiele des Glaubens vom Anfang der Welt herzählt und doch auf alle zugleich auch diesen Spruch bezieht. Habakuk zieht ihn heran, um der Inschrift auf der Tafel zu glauben. Paulus zieht ihn heran, um dem Evangelium zu glauben. Moses sagt mit andern Worten dasselbe, wo er spricht (1. Mose 15,6): »Abraham glaubte Gott und das ward ihm zur Gerechtigkeit gerechnet.« Was ist damit anderes gesagt als: Abraham lebte seines Glaubens als ein Gerechter? Das sage ich um der jüdischen Einrede willen, der sich einige bedienen, die klug sein wollen und über Paulus urteilen, als habe er

Habakuk zu Unrecht und an den Haaren mit Gewalt herangezogen, weil Habakuk von seiner Tafel und nicht vom Evangelium rede, obwohl doch diese Tafel auch vom Evangelium redet, aber vom zukünftigen, Paulus aber nicht von der Tafel, sondern vom gegenwärtigen Evangelium redet. Es ist aber dennoch dasselbe Evangelium, das damals zukünftig war und jetzt gekommen ist, gleichwie derselbe Christus gestern, heute und ewiglich ist (Hebr. 13,8), nur daß er auf andere Weise verkündigt wird vor und nach seiner Ankunft; daran liegt aber nichts: Es ist gleichwohl derselbe Glaube und Geist, der an ihn glaubt.

Aber das ist ein noch klügeres Ding, wo sie geifern, S. Paulus habe Habakuk nicht recht übersetzt. Denn sie geben vor, Habakuk rede nicht vom Glauben, sondern von der Wahrheit, da er spricht: »Der Gerechte lebt seiner Ämunah.« Ämunah aber bedeute Wahrheit. Nun seien Wahrheit und Glaube nicht dasselbe. Da antworte ich: Es ist wahr, im Hebräischen lauten die zwei Worte »Ämäth« und »Ämunah« sehr ähnlich, kommen auch beide vom selben Wortstamm her, der heißt »Aman«. Weil »Ämäth« Wahrheit heißt, soll »Ämunah« auch Wahrheit heißen, wie es die griechische und lateinische Bibel aus dem Hebräischen verdolmetschen. Aber es ist nicht recht, Paulus hat's anders und richtig verdolmetscht: Ämunah, Glaube. Denn wenn's schon so wäre, daß Ämunah im Hebräischen auch Wahrheit heiße (was sie nicht beweisen werden), so erzwingt der allgemeine Sprachgebrauch der Schrift doch überall, daß Ämäth in dem Sinne Wahrheit heißt, wie ein frommer Mann wahrhaftig und treu ist und das hält, was er sagt. Ämunah aber heißt Wahrheit in dem Sinne, wie sie einer in seinem Herzen hat und damit an des andern Wahrheit und Treue hängt. Daher heißen »Ämunim« Leute, die trauen und glauben oder sich verlassen und hängen an eines anderen Wahrheit, wie Psalm 31,24 sagt: »Der Herr behütet die Ämunim«, das bedeutet: die ihm trauen und glauben. Nun laß ich's geschehen, wenn einer so zänkisch sein will, daß er den Sinn im Herzen, der einem andern, der treu und wahrhaftig ist, anhängt und sich auf ihn verläßt, Wahrheit nenne oder wie er will; Paulus und wir wissen solchen Mut nicht anders zu nennen als Glauben. Und die solchen Mut haben, sind Gläubige. Denn dadurch werden sie auch wahrhaftig, das ist, rechtschaffene, treue, fromme Leute. So heißt Gott manchmal in der Schrift »Deus Ämäth« – wahrer Gott – (Ps. 31,6), manchmal »Deus Ämunah« – treu ist Gott – (5. Mose 32,4). Denn beides ist sein, sowohl seine Wahrheit als auch unser Glaube; davon aber genug.

Aber der Wein betrügt einen stolzen Mann, so daß er nicht bleiben kann. Welcher seine Seele aufsperrt wie die Hölle und ist gerade wie der Tod, der nicht zu sättigen ist, sondern rafft zu sich alle Heiden und sammelt zu sich alle Völker. Hab. 2,5

Im ersten Kapitel hat der Prophet dem Volk Israel gedroht und die Zerstörung angekündigt und sehr geklagt über den Zerstörer, den König zu Babylonien. Im zweiten Kapitel hat er sie wieder getröstet durch Worte und ein äußerliches Zeichen mit der Ankunft Christi und seines Reiches. In diesem dritten Kapitel[14] droht er nun dem König zu Babylon und seinem Reich mit vielen Worten und Sprüchen. Und das auch darum, daß die Juden nicht verzagen sollen, als würde ihre Gefangenschaft ewiglich bleiben, sondern getröstet werden, weil ihr Feind wieder zerstört und sie erlöst und viel herrlicher werden sollen, wie er sie denn auch im nächsten Kapitel trösten wird mit Hinweisen auf frühere Wundertaten Gottes. Denn, wie gesagt: Es ist dieses und aller andern Propheten vornehmste Meinung und Absicht, das Volk zu trösten und zu erhalten im Glauben und Hoffen auf den zukünftigen Christus, daß sie nicht an ihm verzagen sollen, weil es so übel mit ihnen steht und geht, und es überall so scheint, als sei es verloren und werde nichts draus. Gleichwie die Apostel und Christen auch trösten, daß wir unter dem Kreuz dennoch hoffen in festem Glauben eines ewigen Lebens und Reiches im Himmel.

Oben verglich er den König zu Babylon einem Fischer, der alles an sich rafft, frißt und verschlingt. Hier vergleicht er ihn einem Säufer, der sich vollsäuft, daß er speien muß. Und er will so sagen: Gleichwie der Wein zuerst so glatt und süß eingeht, besonders wenn der Trunkenbold eigensinnig ist und gerühmt sein will wegen seines Saufens als ein Bierheld oder Weinritter, – da läßt sich der Wein getrost saufen, und der Säufer will durch Saufen einen Preis gewinnen. Aber zuletzt wird der gesoffene Wein Herr im Kopf und wirft den Saufritter unter die Bank, so daß er ein Saukoch wird, rundum speit und verdreckt, daß Haus und Hof stinken. Da liegt dann der stolze Mann und treffliche Held wie ein stummes, unvernünftiges Tier, wie eine Sau liegen würde, so daß an ihm nichts Menschliches mehr ist als die äußere Gestalt. Und das ist dann schändlich zu sehen und zu hören, um so mehr, je redlicher der Mann sein sollte. So hat ihn der Wein betrogen. Das ist, wie es im Hebräischen lautet: Er hat ihn so zuschanden gemacht, daß er verachtet ist und niemand etwas von ihm hält, so daß auch ein Kind sich nicht vor ihm fürchtet. Ja, auch die Säue nicht, die doch seine ausgespieene Gurgelsuppe um ihn her fressen. Denn was könnte ein betrunkener Mensch tun? Er kann weder reden noch schaffen, da er alle Vernunft, Sinne, Sprache, Verstand und Kraft verloren hat; da liegt er wie ein Klotz; wenn er vorher selbst der grausame Hektor oder Achill wäre, so ist er alsdann auch der Kinder Spott und Gesang, die mit Fingern auf ihn zeigen, lachen und ihn mit Spottworten äffen, wie sie wollen. Ebenso haben auch die lateinischen Weisen geschrieben, daß ein betrunkener Mensch weder lebendig noch tot sei.

So ist auch der König zu Babylon ein großer, stolzer Säufer, nicht als Weinsäufer, sondern nach Habakuks eigener Auslegung, daß er seinen Rachen weit aufsperrt wie die Hölle und nicht zu sättigen ist wie der Tod, alle Länder und Leute rafft, säuft und verschlingt. Nun wohlan, der Wein geht süß ein; denn es schmeichelt und gefällt, so große Länder und Leute zu unterwerfen und so mächtig zu werden, das ist: so voll und trunken. Aber zuletzt geht es schändlich zu, wenn er sie alle ausspeien und losgeben muß, so daß er ganz zunichte wird und kein Königreich, Land, Leute oder Stadt behält, wie es dann dem König zu Babylon ging, als er von den Persern zerstört wurde. Da geschah es, was hier Habakuk beschreibt, daß er wieder ausspeien mußte mit allen Schanden alles, was er gesoffen hatte. Denn alle Länder und Leute mußte er verlieren und er selbst auch zunichte werden. Das heißt dann: »Der Wein betrügt oder macht zuschanden den stolzen Mann, daß er nicht bleiben kann.« Denn das Wort »betrügt« ist gerade das, von dem wir oben Kapitel 1 gesagt haben: »boged« oder »woged«, d. h. wenn einer so ganz zunichte oder verachtet wird, daß man gleichsam gewiß ist, er sei und gelte nichts. Ferner, wenn er spricht, »daß er nicht bleiben kann«, dann bedeutet das, daß er kein Haus behält oder Wohnung, wie einer, der aus einem Königreich vertrieben wird.

Wir Deutschen haben ein Sprichwort, das diesem Spruch Habakuks beinah gleich ist, wenn wir sagen: »Ein trunken Haus speit den Wirt aus.« Wenn wir, wie es Habakuk tut, dies nun auch beziehen und deuten auf einen Tyrannen, der die Leute so schindet und abschabt, wie's jetzt einige Bischöfe und Fürsten tun, dann könnten wir auch sagen: O weh! Er säuft zu sehr und macht sich zu voll. Das trunkene Haus wird den Wirt ausspeien. Das meint: Er raubt und bedrückt so hart, daß er verachtet wird und zuletzt auch zugrunde gehen muß. Ja, nicht nur verachtet wird er, sondern angefeindet, dem niemand hold und jedermann feindlich wird. So ein Reich aber, das mit Furcht und Gewalt durch feindselige Tyrannen erhalten wird und nicht auch mit Liebe und Gunst der Untertanen, das kann nicht bestehen, wie das alle Geschichte beweist und täglich alle Erfahrung bezeugt. Und Habakuk mit seinem Spruch bleibt bestehen, daß der Wein die stolzen Tyrannen verachtet und zuschanden macht, wenn sie sich zu sehr und so ganz vollsaufen mit dem Gut der Länder und Leute. Denn seine Nachbarn können seine Macht nicht leiden, weil sie fürchten, sie könnte auch über sie zu groß werden. Darum stecken sie die Köpfe zusammen und setzen sich gegen ihn. Seine Macht ist dann aus, wenn er sein eigenes Volk, Land und Leute gegen sich hat, so daß sie ihm feindlich sind, sich andere Herren wünschen. Darauf verlassen sich dann seine Feinde; somit ist er außen und innen wertlos und muß dann ausspeien, was er gesoffen hat. Ebenso ging's dem König zu Babylon, das sich sowohl die Meder als auch die Perser als seine Nachbarn gegen ihn stellten und ihn zerstörten, was viele seiner Länder und Leute gerne sahen.

Siehe aber zu, wie der Prophet mit ganz scharfen, bitteren Worten die Tyrannei des Königs tadelt. Zuerst: Er nennt ihn einen stolzen Mann. Denn so sind auch die Tyrannen, sie bewegen sich so stolz mit Gewalt, daß der gemeine Mann ihr Feind werden muß, weil sie nicht allein schinden und bedrükken, sondern sich dazu noch stolz und hochmütig benehmen zu den Leuten und sie nach allem Mutwillen behandeln. Zweitens vergleicht er ihn dem Höllenrachen, der so weit ist, daß er alle Welt verschlinge und sich doch nicht zutäte. So auch der Tod, wenn er auch alle Welt erwürgt, wird er doch nicht satt. Mit den Worten ist durchaus mächtig geredet von dem unersättlichen Geiz der Tyrannen. Und damit zeigt der Prophet auch das an, wie ein menschliches Herz gesonnen ist, wenn es nach Gut und Ehre steht, nämlich: Je mehr es hat, desto mehr will es haben; wenn es die ganze Welt hätte, wollte es gern zwei haben; hätte es zwei, dann wollte es gerne zehn haben. Summa: Wenn Tod und Hölle satt werden, dann wird ein geiziges Herz auch genug haben und vorher nicht. Drum soll man sich nicht vornehmen, wie man Geiz, Tod, Hölle sättige und ihnen so viel gebe, daß sie sprechen: Genug! Sondern den Geiz muß man töten, ebenso wie den Tod und die Hölle. Wie aber den Tod und die Hölle niemand tötet außer alleine Christus, so kann auch den Geiz niemand töten außer Christus, ebenso wie alle anderen Sünden; es sei denn, der leibliche Tod nimmt den Geizigen weg, daß er nimmermehr den Geiz ausüben kann, wie man sagt: Du wirst einmal voll werden, wenn man mit (Grab-) Schaufeln nach dir schlägt. Aber der Geiz geht gleichwohl mit ihm und bleibt bei ihm wie andere Sünde. Sonst kann der Geizige auf Erden nichts Gutes tun, wie die Heiden sagen, außer daß er sterbe.

Was gilt's aber? Diese alle werden einen Spruch von ihm machen und eine Sage und Sprichwort und werden sagen:

Hab. 2,6

Der Prophet fährt fort mit dem Gleichnis des vollen, trunkenen Mannes, wie derselbe zuschanden wird, und wie gesagt, daß man mit Fingern auf ihn zeigt, lacht und seiner spottet, wie über einen, der vorher so stark war, daß ihn jedermann fürchtete, nun aber so voll ist, daß er daliegt wie eine Sau; oder wenn er geht, dann torkelt und taumelt er so närrisch, daß man über ihn lachen muß. Er will viel tun und kann nicht auf den Beinen stehen. Ebenso geht's der Tyrannenpracht zuletzt auch, so daß sie nicht nur Macht und Gut verlieren und wie die Trunkenbolde nirgends stehen oder bleiben können, sondern daß man auch über sie spottet und lacht mit offen und versteckt höhnischen Worten: »Wo bist du nun, Junker? Wo ist dein Zorn?« Kurz, man zeigt ihm die

Feige[15], und so sehr wie er gefürchtet war, so sehr wird er nun verachtet, wie wir's in der Welt Lauf sehen, wie es denn jetzt auch dem Papst mit seinem Gesinde geht; da singt, dichtet, lacht, spottet, höhnt jedermann, der vorher nicht piepsen und mucksen durfte. Gerade solche Spötterei und Lacherei verkündigt hier Habakuk auch über den König zu Babylon in allen Ländern, wo er jetzt grausam ist, als Zukunft. Aber wenn es ihm gesagt wäre, dann hätte er gedacht: Es ist unmöglich und sind läppische Geschwätze. Doch wird's den Juden zum Trost verkündigt, wiewohl es nur wenige glaubten.

Es macht auch Gott besonders wunderbar. Er spricht, man werde über die Tyrannen lachen, und sie sitzen doch so fest und sind sehr tief verwurzelt, wie Jeremia spricht (12,2). Ebenso spricht auch Psalm 2,4, daß »Gott lache und spotte über Heiden, Fürsten und Könige, die sich gegen seinen Christus setzen«. Heißt das, sie verlachen und verspotten, wenn sie mächtig oben liegen, daß sie Christus kreuzigen, alle seine Jünger verfolgen und töten, selbst aber bleiben sie gleichwohl im Lande und in ihrer Gewalt? Ja, darum gehört Glaube dazu. Es sind Glaubenspredigten, die nicht vorweisen, was sie sagen, sondern Zukünftiges verheißen, entgegen dem, was vor Augen geht und steht. Das Evangelium Christi ist an keinem Ort jemals stärker durchgedrungen als da, wo man's am wenigsten leiden wollte. Denn als das Stündlein kam, gingen die Tyrannen unter und das Wort blieb auf dem Plan. Siehe als Beispiel dafür an Jerusalem und Rom; und jetzt auch, wo die Fürsten und Bischöfe dem Evangelium am heftigsten wehren, dahin muß es kommen und am meisten vor sich gehen. So wird man dann spotten und sagen: Wo sind sie nun, die das nicht leiden wollten? Im Grabe liegen sie, die Würmer fressen sie. Das Wort Gottes steht und geht gleichwohl in ihrer Herrschaft. Ebenso mußten Hannas und Kaiphas Christum zu Jerusalem mit dem Wort bleiben lassen und den Spott dazu haben. Wo aber Christi Wort ist und bleibt, da verheißt Christus, daß Sieg und Reich bleiben. Er behält ja das Feld mit seiner Lehre, und andere Lehren müssen schweigen wie die Mäuse, wie wir in der Erfahrung sehen.

Weh dem, der sein Gut mehrt mit fremdem Gut. Wie lange soll's denn währen? Und lädt nur viel Schlamm auf sich. Hab. 2,6

Hier zählt er in einer Reihe her einige Spottworte, die gegen den babylonischen Tyrannen durch's Land gehen würden. Und das sind wohl vier; das fünfte tut Habakuk von sich aus hinzu. Und daß er so viel solches Gespei macht und sein Gespött an dem mächtigen König hat, müssen wir immer in der Absicht verstehen, auf die sein Herz gerichtet ist, nämlich die Juden zu trösten, daß sie nicht verzagten an der Ankunft Christi. Denn wie gesagt ist, das ist die vornehmste Ursache und Meinung des Propheten, daß er die Schwachen trösten und bewahren will in der Zerstörung Jerusalems usw.

Das erste Spottliedlein, das man von diesem ohnmächtigen, trunkenen Tyrannen sagen und singen wird in allen Landen, ist von seinem Geiz, mit dem er großes Gut aus allen Ländern geschunden hat. Denn das ist der Welt Lauf und Ordnung, daß sie zuerst Geld und Gut sucht. Danach baut man. Danach sucht man Lust und Freude, zuletzt Gewalt und Ehre. Diese vier Stücke werden wir hier auch nacheinander in den Spottsprüchen sehen an dem trunkenen Tyrannen. Sein Gut, spricht er, habe er groß gemacht, nicht durch Gottes Segen und Gabe, wie die Könige Israels und Judas im eigenen Lande, sondern er hat's mit Gewalt anderen genommen, das ist, daß er alle Länder bezwungen hat und Zins und Steuern auf sie gelegt, bis er's alles an sich gerissen hat, was im Lande war. Und das nicht aus Gottes Befehl, sondern aus Geiz und Hochmut (wiewohl durch Gottes Verhängnis), wie die Tyrannen pflegen und alle Königreiche tun, die durch Streit und Gewalt hochkommen ohne Gottes Befehl. Daher heißen solche Reiche auch »Raubeberge« in Psalm 76,5.

»Wie lange soll's währen?« Das bedeutet: Er tut's nicht anders, als sollte es ewig währen. Solchen Spott hat man nicht singen dürfen, als der König im Reich saß. Er hätt's nicht gelitten. Denn die Tyrannen wollen recht haben und es soll nicht fremdes Gut sein, was sie so gewinnen. Aber nun er dahin ist, singt man's frei und spottet über seinen Geiz mit aller Sicherheit, ihm zu großer Schande, daß er verdientermaßen umgekommen sei als ein öffentlicher Landräuber und solange fremdes Gut besessen habe, das er nun mit Schanden zurückgeben muß. Und er nennt solches Gut viel und dicken Schlamm. Nicht nur wegen des Gutes, sondern weil er dadurch aller Leute und Lande Haß, Neid und Feindschaft auf sich lädt, darunter er ersticken muß und erdrückt werden und kann's nicht von sich wenden oder werfen. Denn im Schlamm kann keiner weder rückwärts noch vorwärts und muß stillhalten. Wer so das allgemeine Gebet und die Gunst verliert, der ist ohne allen Trost einfach verloren.

O wie plötzlich werden aufwachen, die dich beißen, und erwachen, die dich wegstoßen, und du mußt ihnen zuteil werden. Hab. 2,7

Das redet Habakuk als Zukunft, und doch sollen es Spottworte sein derjenigen, die Babylonien zerstört sehen werden, die also sagen müssen: Siehe, wie bald sind sie gekommen, die dich gebissen haben. Aber weil es noch nicht geschehen war, tröstet er damit die Juden und droht dem König. Er beschreibt aber, wie es zugeht, wenn ein Tyrann sicher sitzt und plötzlich in Unglück kommt, und nimmt als

Gleichnis dafür einen schlafenden oder schnarchenden Menschen. Der liegt sicher da im Schlaf und regt sich nicht. Kommt aber etwas, das ihn sehr beißt oder sticht, wie eine Hornisse oder ein Wurm, dann springt er aus dem Schlaf, erschrickt und fährt auf, als sei das Land voller Feinde. So ist's dem König zu Babylon auch ergangen. Als er sicher war, saß und trank, hatte er einen guten Mut, wie Daniel schreibt; plötzlich kamen die Perser und Meder, gewannen Babylon und töteten den König in einer Nacht (Dan. 5,30). Da regte sich der König und wurde wach. Und wie hier der Text sagt, wurde er »weggestoßen«, aus dem sicheren Lager gejagt, und konnte doch nicht entfliehen, sondern mußte ihnen zuteil werden, so daß sich die Perser und Meder in sein Gut, Land und Leute teilten. Das tut nun sehr wehe, so daß einer gerne fliehen würde und kann nicht fliehen, sondern muß den Feinden zuteil werden. Damit wird bezahlt, was er andern getan hat, wie folgt.

Denn du hast viele Heiden geraubt, so werden dich wieder rauben alle übrigen von den Völkern, um des Menschenblutes willen und um des Frevels willen, im Lande und in der Stadt und an allen, die drinnen wohnen, begangen.

Hab. 2,8

Er veranschlagt das als das Geringste, daß der Tyrann andere Heiden beraubt hat und mit Gewalt unterdrückt. Aber zum Trost den Juden zieht er das besonders heran, daß er das Land Juda und die Stadt Jerusalem mit ihrem Volk verderbt hat, sein Gut zu mehren. Denn wo er sagt »um Menschenblutes willen«, deutet er auf die andern Heiden alle, die nicht Juden, sondern wie andere Menschen gewesen sind, die zu überwältigen er viel Blut hat vergießen müssen, ohne Grund, nur damit er reich und ein großer Herr würde. Damit schilt er ihn einen greulichen Mörder um seines schändlichen Geizes willen, wie noch heutigen Tages weltliche Bischöfe und Fürsten nicht achten, wieviel Menschenblut es koste, daß sie nur reich und große Herren werden, wie der Welt Lauf und des Teufels Regiment geht.

Aber den Frevel am Lande Juda und an der Stadt Jerusalem hält er für noch größer deshalb, weil da Gott wohnt, der seinen Gottesdienst, sein Volk, seinen Tempel, sein Wort da hatte. Deshalb hat sich der König da am schwersten versündigt mit Frevel, das ist mit Gewalt und Unrecht an göttlichen und heiligen Dingen. Darum nennt er auch das Land, die Stadt und Bürger nicht mit eigenem Namen, sondern redet davon mit allgemeinen Namen, als gäbe es kein Land oder Stadt oder Leute mehr, die der Köng verderbt hatte. Denn was er andern gottlosen Ländern und Städten und Leuten getan, ist gering gegenüber diesem Lande. Es schreiben auch die Historien, daß gewöhnlich aller Frevel, an heiligen Dingen begangen, sei sofort und bald gerächt worden. Daher kommt das Sprichwort: »Es ist mit Heiligen nicht gut scherzen. Sie tun gerne Wunderzeichen.« Weiter: »Du glaubst den Heiligen nicht, sie tun denn Wunderzeichen.« Ebenso sagt man von C. Pompejus, dem aller glückseligsten Fürsten zu Rom, daß er überhaupt kein Glück mehr hatte, seit er den Tempel zu Jerusalem verunehrte. Und es war auch Babylon besiegelt, was werden sollte, als der König Jerusalem zerstört hatte. Bald danach nahm es ab, so daß er selbst wie ein unvernünftiges Tier wurde und keiner mehr so mächtig, und sein Königreich nach seinem Sohn ganz verfiel im dritten Glied, wie Daniel schreibt (Dan. 5).

Denn so streng wacht Gott über seinem Namen, daß er ihn auch nicht lästern läßt in den Abgöttern. Denn es führen alle Abgötter doch Gottes Namen und lassen sich Gott nennen, dennoch sind diejenigen oft bestraft, die über Abgötter gespottet oder an ihnen gefrevelt haben, wie die heidnischen Bücher bezeugen. Daher ist auch solche Furcht unter die

Leute gekommen, daß sie auch die Abgötter gefürchtet haben. Nicht daß deshalb Abgötterei recht sei oder unverboten, sondern weil ein Herz, das so froh und frech ist, über den Abgott zu spotten, auch ähnlich sehr über den rechten Gott spottet, da Gottes Name da ist. Denn es tut's nicht aus dem Glauben, wie die Christen tun, sondern aus Frevel und Vermessenheit. So läßt denn Gott den Teufel sie strafen und plagen. Gleichwie zu unsern Zeiten oft S. Antonius, S. Velten und dergleichen[16] die Frevler geplagt haben, das heißt, der Teufel hat es getan aus Gottes Verhängnis darum, weil solche Lästerer und Frevler ebenso leicht solches täten an den rechten Heiligen und an Gott selber, wie sie's tun an den Heiligen, die sie für heilig halten. Ebenso hab ich gesagt, daß dies Sprichwort daher komme: Die Heiligen tun gern Wunderzeichen. Denn was man für heilig hält, wenn es auch nicht an sich selbst heilig ist, das ist doch demjenigen heilig, der es dafür hält. Denn er nimmt Gottes Namen, der allein heilig ist, und mißbraucht ihn und lästert dann und frevelt dran. Davon genug.

Weh dem, der da geizet zum Unglück seines Hauses, auf daß er sein Nest in die Höhe lege, damit er dem Unfall entrinne. Hab. 2,9

Das zweite Spottliedlein, das man singen wird, handelt von seinem festen Gebäude. Denn so geht's, wenn man groß Geld und Gut, Land und Leute gewonnen hat, dann denkt man, wie es bewahrt und behalten werde. Hier hat der Geiz allererst zu schaffen, wahrlich so viel oder mehr als beim Gewinnen. Da dringt er dann darauf, daß man feste, starke Gemächer, Schloß und Städte baue, damit man sicher sei vor den Feinden. Denn weil sie das Gut nicht aus Glauben von Gott haben, sondern mit Geiz an sich gebracht, darum können sie es auch Gott nicht anvertrauen oder befehlen, sondern suchen selbst mit großer Vorsicht, Rat und Kunst, wie sie es bewahren und verteidigen. Ebenso schreibt man Wunder über Wunder von Königen, wie sie feste Städte gebaut haben, wie nach Judith 1 Arphaxad, der König von Medien, Ekbatana baute, so daß die Mauern dreißig Ellen dick und siebzig Ellen hoch und die Türme hundert Ellen hoch waren; da haben wirklich Leute dazu gehört, und da ist, meine ich, Arbeit geschehen. Doch sagt man von Babylon viel größere Dinge, was für ein trefflich, unglaubliches Ding das gewesen sei, wie Aristoteles sagt, es wäre nicht eine Stadt, sondern ein ganzes Land in die Ringmauern gefaßt. Denn die Ringmauern waren insgesamt sechzigtausend Schritte lang, wie Plinius schreibt, das macht etwa fünfzehn deutsche Meilen; fünfzehn Meilen aber als Länge der Ringmauer ergeben gut eine Stadt, die fünf Meilen lang und breit ist.[17] So waren die Mauern fünfzig Schuh dick und zweihundert Schuh hoch, einen Schuh zu rechnen fast so lang wie einen Ellenbogen, das ist drei große Finger lang. Und es waren sechshundert Rathäuser drinnen, und des Dinges viel mehr. Deshalb wurde Babylon als eines der sieben Wunder gezählt, die in der Welt waren. Es ist freilich ein Wunder, daß Menschen solchen Bau bewirken konnten.

Auf solche Stadt trotzte nun der König und die Babylonier und waren stolz, weil gewiß, daß es unmöglich sein sollte, sie zu gewinnen oder das Königreich zu zerstören. Gleichwie auch Jesaja 47,8 erzählt, wie sich Babylon rühmt und spricht: »Ich bin's alleine und ist sonst keine mehr. Nimmermehr werde ich Witwe werden oder ohne Kinder sein« usw. Und's ist auch kein Wunder, daß ein menschlich Herz sich verlasse auf solche mächtige Gewalt und solch Gut, da sich's doch sehr auf geringeres Gut verläßt und trotzt. Den Juden aber ist's schwer gewesen zu glauben, daß sie von Babylon wiederkommen sollten, nachdem sie von so großer Macht gefangen, verderbt und zerstört waren. Darum schreien auch die

Propheten Jesaja, Jeremia und hier Habakuk mit aller Macht gegen diese Stadt, damit sie das Volk mit Trost bewahren im Glauben an den kommenden Christus. Denn wer konnte es jetzt glauben, als solche Predigt erging, daß ein so mächtiges Königreich so leicht zerstört und die Gefangenen losgelassen werden sollten? Es ist ganz hoch und weit über alle Vernunft und Sinne.

Aber wenn Gott sonst nicht Wunder täte, hätte er doch hier an dieser Stadt und an dem Königreiche genügend bewiesen, wie doch ganz und gar keine Macht oder Gewalt helfe, wenn er die Hand abzieht, und kein Bau oder Festung bestehe, wenn er aufhört zu schützen, wie Psalm 127,1 spricht: »Wo der Herr die Stadt nicht bewahrt, da hütet der Hüter umsonst.« Damit hat er doch gut gezeigt, wie er auch von allen großen Herren auf Erden zu fürchten sei, und daß sie nicht stolz sein sollen auf ihr Gut und ihre Macht. Denn wenn Babylon nicht hat bleiben können, – wo will der Türke, wo will unser Kaiser, Könige und Fürsten bleiben, die kaum Bürger sein könnten zu Babylon? Andererseits sind damit auch diejenigen alle getröstet, die von Tyrannen verfolgt, gefangen und geplagt werden. Denn wenn er die Juden aus Babylon hat erlösen können, wo so stolze, mächtige und böse Tyrannen waren, wie sollte er nicht von viel geringeren auch erlösen? Dies ist's nun, daß Habakuk die Juden tröstet mit künftiger Erlösung und über den Tyrannen zu Babylon spottet und dahersingt: Ebenso wie das große Gut zu Babylon, aus allen Völkern geschunden, zerteilt und zunichte geworden ist, geradeso sei auch das große, feste, köstliche Gebäude zerstört und zerrissen, als das Stündlein gekommen ist.

So klingt nun das Spottliedlein folgendermaßen: »Weh dem, der da geizet zum Unglück seines Hauses«, das ist: Ach, wie sauer wird's ausgehen, wie wird man über dich spotten, weil du greulich gegeizt hast, dein Haus zu bauen und die

Stadt Babylon fest und stark zu machen. Was hilft's? Es ist nichts, nur daß du damit dir und deinem Hause desto mehr Unglück zurichtest. Denn baust du viel, dann wird viel zerbrochen. Wendest du viel auf, dann verlierst du viel und dein Schaden und Schande werden desto größer, weil du mit solchem schönen Gebäude zerstört wirst, und wirst entsprechend vergeblich gebaut haben, so daß alle Welt über dich spottet und sagt: Wo ist nun der treffliche Bau? Wo ist nun die feste Stadt, die vor der ganzen Welt sicher sein wollte? Was hat soviel Aufwand und Arbeit genützt, wie fein hat sie sich bewährt! Aller Welt hat sie geprahlt und getrotzt, und ist so schändlich erobert und zerstört. Weniger Unglück und Schande wäre es, wenn man doch nicht so fest gebaut hätte und nicht so gegeizt, geschunden und geschabt, sich fest zu machen. Ist's nicht so auch gegangen jetzt letzthin im Aufruhr? Da waren Schlösser und Häuser, die vorher dem Türken Trotz bieten wollten. Aber als die Bauern nur anklopften, gingen sie zugrunde. Warum? Waren sie nicht fest genug? Doch gewiß. Aber es fehlte an dem rechten Bauherrn und Schutzherrn. Der war nicht daheim, darum half kein Bau noch Schutz. Dennoch will man's nicht erkennen, so stockblind und hart ist das menschliche Herz.

Mit dem aber, daß er sagt, »der da geizet«, zeigt er an, wie der König zu Babylon seinen Bau nicht aufgerichtet habe mit rechtem Gut, sondern hat ihn Ländern und Leuten abgegeizt, das ist, er hat sich nicht genügen lassen am gerechten und angemessenen Einkommen von Land und Leuten, sondern hat Steuergeld auf sie gelegt, Baugeld, hier besteuert und da besteuert mit mancherlei Auflagen; wie es denn zu gehen pflegt bei Bauvorhaben großer Herren, dann geht's über den gemeinen Mann her, so daß dieser Spruch gut über alle solche Gebäude gemalt und geschrieben stehen könnte: Weh dem, der da geizt zum Unglück seines Hauses. Denn es nimmt kein gutes Ende, was mit unrechtem Gut gebaut wird, besonders wenn man sich noch dazu darauf verlassen will und Gott nicht vor Augen hat als den rechten Schutzherrn. Ebenso wo er spricht: »Auf daß er sein Nest in die Höhe lege, damit er dem Unfall entrinne«, da zeigt er an, daß dieser Bau geschehen sei als Festung gegen die Feinde. Denn er hat in seinem Gewissen gut gefühlt, daß er nicht viel gutes Gebet im allgemeinen Volk gehabt hat wegen seiner Tyrannei, Geizes und Auflagen; daher hat er sich fürchten müssen und niemand trauen können und überall Sorge gehabt vor Unfall. Um dem vorzubeugen und zu wehren, fängt er an, Holz und Stein heranzurufen, baut und befestigt sich mit ihnen, die sollen ihn behüten. Aber es ist ein Elend mit Hut und Schutz, wenn Stein und Holz behüten sollen, wenn Gott und Menschen verlassen und hassen, wie's die Tyrannen selbst oft bekannt haben.

Er nennt das Königreich ein »Nest« und seine Festung »die Höhe« und seine Sicherheit »entrinnen dem Unfall«. Denn so spricht die hebräische Sprache, daß sie Wohnungen oder Häuser »Nester« nennt, welche die Vögel, besonders die großen Vögel, wie Habicht, Reiher, Adler, in der Höhe zu bauen pflegen, damit sie sicher seien, ihre Jungen zu hecken, zu nähren und zu bewahren. Ebenso tun es die reichen und großen Herren auch, wie es auch Obadja von Esau sagt: »Wenn du dein Nest auch unter die Sterne bautest, will ich dich doch herunterstoßen, spricht der Herr« (Ob. 4). Denn wenn man auch lange baut und schafft, so ist's doch nicht mehr als ein Nest, was wir auf Erden haben, wenn's auch der Welt gemäß wäre, in dem wir Junge hecken, nähren und bewachen. Inzwischen kommt etwa ein Tier oder ein Unfall und verdirbt Nest und Junge miteinander oder wird mit allen Jungen ausgenommen. So geht's mit dem zeitlichen Leben und Wesen. Es ist zeitlich und muß dahin, wie es gekommen ist.

Aber dein Rat wird zur Schande deines Hauses geraten.

Hab. 2,10

Das bedeutet: Es ist solch Bauen und Rüsten umsonst, wie gesagt ist, weil Schaden und Schande nur desto größer sein werden. Darum weil es ein Menschenrat und Vorhaben ist ohne Gott und seinen Rat. »Dein Rat« spricht er, als wollte er sagen: O, du greifst es sehr weise an und planst es gut für dein Bauen und Befestigen. Aber es sind eigene Anschläge, wie man spricht: »Es ist ein Eichen-Anschlag«, womit man sagen will: »Es ist ein Eigen-Anschlag«, wie man ebenso sagt: »Eichen-Laub stinkt«, womit man sagen will: »Eigen-Lob stinkt.« Darum weil alle eigenen Anschläge und Ratschläge gewiß fehlgreifen. Eigener Ratschlag aber heißt: den Gott nicht gibt und eigene Vernunft vornimmt und erdenkt. Von denen sagt die ganze Schrift, daß sie vergeblich sind. So 1. Kor. 3,20: »Gott kennt der Menschen Anschläge, daß sie eitel sind«, und ebenso 1. Kor. 1,19: »Ich will die Weisheit der Klugen verwerfen.« Und der ganze Prediger Salomo verwirft solche eigenen Anschläge (Pred. Sal. 1,2ff.). Denn der Mensch ist eitel, das bedeutet »nichts«, darum sind seine Anschläge auch nichts. Aber »des Herren Ratschläge bestehen« (Psalm 33,11). So auch bewährte sich dieser Anschlag der Babylonier mit allen Schanden. Denn sie dachten, es wäre ein ewiges Königreich. Aber ehe sie es bedachten, lag es in der Asche. Die Römer meinten auch, ihr Reich würde ewig stehen, und dafür hatten sie viele Anzeichen und Ratschläge. Aber es ist alles dahin. Und noch heutigentags sehe ich kein trefflicheres Fastnachtsspiel als das, welches der Papst, Kaiser, Fürsten mit ihrem Gott, dem Teufel, treiben, wie sie gegen das Evangelium ratschlagen, um es zu vertilgen. Wie viele Male haben sie fehlgegriffen? Und noch immer verfehlen sie's, daß man's greifen kann, wie es nach dem Psalm 2,4f. geht: »Die Könige lehnen sich auf und Fürsten ratschlagen gegen Christus. Aber der Herr im Himmel spottet ihrer« usw. Aber darum hören sie nicht auf, obwohl sie oft zu Lügen und Schanden werden, auf daß sie ganz zugrunde gehen mit Sünden und Schanden, wie derselbe Psalm (2,10) auch sagt: »Sein Zorn wird bald entbrennen.«

Denn du hast zu viele Völker zerschlagen und hast mit allem Mutwillen gesündigt. Hab. 2,10

Darum, spricht er, wird dein starkes Gebäude doch nichts helfen. Denn du hast es zu weit getrieben. Gott und Menschen sind dir feind, weil du so tyrannisch gewesen bist und die Leute mit Gewalt so geschunden hast und ihr Gut an dich gerissen. Und Habakuk berührt ihm mit diesen Worten das Gewissen, damit er ihn erschrecke mit Gottes Zorn. Denn wenn er sagt: »Du hast zu viele Völker zerschlagen«, zeigt er die Größe der Sünde, daß er davon zu viel gemacht habe. Und das »zerschlagen« meint hier solches zerschlagen, daß er sie an Gütern geplagt hat und ihnen ihre Nahrung knapp und gering gemacht, damit er nur reich wäre und feste Wohnung hätte; gleichwie es den Leuten geschieht, die mit Frondiensten so zerplagt werden, daß sie damit nicht zurecht kommen können; denen wird auch ihre Nahrung verknappt, und das ist ebensoviel, als würden sie sonst von Räubern so beschädigt und zerschlagen. Und was er sagt mit »und hast mit allem Mutwillen gesündigt«, das lautet auf Hebräisch so: »Und hast mit deiner Seele gesündigt«; das heißt gerade mit Mutwillen sündigen, daß einer gleichsam sein böses Mütlein an den Leuten kühlt; und solchen Übermut zu üben, tut ihm so wohl und gut, als wäre seiner Seele, das heißt seines Lebens Seligkeit darin. Auf diese Weise redet auch Hesekiel (25,12): »Die Philister haben sich gerochen mit der Seele«, das ist von Herzen und um ihren Mutwillen zu kühlen. Ebenso auch 2. Mose 15,9: »Meine Seele soll voll werden«, das ist, ich will mein Mütlein kühlen an ihm. So ähnlich hat's der König auch getan; wo man sich gegen sein Geizen und Beitreiben geweigert und gesperrt hat, ist er so mit ihnen umgegangen, daß er sein Mütlein auch gekühlt und allen seinen Mutwillen auch an ihnen ausgelassen hat, gleichwie wir jetzt auch unsere Bischöfe und Tyrannen mit den armen Leuten umgehen sehen.

Denn auch die Steine in der Mauer werden schreien. Und die Balken am Gesperr werden ihnen antworten. Hab. 2,11

Wie geht das zu? Ist das die feste Stadt und das hohe Nest, wo die Steine und Balken gegen und über ihren Herrn schreien und krachen? Will das Haus selbst dem Wirt zuwider sein, was sollen dann die Feinde tun? Man könnte die Worte so verstehen, daß die Steine und Balken des Königs eigenes Volk und Untertanen wären, die ihm beistehen und helfen sollten; aber er habe es mit ihnen so gehalten, daß sie selbst gegen ihn sind, in seiner Not ihn verlassen, über ihn schreien und den Feinden zufallen und helfen. Gleichwie ein Haus, das da kracht und knackt, schreckt und jagt den Einwohner heraus, weil er sich mehr vor dem Hause drinnen fürchtet als draußen, und gerade wo er Schutz und Sicherheit suchen und haben wollte, davor muß er am meisten fliehen. Darum ist's kein guter Fluch, wenn man sagt: Daß dich eine alte Wand erschlage. Aber ich meine, der Prophet greife dem König und den Seinen ins Gewissen und wolle sagen, daß sein bestes und festes Gebäude solle nicht nur verloren und vergeblich sein, sondern solle auch schädlich und gegen ihn selbst sein. Denn als seine Feinde gegen ihn stritten, gab ihm Gott so schwachen und verzagten Mut, daß ihm nicht nur sein Gebäude, sondern auch die weite Welt zu eng wurde, und wo ein Balken oder eine Säule am Hause knackte, da dachte er, es fielen da lauter Feinde herein.

Denn so meisterlich kann Gott streiten, indem er zuerst Herz und Mut wegnimmt, wie er von sich sagen läßt Psalm 76,13: »Er ist schrecklich unter den Königen auf Erden und nimmt den Fürsten den Mut.« Wenn aber Herz und Mut weg sind, dann ist die Mannheit weg und der Mann wird feige und verzagt. Der tut dann nichts Gutes und ist nichts nütze, als daß er sich schlagen lasse wie ein Klotz. Wenn derselbe gleichsam alle Mauern und Wälle vor sich hätte mit aller Abwehr, so hilft's nichts. Wenn er einen Balken krachen hört, dann erschrickt er und meint, es schneie mit Kanonenkugeln zu ihm herein. So will hier auch Habakuk sagen, daß der König so feige werden solle in seiner Vernichtung, daß sein eigenes Gebäude, auf das er sich verließ, ihn schrecken und plagen soll, wenn nur ein Stein in der Mauer schreit, das heißt kracht, und die Balken antworten, das heißt, daß Steine und Balken nacheinander oder miteinander knacken. Dies alles lehrt die Erfahrung, wenn ein furchtsamer, verzagter Mensch etwa allein in einem Hause ist, wie er erschrickt, wenn ein Holz in der Wand kracht, und er zuweilen denkt, er höre oder sehe, was er doch nicht sieht und hört.

Ist das nun nicht ein wunderbares Gericht Gottes, daß es sich so ganz umkehren soll mit solchem großen König? Der alle Welt bezwungen hatte und für jedermann sehr schrecklich war, daß der so verzagt werden soll, wenn sein Stündlein kommt, daß er nicht nur unsicher ist im Lande, sondern ihn auch sein eigenes Gebäude erschrecken soll mit einem Krachen im Gebälk. Das heißt freilich, einen mit der trockenen Klapperblase von drei Erbsen jagen. Wo ist nun das hohe, feste Nest? Was hilft nun das große Geld, das aus allen geschunden wurde, ein festes Schloß zu bauen? Ich meine, das sei die Rache für den Geiz, daß solche Festungen sich umkehren und allein mit Krachen ebenso viel tun wie die Feinde mit Waffen. So soll's dem gehen, der da geizt und baut mit Verachtung Gottes, daß solcher Bau nicht zum Glück oder Heil gerate, sondern, wie er hier sagt, zum Unglück und Unfall seiner selbst, dazu mit großer Schande. Das heißt, stark sein wollen «und nicht in Gott« (Luk. 12,21). So sollten Fürsten und Herren es tun, wenn sie Festungen bauen wollten, daß sie rechten, guten Grund legten, das heißt, daß sie Gott zuvor bitten sollten um Herz und Mut, die zur Zeit der Not das Gebäude erhalten könnten. Dann stände ein Schloß fest auf gutem Grunde. Wenn nun aber für den Mut nicht gesorgt wird, sondern nur Holz und Steine aufgerichtet werden, muß es zuletzt, wenn das Stündlein kommt, gehen, wie hier der Text sagt, daß sie ein Balkenknacken und Steinkrachen erschrickt. Ich meine, solches haben wir auch erfahren in diesem Jahr an den festen Schlössern, welche die Bauern im Aufruhr zerstörten.

Weh dem, der die Stadt mit Blut baut und die Stadt zurichtet mit Unrecht. Hab. 2,12

Das dritte Spottliedlein ist von schönen Gebäuden, mit denen die ganze Stadt geziert und geschmückt war zum Vergnügen. Denn als er Geld und Gut die Menge hatte, baute er zuerst sein Haus, das ist sein Schloß, fest und köstlich, wie wir gehört haben. Danach zierte er auch die Stadt mit mancherlei schönem Bauwerk. Davon ist auch viel geschrieben, wie der König zu Babylon gebaut habe, und unter anderm rühmt man als ein großes Wunder, daß er das große Wasser Euphrat durch die Stadt geleitet habe, obwohl die Griechen solches der Königin Semiramis zuschreiben. Aber sie haben dafür wenig Grund. Denn Daniel schreibt ja (4,27), daß der König sich rühmte, wie er die Stadt Babylon zugerichtet habe. Ferner die großen Lustgärten, die er der Königin bauen ließ hochoben auf Gewölben über den Dächern, wovon Josephus schreibt[18]; wie denn die Könige viel unnütze Gebäude zu bauen pflegen, wenn sie zuviel Geld haben, wie die in Ägypten mit ihren großen, spitzen Türmen und Gräbern usw. Solche schönen, herrlichen, köstlichen Gebäude, spricht Habakuk, werden alle zu Spott und Schanden. Warum? Darum weil solches alles getan ist mit Schweiß und Blut der Armen, mit unrechtem Gut, durch Auflagen und Würgen gewonnen. Denn wie wir gehört haben, hat er soviel Land und Leute mit großem Blutvergießen und Unrecht gewinnen müssen. Darum nennt's hier Habakuk: Die Stadt durch oder mit Blut bauen. Denn das Geld ist durch Blutvergießen erworben, und damit hat er den Leuten Unrecht getan. Und beinahe die gleichen Worte redet der Prophet Micha gegen die Könige der Juden, als er spricht (3,10): »Ihr baut Zion mit Blut und Jerusalem mit Unrecht«, so daß dies eine allgemeine Rede unter den Propheten gewesen zu sein scheint gegen die Tyrannen.

Ist's nicht also, was vom Herzen geschehen wird: Was dir die Völker gearbeitet haben, wird eine Menge Feuer machen. Und woran die Leute müde geworden sind, wird leere Stätten genug geben. Hab. 2,13

Denn wo so große, unmenschliche Gebäude entstehen, da müssen viele Leute dazu gehören, die da arbeiten; diese Arbeit ist zweierlei: Eine derjenigen, die dafür Steuern zahlen müssen, damit man baue. Die andere derjenigen, die dafür Frondienste leisten und mit eigenem Leibe arbeiten müssen. Beides ist den Leuten schwer und sie werden müde dabei; so brauchen die Tyrannen der Leute Arbeit zu ihrer Lust. Aber wohlan, baue nur keck und mach's fein, zwinge die Leute und mache sie müde. Es wird sich finden, daß wir von dir singen und sagen: Siehe, das hübsche, köstliche Gebäude ist nur dafür bereitet, daß das Feuer desto mehr zu verzehren hätte, und woran die Leute müde werden mußten, ist nur dafür aufgerichtet, damit die leere, wüste Hofstätte desto größer werde. Denn so lautet es im Hebräischen: Quae populi laboraverunt, in abundantia ignis erunt; et in quo lassati sunt, in abundantia inanitatis erit (= was Völker erarbeiteten, wird zur Feuermenge; und woran sie ermatteten, wird Verlustmasse). Denn so redet man auch, wenn man spöttisch von einem großen Werk redet, daß es vergeblich vorgenommen sei und nicht so gerate, wie man gedacht; wie: Das Papsttum hat überall soviel Güter gesammelt, daß man ihm desto mehr nehmen könne, und es ist allein deshalb so hoch gestiegen, damit es desto tiefer falle. So könnte man auch spotten, wenn ein Herr viel Bollwerk und Zäune um sein Schloß baut und es doch vergebliche Arbeit wäre: Es ist gut, laß ihn bauen, es wird gute Feuerung draus. Damit ist dies gesagt: Es ist ein Narr, je mehr er baut, desto mehr macht er andern zum Verbrennen.

Ebenso spottet er hier auch über des großen Königs Gebäude, als wollte er sagen: O du baust köstliche Dinge. Aber was für ein schönes Feuer soll's werden, wo jetzt so viele Leute dran arbeiten. Und wieviel feine, leere Hofstätten werden da stehen, woran sich jetzt so viele Leute müde arbeiten. Und es wird sich deine Absicht ganz umkehren und nicht geraten, wie du willst. Du willst es zur Zierde und zum Schmuck der Stadt haben, das wird zum Unschmuck und zur Ungestalt geraten, so daß man wüste, verbrannte Stätten finde, wo du jetzt Lustgärten hinbaust. Aber das wird nicht von den Untertanen geschehen, so daß nicht Aufruhr sei; sondern vom Herrn Zebaoth, der wird schon Leute dafür finden, nämlich die Perser und Meder. Und das ist wahrlich ein passendes, rechtes, feines Urteil. Er hat viele Leute zerschlagen und ihre Nahrung verringert und verknappt, damit sein Gebäude groß, voll und stark wäre, da soll er wieder so verringert und geschwächt werden, daß sein Gebäude auf wüsten Brandstätten in Asche liege. Und weil er's mit Blut und Unrecht gebaut hat, will er's nicht mit

Wasser abwaschen, sondern mit Feuer rein ausbrennen, daß Blut und Unrecht da nicht mehr bemerkt werden. Aber wie schwer ist das alles zu glauben gewesen, als es gesagt und noch nicht zu sehen war, daß ein solch mächtig Ding so mit Feuer verwüstet werden sollte. Darum hat hier der Geist sein müssen, der es redete und auch glauben lehrte bei den Juden. Denn die Babylonier hätten's ihren Spott gehabt, wenn sie es gehört hätten; und besonders, daß solche Strafe vom Herrn Zebaoth, das ist, vom Gott der Juden, kommen sollte, den sie verachteten, weil sie ihm sein Volk zerstörten. Gleichwie es den Juden und Römern ein Spott war, daß Christus, der gekreuzigte Gott, sie zerstören sollte, dem sie täglich seine Heiligen töteten. Und noch jetzt ist's unsern Junkern ein Spott, daß der Gott ihnen etwas tun sollte, dessen Wort man jetzt predigt, weil sie es täglich verfolgen.

Denn die Erde wird voll werden von Erkenntnis der Ehre des Herrn, wie das Wasser das Meer bedeckt. Hab. 2,14

Diesen Spruch haben die Propheten aus Moses genommen, welcher spricht vom König Pharao so: »Darum hab ich dich erweckt, daß ich meine Macht an dir beweise, auf daß mein Name verkündigt werde in allen Landen« (2. Mose 9,16). Das bedeutet: Du verachtest mich als einen untüchtigen Gott eines elenden Volkes, der nicht hochberühmt sei; wohlan, ich will dich auch ein Stücklein sehen lassen, so daß man mich nicht für so verachtet und gering halten soll, sondern alle Lande sollen singen und sagen von meiner Macht. Ferner 4. Mose 14,21: »So wahr ich lebe, alle Lande sollen meiner Ehre voll werden.« Das ist: Ihr versucht mich und verunehrt mich; ich will mich aber an euch beweisen und so angreifen, daß die Welt meiner Ehre voll werden soll, das ist: man soll von mir singen und sagen, loben, ehren und mich fürchten an allen Orten, wenn sie hören werden, was ich euch getan habe, den ihr so versucht. So redete Jesaja auch von dem Reich Christi (11,9): »Es ist die Erde voll von Erkenntnis des Herrn, wie das Meer voll Wasser ist«, das heißt: Alle Welt hört das Evangelium von Christus reichlich und lernt darin Gott erkennen. An solche Weise zu reden muß man sich gewöhnen. Denn das nennen sie »voll Ehren«, wenn man überall von Gott singt, predigt und sagt, gleichwie man vom großen Alexander oder von Julius Caesar sagte: Alle Welt rühmt die Helden und ihr Lob schallt an allen Orten von ihren großen Taten.

Ebenso droht hier Habakuk dem König zu Babylon auch und will also sagen: Du verachtest den Herrn Zebaoth, unsern Gott, als sei er kaum eine matte Fliege gegen deinen Gott Bel, weil du so große Dinge tust und meinst, dein Gott gebe dir's, und unser Gott müsse in uns solches leiden. Aber du sollst sehen in Kürze, daß unser verachteter Gott auch einmal Ehre einlegen soll an dir und an deinem Gott und so mit dir umgehen, daß alle Welt davon singen und sagen soll, dich und deinen Gott verspotten, unsern Gott aber preisen und loben an allen Enden, weil der solches an dir getan habe. Das ist dann alles auch ebenso geschehen. Denn als Kyros, der König von Persien, Babylon zerstört hatte, bekannte er öffentlich und ließ es auch durch Schriften in allen Landen ausrufen, daß der Gott vom Himmel, der zu Jerusalem wohnte, ihm solchen Sieg, Gewalt und Königreiche gegeben hätte. Darum er wiederum auch als Danksagung den Tempel zu Jerusalem zu bauen befahl für eigenes Geld und Kosten, wie Esra schreibt (1,2ff.). Das heißt nun: Gleichwie das Meer voll Wasser ist, so soll die Welt voller Rühmen werden von dem Herrn Zebaoth, das ist ein solches Rühmen, das nicht einem Bach voll Wasser gleich sei, den man austrocknen oder abstechen kann, sondern dem Meer voller Wasser gleich, welches niemand austrocknen oder abgraben kann. So soll diese Ehre oder Rühmung Gottes so mächtig in alle Lande gehen, daß sie niemand hindern oder zum Schweigen bringen kann. Solches alles, wie gesagt, wird verkündigt, das jüdische Volk zu trösten und im Glauben zu erhalten.

Wehe dir, der du deinem Nächsten einschenkst und mischest deinen Grimm darunter und ihn trunken machst, daß man seine Scham sehe. Hab. 2,15

Dies ist das vierte Spottliedlein von seinem Stolz und Frevel. »Gut macht Mut«, spricht man. Wenn die Tyrannen so fest sitzen, Gut und Ehre genug, feste und lustige Häuser haben, lassen sie sich dennoch daran nicht genügen, sondern werden stolz und freveln, allerlei Gewalt und Mutwillen zu üben, wollen nichts annehmen oder hören. Und wenn ihr Sinn nicht Vorsicht kennt, da ist lauter Wüten und Würgen. Man lese im Daniel Kapitel 3, wie dieser König eine goldene Säule aufrichtete und die Leute zwang, dieselbe anzubeten. Ferner Kapitel 2, wie er seinen Traum erklärt und ausgelegt haben wollte von den Weisen und Gelehrten zu Babylon. Da wird man finden, was er für ein Kräutlein gewesen ist. Ein ganz trefflicher, tüchtiger Tyrann, der seinen Willen für einen König gehalten haben wollte. Dazu hochverständig und klug, der sich nicht mit Worten wollte abweisen lassen oder an der Nase herumführen, sondern kurz hindurch wollte mit den Gelehrten, als sie ihm den Traum nicht sagen konnten, und doch vorgaben, die Auslegung zu treffen. Er dachte wohl, es müßte Büberei sein.

Hier müssen wir uns wieder an die hebräische Weise zu reden gewöhnen, welche sehr reich ist, mit verdrehten Wörtern und Gleichnissen zu reden. So haben wir oben im ersten Kapitel gehört, wie der König zu Babylon als Säufer gescholten wird, der alle Lande aussaufe. Da heißt saufen soviel wie andern das Ihre nehmen, rauben und an sich reißen, wie Christus auch von den Pharisäern sagt (Matth.

23,14), daß sie »der Witwen Häuser fressen«, und bei Hiob ist auch der gleiche Brauch mit den Worten. Aber hier an dieser und ähnlichen Stellen heißt trinken oder saufen soviel wie Unglück leiden, und einschenken oder zu trinken geben soviel wie strafen, peinigen, martern und allerlei Plage antun. Daher kommt das allgemeine Wort im Psalter »der Kelch des Herrn«. Ferner: »Ihr Kelch ist voll Schwefel« (Psalm 116,13; Offbrg. 14,10). So steht auch Offenbarung 18,6 von der roten Hure geschrieben: »Schenkt ihr voll ein, wie sie euch eingeschenkt hat; und meßt ihr mit dem Maß, mit dem sie euch gemessen hat.« So bezeichnet denn der Kelch des Herrn die Strafe, die er einem jeden einschenkt und zuteilt. Davon lese man Jeremia 25,15f., wo er befiehlt, daß alle Könige und Leute trinken aus dem Kelch des Herrn, daß sie trunken werden, speien und fallen usw.

Und daß wir's ganz und klar fassen: Wenn einer leiblich vom Wein trunken ist, der ist ein gutes Sinnbild für zweierlei andere Trunkenheit. Eine ist, wenn jemand aus großer Lust trunken wird; die andere, wenn jemand vor großem Schmerz trunken ist. Wie sich nun ein leiblich trunkener Mensch verhält, so verhalten sich die andern beide auch. Ein leiblich trunkener Mensch taumelt, fällt nieder, speit, redet toll, närrisch Ding und ist schamlos usw., wie wir täglich sehen. Ebenso auch, wenn einem zu wohl ist, hat an Gut und Ehre, Lust und Gewalt genug, der ist ein rechter trunkener Mann, der nicht weiß, was er aus Mutwillen tun soll. Er taumelt, fällt, speit, schwatzt, handelt schamlos, das ist: obgleich er schändliche, lästerliche Dinge tut, die ihm übel anstehen und Schande sind, fragt er doch nicht danach, da ist keine Furcht, keine Scheu, kein Maß. Er ist hinten und vorne aufgedeckt, das ist, man sieht allenthalben seine Untugend und Schande, und doch geht er hindurch und achtet nicht auf sich, wie wir auch jetzt an unsern Tyrannen sehen. So war der König zu Babylon auch trunken von lauter

Übermut und Wollust, wie oben gesagt ist. Hier ist's große Klugheit, wenn man einem solchen trunkenen Mann ausweichen kann, wie man sagt: Einem trunkenen Mann soll auch ein Fuder Heu aus dem Wege gehen, denn mit Narren ist nicht zu handeln.

Andererseits, wer vor Schmerzen trunken ist, der verhält sich auch wie ein trunkener Mensch, taumelt und wird irre, klagt, schreit und gebärdet sich so übel, daß auch nichts als Schande an ihm zu sehen ist. Einige lästern sowohl Gott als auch Menschen, brechen aus in Ungeduld, decken auch alles auf, was sie sind, was sie wissen, und da ist lauter närrisch, unvernünftig Wesen, wie eines trunkenen Menschen. Auf diese Weise redet hier Habakuk vom Könige zu Babylon, daß er viele trunken gemacht habe, als er selbst voll und trunken war vor Wollust, das ist: Er war ein mutwilliger Tyrann und betrübte viele Leute, und besonders bedrückte er das jüdische Volk ohne jede Barmherzigkeit, wie Jesaja zu Babylon sagt (47,6): »Als ich zornig war über mein Volk, machte ich mein Erbe unsauber und gab es in deine Hände; aber du hattest keine Barmherzigkeit mit ihm.« Ebenso Sacharja 1,15: »Ich bin zornig über die großen Völker, denn ich zürnte ein wenig, aber sie helfen zum Unglück«, das ist: Ich wollte nur strafen, da wollten sie mein Volk ganz verderben und machen mir's zuviel.

Aber Gottes Gericht geht folgendermaßen zu: Wer auf die erste Weise trunken ist, der muß auch auf die andere Weise trunken werden; wie dieser Prophet sagt, daß der König trunken geworden sei von aller Leute Gütern und habe viele mit Betrübnis trunken gemacht, darum werde man über ihn wiederum spotten und in allen Landen singen und sagen, wie er auch trunken geworden sei. Gleichwie auch Jesaja von ihm sagt (14,10): »Und du bist auch erschlagen wie wir« (sprechen die Heiden), das heißt: Du hast uns zerschlagen, ich meine, du seist auch wieder getroffen und zerschlagen. Ja, wer das doch erharren könnte! Es ist besonders hoch und unglaubhaft, solange die Tyrannen im Nest sitzen.

Das ist's nun, was Habakuk hier sagt: Du hast deinem Nächsten gut eingeschenkt und ihn trunken gemacht. Und damit niemand bezweifle, daß er von der zweiten, das heißt der schmerzhaften Trunkenheit rede, erklärt er sich selbst und spricht: »Und mischest deinen Grimm darunter«; das ist doch klar genug geredet, daß er die Leute mit dem Kelch seines Zorns getränkt habe, das bedeutet: mit mutwilliger Tyrannei hoch betrübt habe, und er habe sie zuschanden gemacht, so daß man ihre Scham gesehen hat, das heißt, er hat sie aller Ehren beraubt, daß sie arme, gefangene, geplagte Leute wurden, von denen man nichts zu sagen wisse, was herrschaftlich sei. Der Prophet sieht hiermit auf die Geschichte 1. Mose 9,21, nach der Noah trunken war und unbedeckt lag, so daß man seine Scham sah, was nichts anderes bedeutet als das schmähliche Leiden und Unglück. Denn oben liegen, Gut und Ehre gewinnen, ist ein herrlich Ding vor der Welt. Aber dem Feinde unterliegen, arm und zuschanden werden, ist ein schändlich Ding. Darum heißt das »die Scham sehen«, wenn man überwunden wird, verdirbt und verarmt, und wie dieser König die Juden und viele Länder zuschanden gemacht hatte und er, wie ein Held, den Sieg und die Ehre behielt.

Du wirst auch voll werden mit Schande statt Ehre. Hab. 2,16

Das meint: Man wird dich wieder tränken und trunken machen, daß man auch deine Scham sehe. Denn du mußt auch überwunden werden, so daß deine Gewalt zunichte und zuschanden wird; alsdann wirst du mit Schanden voll und satt werden »anstatt Ehre«, das meint: Anstatt der großen Ehre und Herrlichkeit, die du jetzt hast, wirst du lauter Schande haben und keine Ehre. Und das alles wird man mit

Freuden von dir singen, dazu über dich spotten und lachen. Denn jedermann gönnt dir's durchaus und du hast's auch ganz verdient.

»So saufe du nun auch, daß du taumelst«. So tun die Trunkenen, daß sie taumeln und nirgends stehen können. Ebenso wissen alle, die voll Schmerz und Leiden sind, nicht, wo sie bleiben sollen, ihnen ist die weite Welt zu eng und sie wissen weder Rat noch Hilfe. Das wünscht und verkündigt er diesem Könige auch, daß die Perser und Meder kommen sollen und ihm auch Herzeleid und alles Unglück einschenken, so daß er saufen und taumeln muß, bis er nirgendwo stehen oder bleiben kann. In der Weise redet Psalm 60,5: »Du läßt dein Volk Schweres sehen und tränkst uns mit Taumelwein«, das heißt: Mit Wein, der uns taumeln läßt, so daß wir nicht wissen, wo wir bleiben sollen. Und Jesaja 51,22: »Siehe, ich habe von deiner Hand genommen den Taumelkelch und den Kelch meines Zorns.« Und ebenda (Jes. 51,17): »Mache dich auf, Jerusalem, die du vom Herrn getrunken hast den Kelch seines Zorns; bis zum Boden hast du den Taumelkelch ausgetrunken und bis zum Ende.« Aus diesen und dergleichen Sprüchen kann man gut erkennen, was die Propheten mit solchen Worten meinen, wenn sie vom Kelch, Trinken und Taumeln sprechen, und wie ihre Art gewesen ist, so zu reden.

»Denn dich wird umgeben der Kelch in der Rechten des Herrn«, das bedeutet: Du kannst den Kelch und Unheil weder wehren noch ihm entlaufen. Denn der Herr ist dein Schenke geworden, der wird ihn dir zu trinken geben und du mußt ihn saufen, dagegen hilft nichts. Wer kann Gott widerstehen? Wenn's Menschenwille und -rat wäre, dich so zu tränken, könntest du Hilfe und Rat finden. Wenn aber nun der Herr selbst dir solches zuschickt, mußt zu herhalten. Denn ringsumher wird dich der Kelch umgeben, daß du dich seiner in keiner Weise wehren kannst. Das ist nun alles leicht zu verstehen aus dem, was vorher gesagt ist.

»Und du mußt schändlich speien anstelle deiner Herrlichkeit.« Gleichwie du mit Gewalt viele Lande und Leute ausgesoffen hast und trunken und wütend geworden bist, ebenso mußt du es schändlich wieder ausspeien und zurückgeben. Auf diese Weise redet auch das Buch Hiob, daß die Gottlosen wiederspeien müssen, was sie geraubt haben und was so süß schmeckte, als sie es tranken und nahmen. Denn das ist wahr: Wein trinken ist süß und schmeckt gut. Aber Ausspeien ist bitter und tut weh. Ebenso sind Rauben und alle Sünden im Tun süß, aber sehr bitter unter der Strafe. So will nun Habakuk sagen, daß der König nicht nur wiederspeien muß, was er geraubt hat, sondern er müsse dazu auch die Schande haben, daß ein schändliches Speien folgen werde, bei dem alle Welt über ihn spotten und lachen werde, weil er's so völlig wieder verlieren muß. Und dies »anstelle seiner Herrlichkeit« bedeutet: So groß deine Herrlichkeit jetzt ist, während du saufst und raubst, ebenso groß wird deine Schande sein, wenn du es wiederspeist und verlierst.

Denn der Frevel, am Libanon begangen, wird dich überfallen. Und die verstörten Tiere werden dich schrecken.

Hab. 2,17

Das meint, wie oben gesagt: Er wird kein Herz noch Mut haben, sondern verzagt sein und fühlen, daß es nicht Menschenzorn, sondern des Herrn Kelch sei. Denn sein Gewissen wird ihm selbst widerstehen und ihn strafen um des Frevels willen, am Libanon begangen. Da wird der Berg Libanon nach Babylon kommen, wenn er noch so entfernt wäre. Ja, er wird in seine Kammer und in sein Herz kommen und sein Gewissen drücken und feig machen, zusammen mit allen Tieren, die er ebenda vernichtet hat. Wie geht das zu? So geht's zu: Das Gewissen fühlt solches und bildet sich ein, der Libanon sei mit allen seinen Tieren da und es wollten ihn fressen alle, denen er vorher Leid angetan. Denn die Sünde, wenn die Reue kommt, bringt sie mit sich und stellt, vielmehr drückt ins Herz mit Gewalt alle die, denen Leid angetan ist. Einige deuten hier »Libanon« auf den Tempel zu Jerusalem usw. Aber ich meine, er nenne das ganze Land so nach dem Gebirge Libanon, gleichwie es der Psalm 42,7 nach dem Gebirge Hermon und dem Jordanwasser nennt, wo er spricht: »Ich denke an dich im Lande des Jordans und des Gebirges Hermonim.« Denn Libanon ist auch dasselbe Gebirge Hermon, so daß dies der Sinn sei: Du hast im Libanischen Lande, das ist im jüdischen Lande, großen Frevel ausgeübt und die Tiere darin vernichtet, das ist: die Leute und Einwohner. Darum wird dich und dein Gewissen solcher Frevel drücken und erschrecken und du mußt wieder das gleiche und viel mehr erleiden.

Um der Menschen Blut willen. Und um des Frevels willen, im Lande und in der Stadt und an allen, die darin wohnen, begangen. Hab. 2,17

Der Text ist oben schon ausgelegt (zu Hab. 2,8). Denn der Prophet zieht insbesondere die Sünde und den Frevel heran, die er nicht allein am Libanon und im ganzen Lande, sondern am meisten im Lande Juda und an der Stadt Jerusalem begangen hat.

Was wird dann helfen das Bild, das sein Meister gebildet hat? Und das falsche, gegossene Bild, darauf sich sein Meister verläßt, indem er stumme Götzen anbetet?

Hab. 2,18

Das fünfte Spottliedlein ist von seinem Gottesdienst. Da spottet der Prophet sehr heftig über den König mit stachligen Worten. Denn das sind lauter Stichwaffen und ganz böse

Stichworte, wenn er spricht, der König habe Bilder zu Gott gemacht und er sei der Werkmeister dieses Bildes und Gottes, und bete insofern sein eigenes Werk an. Wie könnte jemand ein größerer Narr sein? Pfui über den Gott und den Gottesdienst, wo Gott ein Bild ist und der Gottesdiener ein Werkmeister des Gottes, den er anbetet. Weiter, wenn er sagt, es sei ein falsches Bild, das heißt ein Betrug und eine Lüge, mit der die Leute verführt werden, meinen, sie dienten Gott, und verlassen sich auf solche Lügen und Betrug wie auf die rechte Wahrheit. Weiter, daß er stumme Götzen anbete, die nicht reden können, geschweige denn, etwas tun oder machen. Deshalb trotzt er nun und spricht: Ach wie trefflich wird dich dann dein Gott verlassen, wenn des Herrn Kelch rings um dich kommt. Was würde er dir helfen? Ist's doch ein Götze und Bild. Aber laß ihn doch helfen, rufe ihn an, laß sehen, wie er sich anstellen wird, dir zu helfen. Unser Gott, wenn er uns auch eine Zeitlang straft, wird uns doch wieder erlösen; dein Gott aber hilft dir nimmermehr. Ich denke, Habakuk meine mit diesem Text neben andern Bildern und Götzen den vornehmsten Götzen zu Babylon, der Bel heißt. Denn Jesaja bezieht sich am meisten auf die zwei: Bel und Nebo (Jes. 46,1). Demselben Bel hat er das große goldene Bild aufgerichtet, von dem Daniel in Kapitel 3,1 schreibt, daß es sechzig Ellen hoch und sechzig Ellen breit war. Trefflich viel und nutzloses Gold haben die Leute gehabt. Das kommt daher: Das Kaisertum war so groß und reich und hatte Güter aller Länder an sich gerissen.

Wehe dem, der zum Holze spricht: Wache auf, und zum stummen Stein: Stehe auf! Hab. 2,19

Das ist der Spott, den man dann singen und sagen wird zur Zeit der Zerstörung: Hui, rufe doch dein Holz und Stein an, die du zu Göttern gemacht und dafür gehalten hast, wie übel und schändlich lassen sie dich. Da siehst du tatsächlich, daß es Holz und Steine gewesen sind. Denn wenn du sie schon anrufst und sprichst: Hilf, mein Gott, wache auf, mein Bel! Stehe auf, mein Nebo, errette mich! Dann hört er nicht. Denn er ist Holz und Stein mit Gold überzogen.

Sollte er lehren? Hab. 2,19

Das meint: Wie sollte er guten Rat geben können? Ist's doch ein stummer Stein. Einem rechten Gott steht es doch zu, sein Volk mit seinem Wort zu lehren und es zu beraten.

Siehe, er ist mit Gold und Silber überzogen und ist kein Geist in ihm. Hab. 2,19

Ein armer, elender Gott, der sich in Gold fassen und fangen läßt und keinen Odem oder Leben in sich hat. Solche Spötterei und Speierei betreibt der Prophet dem jüdischen Volk zum Trost, damit es seiner Erlösung gewiß sein solle, wie gesagt ist, so daß sie ja nicht in Unglauben fallen und sich an Gottes Worten und Werk ärgerten. Dafür hatten sie sehr große Ursachen und Beweggründe, weil das Babylon so mächtig war und so fest saß, sie aber so ganz verlassen waren und zerstört wurden.

Aber der Herr ist in seinem heiligen Tempel. Es sei alle Welt vor seinem Angesicht stille. Hab. 2,20

Der ist nicht aus Silber oder Gold geschmiedet oder darein gefaßt, sondern ist in seinem Tempel, das ist in seinem Palast und königlichen Saal, welches der Himmel ist und wo er wohnt durch sein Wort; und dennoch so mächtig und herrlich, daß sich alle Welt vor ihm fürchten muß und stille sein. Denn er macht's mit ihnen nach seinem Willen, das heißt, er ist allmächtig und regiert so weit, wie die Welt ist; das kann gut ein rechter Gott sein. Denn wenn schon Heiden und Ketzer mit Gewalt und Lehre gegen ihn toben und wüten, läßt er das eine Weile geschehen. Aber schnell kann er sie ein Stücklein sehen lassen, so daß sie allesamt vergehen und zunichte werden und gerade so vor ihm stille sind, wenn er kommt. Denn dies Wörtlein »vor ihm« oder »vor seinem Angesicht« sagt im Hebräischen soviel wie: wenn er kommt oder das Angesicht uns zuwendet wie einer, der kommt; wie Maleachi 3,1 über Johannes geschrieben steht: »Siehe, ich sende meinen Engel vor deinem Angesicht«, das heißt: Vor deiner Ankunft oder wenn du kommst. Das will Habakuk also sagen: Wenn aber unser Gott kommt und heimsucht, dann wird's in aller Welt stille; denn da verkriecht sich jedermann, da hört aller Übermut auf, zu stolzieren, zu rühmen; denn er straft die Gottlosen und hilft den Frommen. Damit macht er's schlechterdings still, wo er hinkommt. Das kann kein anderer Gott tun.

Das sei genug von Habakuks Weissagungen. Da sehen wir, wieviel Worte es kostet, daß man den Glauben in den Leuten erhalte, besonders wenn sie schwach sind und die Anfechtung stark und mächtig, wie diese im jüdischen Volk gewesen ist. Wie hat er gestraft, gefleht, gefochten, geweissagt, vermahnt und getröstet, andererseits Babylon gescholten, verspottet und bedroht mit Gottes Gericht und Zorn! Dennoch hat's bei wenigen geholfen. »Denn Glaube ist nicht jedermanns Ding« (2. Thessal. 3,2). Nun fügt er hinzu ein Gebet, gemacht nach Art eines Liedgesangs, um noch mehr zu trösten und zu stärken die Schwachgläubigen, und liest und trägt zusammen viele der alten Wunderwerke Gottes, die er vorzeiten dem Volk erwiesen und sie so oft wunderbar erlöst hat, damit sie an dieselben gedenken sollen und nicht zweifeln, daß ihr Gott, der sie früher so oft und so mächtig erlöst hat, sie auch jetzt wieder erlösen werde von Babylon. Denn es stärkt sehr gut das Herz und den Glauben, wenn man der früheren Wunderwerke gedenkt, wie der Prophet oft im Psalter bekennt und spricht: »Herr, ich gedachte an deine Gerichte und wurde geröstet« (Ps. 119,52). Ferner: »Ich denke deiner Wunder von alters her und rede von deinem Tun« (Ps. 145,5). So tröstet auch die fromme Judith ihre Bürger und Matthatias seine Söhne, die Makkabäer, und spricht: »Gedenkt daran, wie unsere Väter erlöst worden sind« usw. (Jud. 8,21f.; 1. Makk. 4,9). Dieses Lied wollen wir nun ansehen; dessen Titel lautet folgendermaßen:

Das dritte Kapitel

Dies ist das Gebet des Propheten Habakuk für die Unschuldigen. Hab. 3,1

David führt solchen Titel auch im 7. Psalm an, wo er Gott seine Unschuld vorträgt. Es bedeutet aber im Hebräischen soviel wie ignorantia et ignorantiae, Unwissenheit, das heißt, wenn man lateinisch reden könnte, inconscientia[19]: Wenn einem von einer Sache nichts bewußt ist oder man davon keine Kenntnis hat, wie es David im genannten Psalm braucht: Als ihm Simei Schuld gab, er hätte Saul das Königreich mit Gewalt abgenötigt, zeigt er an, daß sein Gewissen rein sei, und das nennt er ignorantia, was wir verdeutschen müssen mit »Unschuld«, weil wir kein besseres Wort haben; aber es ist zu stark, denn gemeint ist – demütiger und christlicher – der sehr feine Unterschied, daß man sich vor Gott nicht der Unschuld rühme, sondern des Wissens. Denn es kann jemand durchaus im Gewissen nichts Böses fühlen, dennoch ist er deshalb darin nicht unschuldig, wie es Paulus 1. Korinther 4,1 sagt: »Ich bin mir nichts bewußt, aber darin bin ich nicht gerechtfertigt, der Herr aber wird mich richten.« So war auch Abimelech ohne Wissen, als er Sara nahm, und dennoch war ihm die Tat vor Gott ein Unrecht (1. Mose 20,3ff.). Ebenso will hier auch Habakuk bitten für die Frommen, die mit den Gottlosen nach Babylon abgeführt wurden, da ohne Zweifel viele fromme Leute darunter waren, wie Daniel mit seinen Freunden. Diese waren unschuldig, das heißt, sie waren sich im Gewissen keines bösen Stückes bewußt, aber gleichwohl mußten sie mit. Denn »Gott richtet« sie, wie Paulus spricht. Denn auch Gott bekennt selbst Jeremia 25,29, daß sie nicht verdient hätten, solchen Kelch zu trinken. Nenne es nun Unschuld oder Unwissenheit oder freies Gewissen, oder wie jedermann will; wenn der Sinn da ist, kann man mit dem Wort Geduld haben. Ich meine, wir reden im Deutschen so am besten: Ein Gebet für die Unschuldigen.

Herr, ich habe dein Gerücht gehört und fürchte mich.

Hab. 3,1

Er fängt das Gebet an mit Lob und Dank, wie's denn ein gutes Gebet tun soll. Denn er zählt viele große Wunder auf, die Gott den Vätern erwiesen hat, und spricht: Ich habe viel von dir sagen hören. Denn unsere Väter haben's uns gesagt und in Schriften hinterlassen, wie Psalm 44,2 auch tut und spricht: »Gott, wir haben's mit unsern Ohren gehört, unsere Väter haben's uns gesagt« usw. Solch Gerücht und Predigen von dir macht, daß ich mich fürchte, das heißt: Ich halte viel von dir, scheue und fürchte dich und verachte dich nicht, wie die Gottlosen tun, die nichts von dir hören oder wissen, oder mit Unglauben hören und es fahren lassen.

Denn du machst dein Werk lebendig mitten in den Jahren, und läßt es kundwerden mitten in den Jahren; wenn Trübsal da ist, so denkst du an Barmherzigkeit. Hab. 3,2

Das ist das Gerücht, das verursacht, daß man dich fürchte und viel von dir halte. Denn man sagt von dir, die Historien zeigen's auch, daß du ein sehr wunderbarer Gott bist, der mitten in der Not helfe; du läßt versinken und hebst wieder hoch. Du läßt zerbrechen, wenn du bauen willst, und tötest, wenn du das Leben gibst; tust nicht wie die Welt, die gleich zu Anfang dem Unheil wehrt oder drin stecken bleibt. Du aber läßt uns mitten hinein fahren und ziehst uns dennoch heraus. Christi Königreich willst du uns geben und läßt uns nach Babylon mitten in das Dienstloch treiben, dennoch läßt du uns nicht darinnen. So tust du in allen deinen Werken. Es ist deine Weise; so singt, hört und sagt man von dir, daß du wahrhaftig ein Gott bist, der zu fürchten und zu ehren ist mit hohem Lobe solcher Werke.

Der Text ist hier finster, das heißt sehr hebräisch, daher sind viele in ihm gestrauchelt. »Das Werk lebendig machen« meint nichts anderes als helfen in der Not; denn wer in Nöten steckt, der ist beinahe wie im Tod. Und wenn ihm geholfen wird, dann ist ihm, als sei er lebendig und neu geboren worden. »Mitten in den Jahren« ist ebensoviel wie zu rechter Zeit, daß Gott nicht sofort kommt, wenn die Not anfängt, als sei nicht jede Zeit zum Anfangen. Die Hilfe bleibt auch nicht ewig aus, als sei jede Zeit zur Hilfe vorbei, sondern »mitten in der Zeit«, das heißt: Er weiß die Mitte genau zu treffen, daß er nicht zu früh noch zu spät hilft. Denn wenn er zu früh hülfe, lernten wir nicht, an uns zu verzweifeln, und blieben vermessen. Hülfe er zu spät, dann lernten wir nicht glauben und würden an ihm verzweifeln. Aber da er nun geradezu die Mitte trifft, erhält er uns auch in der Mitte. Und auf hebräisch heißt »mitten in den Jahren« nicht soviel, wie wenn etwas der

Anfang und etwas das Ende sei, sondern: intra vel inter annos id est suo tempore, das bedeutet, daß er in den Jahren oder in der Zeit die Stunde treffe, in der er helfen soll. Gleichwie ich sage: Die Sonne ist unter den Sternen, nicht genau in der Mitte der Sterne, sondern auch unter andere Sterne vermengt; ebenso ist das Helfestündlein auch »mitten in den Jahren«, das heißt, innerhalb der Jahre oder innerhalb der Zeit, so daß er nicht alle Jahre ans Ende kommen läßt und ewig im Stich lasse, bis daß keine Jahre mehr da sind. Er spricht aber »unter den Jahren«, nicht »unter den Tagen«; das kommt daher: Er spricht aus dem Herzen derjenigen, die in der Not sind. Denen ist ein Tag ein Jahr lang, ja alle Zeit ist ihnen lang. Auch deshalb: Denn das Jahr ist das längste Maß der Zeit, weil in einem Jahr die Welt allemal wieder neu und alt wird durch den Sommer und Winter, und immer wieder neue Jahre. Daß man durch die Jahre die Länge der Zeit verstehen soll, nämlich so: Herr, du hilfst unter den Jahren, das heißt: In der Länge, wenn's uns sehr lange Zeit dünkt, dann kommst du innerhalb dieser Länge. Und daß er von vielen Jahren redet, tut er darum, weil er von vielen Wundern und Werken Gottes redet, von denen jedes zu seiner Zeit und in seinem Jahr geschehen ist, daß es so viele Jahre sind wie Werke. Und er hält sich immer so in seinem Werk, daß er unter des Jahres Not kommt, das ist: In der Länge der Not.

Lebendig machen und kundwerden ist beinah dasselbe; nur daß »lebendig machen« das Wunder ist und das Hilfetun, »kundwerden« ist, daß man's auch fühlt und Freude davon hat. Und »wenn Trübsal da ist«, das lautet im Hebräischen so: »In turbatione«, das bedeutet: auch mitten in der Not, wenn der Strick am strammsten gespannt ist, daß das Zittern und Zagen am größten ist, »alsdann«, spricht er, »denkst du an Barmherzigkeit«, daß du helfest. Wer nun selig werden will, der muß dich so kennen lernen. Den Gläubigen ist's tröstlich, aber den Gottlosen unerträglich.

Gott kam vom Mittage, und der Heilige vom Gebirge Paran. Sela. Hab. 3,3

Hier fängt er an, die alten Wunderwerke nacheinander auszumalen, wie auf eine Tafel oder ein Tuch, von Stück zu Stück. Das erste ist: Als er das Volk aus Ägypten durch die Wüste führte ins Land Kanaan. Paran ist das Gebirge, das vom Mittag (Süden) ans Land Kanaan stößt. Als nun Gott mit dem Volk Israel da hereinbrach, kam er gleichsam vom Süden zu den Kanaanitern und schlug sie. Nun war das ein durchaus so großes Wunder, daß Israel aus Ägypten durch so viele Völker und Wüsten ziehen sollte und so viele Völker austreiben, wie das andere Wunder, daß sie aus Babylon erlöst würden. Dennoch geschah es, als das Stündlein kam. Daß Gott in der Schrift »der Heilige« heißt, daran sollte man eigentlich gewöhnt sein. Denn wo er ist, da heiligt er durch seinen Geist. Was immer »Sela« heiße, das ist anderswo genügend erklärt, besonders zu Psalm 97.

Seines Lobes war der Himmel voll, und seiner Ehre war die Erde voll. Hab. 3,3

Das ist: Mit solchem Werk macht er, daß man von ihm sage an allen Orten in allen Ländern unter dem Himmel. Und hier ist abermals eine hebräische Finsternis, die so lautet: Sein Lob bedeckt den Himmel. Nicht oben drauf, sondern von unten. Denn der Psalter nennt auch das »den Himmel bedeckt«, wenn Wolken darunter sind. Habakuk will nun sagen: Es erscholl Gottes Lob so viel unter dem Himmel an allen Orten, daß wenn es Wolken oder Nebel gewesen wären, so hätten sie den Himmel zugedeckt. Das nennen wir, den Himmel bedecken von unten. Und das ist dasselbe, was Mose zu Pharao sagt (2. Mose 9,16): »Ich habe dich erweckt, daß ich meine Macht an dir beweise, damit mein Name verkündigt werde in allen Ländern.« So ist auch das hebräische Weise, vom Himmel zu reden, daß sie viele Himmel kennt. Denn von jedem Land, so weit es seinen Teil des Himmel sieht, sagt man: Des Landes Himmel. Daher wird im Vaterunser gesagt: »Der du bist in den Himmeln«, das ist, in allen Himmeln, so weit die Welt ist. Ebenso war Gottes Lob in den Himmeln, die über denselben Ländern waren. Und in denjenigen Himmeln, wo sein Lob war, war auch seine Ehre in denselben Ländern.

Sein Glanz war wie Licht, Glänzen ging von seinen Händen. Daselbst war heimlich seine Macht. Hab. 3,4

Daher kam's, daß von seinem Lob Himmel und Erde voll waren. Denn seine Macht, das ist sein Reich, war wohl heimlich in dem Volk Israel. Denn niemand sah ihn. Aber als er solche Wunderwerke tat, waren die wie Lichter, die seine Gegenwart anzeigten, und gingen von ihm aus wie der Glanz der Sonne in den Wolken und wie Strahlen von seinen Händen, das ist von seiner Stärke, die er bewies. Denn wenngleich die Sonne verborgen ist hinter den Wolken, merkt man dennoch an dem Licht, wo sie ist. Ebenso ging dies Glänzen nicht vom Angesicht des Herrn aus – da war er verborgen –, sondern von seinen Händen, das heißt, an den Werken erkannte man, daß er da war. Davon wurde dann gesagt, daß Himmel und Erde seines Lobes voll waren. Dieses Glänzen nennt die hebräische Sprache »Hörner«. 2. Mose 34,29ff. hatte Moses Hörner, das heißt: Glanz in seinem Antlitz.

Vor ihm her ging Pestilenz. Und Plage ging aus zu seinen Füßen. Hab. 3,5

Das ist der eine Glanz von seinen Händen, als er Ägyptenland schlug, so daß in einer Nacht alle Erstgeburt getötet wurde (2. Mose 12,27ff.). Das war das Passa des Herrn, sein Vorübergehen. Solche Fußtapfen machte er da; wo er hintrat, da »fuhr Pestilenz aus von seinen Füßen«.

Er stand und maß das Land. Er schaute und zertrennte die Heiden, daß die Berge der Welt zerschmettert und sich bücken mußten die Hügel in der Welt, als er einherging in der Welt. Hab. 3,6

Ein anderer Glanz: Als er am Roten Meer in der Welt ging, da stand er zwischen Israel und den Ägyptern und maß das Land so ab, daß die Ägypter nicht weiter konnten, als er ihnen zugemessen hatte. Dazu am Morgen schaute er sie an und zertrennte sie so, daß nicht nur ihre Ordnung zerstört war, sondern daß auch die großen Fürsten, die wie Berge sind in der Welt, durch seinen Anblick im Meer ersoffen und zerschmettert wurden, und sich demgemäß bücken mußten und demütigen vor ihm die stolzen Hügel, die großen Hansen, die Hügel der Welt, als er so einen wüsten Spaziergang bei ihnen auf Erden machte.

Ich sah die Hütten der Mohren in Mühe und die Zelte der Midianiter betrübt. Hab. 3,7

Das war ein Stück seines Lobes unter dem Himmel, das sich vor solchem Glänzen so große Länder umher fürchteten und entsetzten. Einige wollen hier nicht »der Mohren Hütten« lesen, sondern weil hier »chusan« steht, soll es der König von Mesopotamien sein, Chusan Rischatajim (Richt. 3,9).

Die laß ich fahren, es reimt sich nicht in die Ordnung, zudem weiß man gut, daß im Hebräischen chus und chusan dasselbe bezeichnen kann. Es geht nur um ein N. So singt auch Mose in seinem Lobgesang (2. Mose 15,14), daß sich alle umliegenden Länder gefürchtet haben, als sie solche Werke hörten. Das ist's, wenn er sagt: Ich sah (das ist: einer hätte da gesehen), wie die Mohren am Roten Meer, die Nachbarn der Ägypter, sich fürchteten, in Mühe, Schmerzen und Angst waren. In ganz gleicher Weise ihre andern Nachbarn auf der andern Seite des Meeres, die Midianiter auch, erschraken vor dem Gott Israels, der so mit Pharao umging.

Warst du nicht zornig, Herr, in der Flut und dein Grimm in den Wassern und dein Zorn im Meer, als du auf deinen Rossen rittest und deine Wagen das Heil waren. Hab. 3,8

Dieser Vers kann als Bejahung oder als Verneinung verstanden werden. Aber mir gefällt die Verneinung am besten, daß die Meinung – nach der hebräischen Sprache zu reden – diese sei: Nachdem der Prophet einige Wunder erzählt hat, macht er eine Frohlockung zu Gott und liebredet mit ihm und spricht: Ich meine wahrlich, das heiße barmherzig und nicht zornig gewesen, als du in der Flut des Meeres und seines Wassers auf deinen Rossen rittest und auf deinen Wagen fuhrst, das ist: Auf den Rossen und Wagen Israels. Denn du warst da und führtest sie hindurch, so daß lauter Heil und Sieg da war. Da konnte man doch keinen Grimm oder Zorn spüren, den du gehabt hättest. Wem aber die Bejahung gefällt, wie sie verdolmetscht dasteht, der muß den Zorn und Grimm auf die Ägypter deuten, die er schlug, um sein Volk zu erretten. Es soll aber niemand zweifeln daran, daß die Kinder Israel Roß und Wagen gehabt haben; denn sie zogen bewaffnet aus, spricht Mose (2. Mose 13,18), wie ein Heer, das in den Krieg soll.

Du erweckst deinen Bogen, wie du geschworen hattest den Stämmen. Sela. Hab. 3,9

Mit dem Bogen meint er das ganze Kriegsgerät, wie Psalm 78,9 die Kinder Ephraim, die den Bogen führen sollten. Nun hatte Gott 1. Mose 49,24 durch den Erzvater Jakob geredet, daß der Bogen Ephraims fest sein sollte usw. Das nennt hier Habakuk: Den Stämmen Israels geschworen. Und dieser Vers zeigt wieder einen Glanz an, bei dem sich Gott merken ließ. Und es kann sein die Schlacht, die Josua mit den Amalekitern hatte (2. Mose 17,13), oder mit dem König von Arad (4. Mose 21,1), oder mit den Midianitern und Moabitern (4. Mose 31,3), oder mit den Königen Sihon und Og (4. Mose 21,23), oder mit allen zusammen. Denn er will sagen, wie Gott ihren Bogen erweckt und gestärkt habe, daß sie im Streit glücklich gewesen sind.

Und teiltest die Ströme im Land. Hab. 3,9

Das ist auch ein Glanz, als er Wasser aus dem Felsen gab, daß es sich in der Wüste zu Flüssen teilte, daß sowohl Menschen als auch Vieh trinken konnte.

Die Berge sahen dich und ihnen ward bange. Der Wasserstrom fuhr dahin. Die Tiefe ließ sich hören. Die Höhe hob die Hände auf. Hab. 3,10

Da faßt er den Glanz der Gotteswerke auf einen Haufen zusammen aus der Zeit, als die Kinder Israel durch den Jordan gingen. Denn da wurde den Bergen bange, das ist: Den großen Herren im Lande Kanaan, anders gesagt: In dem Lande, das ganz bergig ist, mitsamt den Menschen darin, wie auch Moses spricht 2. Mose 15,15: »Da erschraken die Fürsten von Edom, den Mächtigen von Moab wurde bange und es erstarrten alle Einwohner Kanaans.« In der Zeit versank auch der Jordan und trocknete aus (Jos. 3,16). Ferner ließ sich die Tiefe hören und die Höhe hob die Hände auf, das bedeutet: Alles erregte und bewegte sich, was tief und hoch war, vor Angst. Es konnten weder die tiefen Wasser noch die hohen Berge jemandem helfen. Es mußte alles weichen und Raum geben.

Sonne und Mond standen in ihrer Wohnung. Hab. 3,11

Das bedeutet: Sie standen still, gegen ihre Natur und Gewohnheit, und dienten Josua im Streit (Jos. 10,13).

Deine Pfeile fuhren mit Glänzen dahin und deine Speere mit Blinken des Blitzes. Hab. 3,11

Das ist die Geschichte, wie Gott mit großem Unwetter und Hagel die Heiden erschlug bei Aseka (Jos. 10,11). Denn die Schrift nennt Hagel und Blitze Gottes Pfeile und Speere, wie Psalm 18,15: »Er schoß seine Pfeile und erschreckte sie am Berge Sinai.« Man könnte hier wohl auch Pfeile und Speere im wörtlichen Sinne nehmen und den Streit verstehen, den Josua führte gegen die Städte Makkeda, Libna, Lachisch, Eglon, Hebron und Debir (Jos. 10,24ff.). Denn die wurden so leicht eine nach der andern gewonnen, daß man wohl sagen mußte: Die israelischen Pfeile und Spieße waren Gottes und er habe so mächtig damit geschossen und gestochen. Er spricht aber: »Sie blinken und glänzen.« Denn so sind die Waffen im Streit, daß sie blinken und glänzen, was sie in der Scheide nicht tun; und diese Auslegung gefällt mir am besten.

Du zertratest das Land im Zorn und zerdroschest die Heiden im Grimm. Hab. 3,12

Das geschah, als Josua die übrigen Könige schlug am Wasser von Merom (Jos. 11,7).

Du zogst aus, dem Volk zu helfen, zu helfen deinen Gesalbten. Hab. 3,13

Das geschah zur Zeit Samuels, Sauls, Davids; wenn sie in den Streit zogen, dann half ihnen Gott allewege, wie das erste und zweite Buch Samuel zeigen.

Du zerschmissest das Haupt im Hause der Gottlosen und entblößtest die Grundfeste bis an den Hals. Sela. Hab. 3,13

Die Häupter und Grundfeste sind die Könige in den umliegenden Ländern, wie Edom, Ammon, Syrien, Philistäa, welche David überwand und unter sich warf. Denn das heißt »das Haupt zerschmeißen«, das heißt das Königreich einnehmen, daß sie kein Haupt oder eigene Könige mehr hatten, sondern David untertan waren. Ganz dasselbe ist's, wenn er »die Grundfeste«, das meint diese Könige und Fürsten, bloß macht, das ist beseitigt bis an den Hals, so daß der Rumpf und Leib gleichwohl blieb und David untertan wurde. Denn der König ist das Haupt und der Grund in einem Reich; das Volk und Land sind der Rumpf und Leib. Soweit hat er mit Danksagung gemalt und erzählt das Glänzen der göttlichen Hände, wovon Himmel und Erde seines Lobes voll waren, das Volk zu trösten. Nun fängt er an, gegen den König zu Babylon zu bitten.

Du wolltest fluchen seinem Zepter mit dem Haupt seiner Flecken, die wie ein Wetter kommen, mich zu zerstreuen. Und freuen sich, zu fressen den Elenden verborgen.

Hab. 3,14

Das bedeutet: Dem Königreich zu Babylon wolltest du nicht günstig, sondern ungnädig sein zusammen mit dem Haupt seiner Flecken, das ist der Stadt Babylon, die das Haupt ist aller kleinen Städte. Und zwar haben uns auch andere Könige und Heiden mächtig geplagt, dennoch im Lande gelassen. Aber die Babylonier kommen wie ein Wetter und zerstreuen uns aus dem Lande. Und haben daran nicht genug, sondern spotten über uns und sind fröhlich über unser Unglück, als fräßen sie den Elenden heimlich, das heißt, als sei kein Richter da und als solle es ungestraft bleiben. Denn das nennt er »heimlich fressen«, daß sie meinen, Gott sehe es nicht oder halte es nicht für Unrecht, so daß kein Geschrei oder Recht sich der Sache annehme.

Deine Pferde gehen im Meer, im Schlamm großer Wasser.

Hab. 3,15

Das ist: Unsere Reiterschar und das Heer, die früher lauter Heil und Sieg hatten, zogen überall mit Gewalt einher, als flögen sie in der Luft, als du uns halfst; nun aber, wo du uns verläßt, geht's im Schlamm und tiefen Wasser, das ist in Jammer und Not, und es vermag nichts mehr.

Weil ich solches höre, ist mein Bauch betrübt, meine Lippen zittern von dem Geschrei. Hab. 3,16

Das heißt: Ich esse und trinke jetzt nicht, daß mein Bauch fröhlich werde, sondern ich faste und trage Leid; ebenso singe ich auch nicht, wie sich's ergibt zur fröhlichen Zeit, wenn man ißt, trinkt und singt, sondern meine Lippen zittern, statt zu lachen und zu singen, weil ich solchen Jammer höre.

Eiter geht in meine Gebeine. Hab. 3,16

Das bedeutet: Mark und Bein verschmachten mir. Denn dies sind alles hebräische Redeweisen: Ein fröhlich Herz macht die Beine fett, ein betrübt oder haßerfülltes Herz macht die Beine eitern. Und das sagt soviel: Fröhlicher Mut ist halber Leib, betrübter Mut macht auch die Beine schwach, wie das alles die Erfahrung lehrt, wie folgt:

Denn ich bin betrübt bei mir. Hab. 3,16

Das meint, wie gesagt: Meine Betrübnis verursacht mir dies im Bauch, Lippen und Beinen.

O daß ich ruhen möchte zur Zeit der Trübsal, da wir hinaufziehen zum Volk, das uns bestreitet. Hab. 3,16

Das ist: Ich wollte, ich wäre tot und ruhte im Grab, um nicht das Elend zu hören, daß wir aus dem Lande müssen ins Land unserer Feinde, die uns mit Streit wegführen. Denn es wird übel stehen im Lande, wie folgt:

Denn der Feigenbaum wird nicht grünen, und es wird kein Gewächs sein am Weinstock. Die Arbeit am Ölbaum fehlt, und die Äcker bringen keine Nahrung, und Schafe werden aus den Hürden gerissen, und keine Rinder werden in den Ställen sein. Hab. 3,17

Das heißt: Weil das Volk weggeführt ist, darum ist das Land wüst, ist kein rechter Ackerbau oder Viehzucht, und alles steht erbärmlich. Wie auch Jesaja 5,5 sagt, das Land solle billig werden, weil so wenig Leute darin bleiben; wie auch Moses schreibt (3. Mose 26,34), daß das Land seinen Sabbat habe, wenn sie aus ihm vertrieben sein würden.

Aber ich will mich freuen des Herrn und fröhlich sein in Gott, meinem Heil. Hab. 3,18

Damit ist gesagt: In aller solcher Not und Angst ist das mein Trost, daß uns Gott doch wieder helfen wird. Denn die Weissagungen der Propheten sind noch nicht erfüllt. Christus wird noch kommen, da wollen wir dann wieder fröhlich sein.

Denn der Herr ist meine Kraft und wird meine Füße machen wie Hirschfüße und wird mich in die Höhe führen: Hoch singend auf meinem Saitenspiel. Hab. 3,19

Der Vers ist aus dem Psalter genommen, denn so spricht auch David in Psalm 18,34: »Der Herr macht meine Füße wie Hirschfüße und führt mich in die Höhe.« Das alles sagt soviel: Der Herr ist noch mein Gott und alle meine Kraft; darüber werden wir uns freuen, daß wir ausschlagen und springen werden wie die Hirsche; so leicht sollen unsere Füße werden, und werden nicht mehr im Schlamm waten und kriechen, sondern ganz vor Freuden in der Höhe herschweben und fliegen und nichts tun als fröhlich singen, spielen und allerlei Freudenwerk treiben. Das soll geschehen, wenn das babylonische Zepter verflucht und zerstört, wir aber erlöst sind, und Christus mit seinem Reich kommen wird. Amen.

Das ist Habakuks Gebet und Gesang, den Juden zum Trost gemacht, aber mit sehr gebrochenen Worten, die uns Deutschen ungewohnt sind. Aber wir müssen uns an die hebräischen Gedichte gewöhnen. Denn würden sie unsere Lieder hören, könnte ihnen das leicht so eigenartig klingend vorkommen, wie uns ihre Lieder erscheinen. Ich hoffe aber, die Absicht des Propheten sei getroffen. Dafür sei Gott gelobt und gedankt ewiglich.

Amen.

Anmerkungen zur Jona-Auslegung

1 »Rotten und Geister« = sektiererische Parteibildungen und religiöse Schwärmer, hier Sammelname für Bilderstürmer, Wiedertäufer und Aufrührer.

2 »Larve« = Maske, hier Menschen, durch die der Teufel spricht und handelt.

3 Luther kritisiert freimütig die überlieferte Bibelerklärung. – Jerobeam II. war Israels König 787–747 v. Chr.

4 Der letzte Trank.

5 Tarsis-Schiffe waren Überseeschiffe, die zu der phönizischen Handelsstadt Tartessos in Südwest-Spanien fuhren.

6 Japho heißt im Neuen Testament Joppe und ist das heutige Jaffa.

7 Anhänger des griechischen Philosophen Epikur (341–270 v. Chr.), der religiöse Skepsis und praktischen Lebensgenuß lehrte. – Plinius war römischer Naturforscher (62–130 n. Chr.).

8 »Kappe« = Chormantel, »Platte« =Tonsur der Geistlichen, bezeichneten schon vor Luther die Mönchsgeistlichen.

9 Auf den Angriff des Humanisten Erasmus hatte Luther 1525 mit dem Buch »Vom unfreien Willen« geantwortet; auch hier bestreitet er, daß der Mensch im Banne der Sünde und ohne Christus die Freiheit (Fähigkeit) habe zum Gottesglauben und zu gottgefälligen Taten.

10 Luthers »Mal oder Unmal« ist wiedergegeben durch »Marke des Messers«, die beim Losen entscheidet, wie beim Werfen von Münzen »Zahl oder Wappen«.

11 Luther stellt die erfahrbaren Nöte und Ängste des Sterbens gegen Spekulationen über Tod und Totsein.

12 Im Bauernkrieg 1524–25 waren Luthers seelsorgerliche Mahnungen an beide Parteien erfolglos geblieben.

13 Transitus = das Hinübergehen, Übergang, Verwandlung, ein von Luther sonst gern theologisch angewandter Begriff.

14 »Sophisten«, gängige Bezeichnung der Humanisten für Lehrer der mittelalterlichen Scholastik.

15 Die Beobachtung erinnert an das spätmittelalterliche Passionslied »Als unser Herr im Garten ging«, in dem es heißt: »da trauert Laub

und grünes Gras« oder »die Sonn verlor ihr'n klaren Schein, die Vögel ließ'n ihr Singen sein«.

16 Am 1. Juli 1523 waren in Brüssel zwei Augustinermönche, weil sie sich zu Luthers Lehre bekannten, als »Ketzer« verbrannt worden. Zum Gedenken daran dichtete Luther »Ein neues Lied wir heben an«.

17 Johannes Bugenhagen (1485–1558), Freund Luthers und seit 1523 Stadtpfarrer in Wittenberg, nannte sich nach seiner Heimat Dr. Joh. Pommer.

18 »Werkheilige« nennt Luther Menschen, die durch gute Werke vor Gott bestehen und heilig werden wollten und besonders die Lehrer der damaligen katholischen Rechtfertigungslehre.

Anmerkungen zur Habakuk-Auslegung

1 Habakuk 3 war schon in der Synagoge ein Lied, das die Kirche übernahm in das Stundengebet.

2 Sparrenwerk, Gebälk.

3 Götterstatue, Götzenbild.

4 Den zum Gattungsnamen gewordenen Eigennamen gebraucht Luther oft ironisch für angesehene, mächtige Männer.

5 Luther illustriert das Thema aus Lukas 1,52 durch Geschichtstatsachen: Israel wurde 722 v. Chr. erobert von Salmanassar von Assyrien, Assyrien 612 durch Nabopolassar von Babylon, Babylon 539 durch Kyros II. von Persien, Persien 333 durch Alexander den Großen, das Alexanderreich im 1. Jh. durch Rom, Rom 410 n. Chr. durch die Westgoten, der Osten und Süden des Römischen Reiches im 7. und 8. Jahrhundert durch Türken und Araber.

6 Regiment bedeutet hier Regierung.

7 Gemeint ist der Text der zu Anfang gegebenen Übersetzung aus dem Hebräischen, der schon gedruckt war, als Luther dies schrieb.

8 Aus: Augustin, De civitate dei contra paganos, librum IV, cap. 4 (PL 41, Sp. 115)

9 Aus: Virgil, Aeneis X,501f.

10 Luther sah richtig, daß der Prophet in Hab. 1 als Liturg – im Namen der Gemeinde zu Gott und im Namen Gottes zur Gemeinde – spricht. In der heutigen Auslegung wird Hab. 1 als Buß- und Bittliturgie verstanden.

11 Um jedenfalls einem Teil seiner Leser verständlich zu sein, mußte Luther das Hebräische in lateinischer Übersetzung geben.

12 Aus: Cicero, De natura deorum III,34,83.

13 Aus: Plutarch, De tranquillitate animi, cap. 4, p.466 D.

14 Luther folgt der älteren Kapiteleinteilung, die Hab. 2,5–20 als 3. Kapitel zählte.

15 Obszöne Handgebärde.

16 Antonius von Padua (1195–1231) und Sankt Velten, der Bischof Valentin von Interamna (3. Jh.).

17 Aristoteles, Politik, III, cap. 1,12. Plinius, Naturalis historia VI, 121 (26).

18 Nach Josephus, Contra Apionem I, 139–143 (19.20).

19 Mit ignorantia = Unwissenheit hatte die lateinische Bibel (Vulgata) das im Hebräischen seltene und nicht sicher deutbare Wort übersetzt, das vielleicht eine Liedform bezeichnet; inconscientia ist eine künstliche Wortbildung, die etwa bezeichnet: Nicht-Bewußtsein von Schuld.

Essays, betrachtende Prosa

Mein altes Zauberbuch
Herausgegeben und mit einem Nachwort versehen von Alexander Adrion. Mit Taschenspieler-Bildern aus der Sammlung Alexander Adrion. it 421

Alt-Kräuterbüchlein
Nach dem »New-Kreuterbüchlein« des Leonhart Fuchs. Herausgegeben von A. von Bernus. Nachwort von E. Mittler. it 456

Walter Benjamin. Aussichten
Illustrierte Aufsätze. Mit Abbildungen. it 256

Jean Anthèlme Brillat-Savarin. Physiologie des Geschmacks
Ausgewählt, übersetzt und eingeleitet von Emil Ludwig. Mit Holzschnitten der Ausgabe von 1864. it 423

Jean Cocteau. Colette/Fernand Desoray. Cocteau
Zwei Reden aus Anlaß der Aufnahme von Jean Cocteau in die Académie Royale de Langue et de Littérature Françaises de Belgique. Herausgegeben von Edwin Maria Landau. it 306

Christoph Columbus. Das Bordbuch.
it 476

Theodor Fontane. Wanderungen durch die Mark Brandenburg
Reisebilder. it 465

Manuel Gassers Köchel-Verzeichnis
Kulinarische Erinnerungen und Erfahrungen mit vielen seltenen Rezepten. Mit Illustrationen von Heinz Edelmann. Vierfarbendruck. it 96
– Die Küche meiner Tante Mélanie
Französische Hausmannskost von anno dazumal. Mit Illustrationen von Boris von Borodine. it 192

Johann Wolfgang Goethe. Dichtung und Wahrheit
Mit zeitgenössischen Illustrationen, ausgewählt von Jörn Göres. Drei Bände in Kassette. it 149/150/151
– Italienische Reise
Mit vierzig Zeichnungen des Autors. Herausgegeben und mit einem Nachwort von Christoph Michel. Zwei Bände. it 175

Essays, betrachtende Prosa

– Maximen und Reflexionen
Text der Ausgabe von 1907 mit den Erläuterungen und der Einleitung Max Heckers. Nachwort von Isabella Kuhn. it 200
– Reise-, Zerstreuungs- und Trostbüchlein
Herausgegeben von Christoph Michel. it 400
– Über die Deutschen
Erweiterte Ausgabe mit Illustrationen, einem Nachwort, Nachweisen und Register. Herausgegeben von Hans J. Weitz. it 325
– Goethes Letzte Schweizer Reise
Dargestellt von B. Schnyder-Seidel. Mit zeitgenössischen Abbildungen. it 375

Werner Helwig. Capri. Magische Insel
Mit Fotos von Benedikt Blatter, Herbert List und Werner Helwig. it 390

Hermann Hesse. Dank an Goethe
Betrachtungen, Rezensionen, Briefe. Mit einem Essay von Reso Karalaschwili. it 129
– Schmetterlinge
Betrachtungen, Erzählungen, Gedichte. Zusammengestellt und mit einem Nachwort versehen von Volker Michels. it 385

Erhart Kästner. Griechische Inseln
Mit einem Nachwort von Heinrich Gremmels. it 118
– Kreta
Aufzeichnungen aus dem Jahre 1943. Mit einem Nachwort von Heinrich Gremmels. it 117
– Die Lerchenschule
Aufzeichnungen von der Insel Delos. it 57
– Ölberge, Weinberge
Ein Griechenland-Buch. Mit Zeichnungen von Helmuth Kaulbach it 55
– Die Stundentrommel vom heiligen Berg Athos. it 56
it 117/118 in farbiger Kassette.
it 55/56/57 in farbiger Kassette.

London. Eine europäische Metropole in Texten und Bildern.
Herausgegeben von Norbert Kohl. it 322

Louis Sébastien Mercier. Mein Bild von Paris
Mit 43 Wiedergaben nach zeitgenössischen Kupferstichen. Mit einem Nachwort von Jean Villain. it 374

Essays, betrachtende Prosa

Michel de Montaigne. Essais
Herausgegeben und mit einem Nachwort versehen von Ralph-Rainer Wuthenow. Revidierte Fassung der Übertragung von Johann Joachim Bode. it 220

Karl Philipp Moritz. Götterlehre
oder Mythologische Dichtungen der Alten
Mit Abbildungen nach antiken Vorlagen. it 419

Moskau
Von der Siedlung im Wald zu der Kapitale einer Weltmacht
Von Heddy Pross. it 467

Kakuzo Okakura. Das Buch vom Tee
Übertragen und mit einem Nachwort versehen von Horst Hammitzsch. Mit Fotos aus Japan und einem Essay von I. Schaarschmidt-Richter. it 412

Blaise Pascal. Größe und Elend des Menschen
Aus den ›Pensées‹. Auswahl, Übersetzung und Nachwort von Wilhelm Weischedel. it 441

Rainer Maria Rilke. Über den jungen Dichter
und andere kleine Schriften aus den Jahren 1906 bis 1926 in zeitlicher Folge. it 340

Reden und Gleichnisse des Tschuang-Tse
Ausgewählt und mit einem Nachwort von Martin Buber. it 205

Karl Friedrich von Rumohr. Geist der Kochkunst
Vorwort von Wolfgang Koeppen. it 326

Hans Schumacher. Ein Gang durch den Grünen Heinrich
Mit zeitgenössischen Illustrationen. it 184

Urgroßmutters Kochbuch
Aus dem Kochbuch der Frau Rath Schlosser. Herausgeber A. von Bernus. Nachwort E. Mittler. Mit alten Illustrationen. it 457

Kulturgeschichte

Erasmus von Rotterdam. Das Lob der Torheit
Mit den Handzeichnungen von Hans Holbein dem Jüngeren. Übersetzt und herausgegeben von Uwe Schultz. it 369

Jean-Henri Fabre. Das offene Geheimnis
Aus dem Lebenswerk des Insektenforschers. Aus dem Französischen von Kurt Guggenheim. Herausgegeben von Kurt Guggenheim und Adolf Portmann. Mit einem Kommentar von Adolf Portmann. Mit Illustrationen. it 269

Manuel Gasser. Spaziergang durch Italiens Küchen
Mit Illustrationen von Manfred Seelow. it 391
– Die Küche meiner Tante Melanie
Französische Hausmannskost von Anno dazumal. Mit Illustrationen von Boris von Borodine. it 192
– Kräutergarten
Mit Holzschnitten aus dem »New-Kreuterbuch« von Leonhart Fuchs 1543. Koloriert von Erna de Vries. it 377

Konfuzius. Materialien zu einer Jahrhundertdebatte
Gesammelt von Joachim Schickel. it 87

Claude Lévi-Strauss. Der Weg der Masken
Aus dem Französischen von Eva Moldenhauer. Mit zum Teil farbigen Illustrationen. it 288

Montesquieu. Persische Briefe. it 458

Eduard Pöpping. In der Nähe des ewigen Schnees
Eine Anden-Reise im 19. Jahrhundert. Mit zeitgenössischen Illustrationen. Herausgegeben von Dieter Kühn. it 166